JN495686

서양철학사를
보다

서양철학사를 보다

1판 1쇄 발행 2015년 1월 1일
1판 3쇄 발행 2020년 3월 3일

지은이 강성률 **펴낸이** 박찬영 **편집** 최현영, 김은영, 이효숙
그림 문수민 **디자인** 이재호 **마케팅** 조병훈
발행처 (주)리베르스쿨 **주소** 서울시 성동구 왕십리로58 서울숲포휴 11층
등록번호 제2003-43호 **전화** 02-790-0587, 0588 **팩스** 02-790-0589 **홈페이지** www.liber.site
커뮤니티 blog.naver.com/liber_book(블로그), www.facebook.com/liberschool(페이스북)
e-mail skyblue7410@hanmail.net **ISBN** 978-89-6582-068-0(세트), 978-89-6582-070-3(44100)

리베르(Liber 전원의 신)는 자유와 지성을 상징합니다.

서양철학사를 보다

(주)리베르스쿨

머리말

답을 찾아 떠나는 철학 여행

어린 시절, 여름 방학이 시작되는 날이면 뒤도 돌아보지 않고 고향으로 달려갔습니다. 손이 시릴 만치 차가운 지하수에 몸을 담근 후, 친구와 나는 모래밭에 누웠어요. 그곳에서 별이 총총한 밤하늘을 마주했지요. 처음에는 북극성, 북두칠성, 사자자리, 물고기자리 등을 찾다가 나중에는 깊은 상념에 잠기곤 했습니다. '저 별은 내가 있는 곳에서 얼마나 떨어져 있을까? 커다란 우주 가운데 내 존재는 얼마만큼이나 될까? 나는 왜 이 세상에 태어나 지금 저 별을 바라보고 있을까?' 등 헤아릴 수 없이 많은 궁금증에 사로잡혔답니다.

시선이 하늘에서 앞산으로 내려올 때쯤이면 앞산 골짜기에 묻힌 큰아버지 생각이 났어요. 나를 그토록 사랑해 주던 큰아버지께서 왜 그곳에 묻혀야 했는지, 왜 사람은 죽어야 하는지, 죽으면 어디로 가는 것인지 궁금했습니다. 일 년에 딱 한 번, 성탄절 전야에 들르던 동네 교회의 덩치 큰 전도사는 사람이 죽으면 천국이나 지옥에 간다고 말했지요. 하지만 묘지를 옮길 때 보았던 큰아버지의 흔적은 앙상한 뼈, 그뿐이었습니다. 과연 해답은 무엇일까요?

이런 고민을 뒤로 한 채, 또래와 마찬가지로 일류 중학교, 일류 고등학교를 목표로 공부하게 되었습니다. 밤샘 공부를 하면서도 자꾸 이게 아니라는 생각이 머릿속에서 떠나지 않았어요. 먹고 노는 일보다 더 가치 있는 무엇인가가 있을 것 같았습니다. 보란 듯 일류 대학에 진학하고, 대학 졸업과 동시에 취직해 돈을 벌고, 선거에 나가 이름을 떨치는 일보다 더 의미 있는 무엇인가가 있을 것 같았지요. 학벌과 돈과 명예와 권력을 다 가진다 해도, 죽

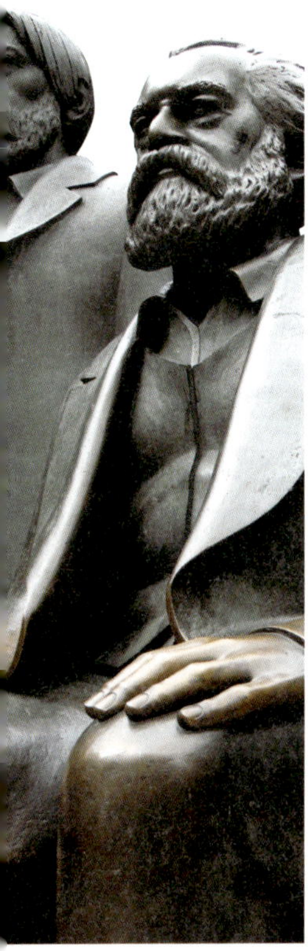

음보다 더 진한 사랑을 한다 해도, 가슴 한쪽은 채워지지 않을 것만 같았습니다.

나는 누구인가, 나는 어디에서 왔으며 어디로 가는가, 부모와 형제는 나와 필연적인 관계여야 하는가, 나는 생물학적 조합에 의해 우연히 태어났는가 아니면 신적인 존재에 의해 이 세상에 보내졌는가, 나를 둘러싼 이 세계의 끝은 어디인가, 이 우주는 나에게 어떤 의미가 있는 것인가, 인간은 왜 죽어야 하며 죽어서 가는 곳은 어디인가, 어떻게 살아야 후회 없는 인생이 될 것인가 등등. 고등학생이 되어 철학을 공부하기로 마음먹은 것은 이런 궁금증에 대해 답변을 들어야만 숨을 쉴 수 있을 것 같아서였습니다. 세상의 이치와 원리를 알지 않고는 견딜 수 없을 것 같았어요.

어렸을 적 품었던 의문들은 우주론, 형이상학, 윤리학, 종교론 등을 배우면서 조금씩 풀렸습니다. 어느덧 대학에서 철학을 강의한 지 26년이 흘렀는데, 아직도 해답을 명쾌하게 얻은 것 같지는 않아요. 나에게 철학서를 내는 일은 아직 찾지 못한 답을 구해 가는 과정이랍니다.

다소 투박하긴 하지만 철학의 개념은 다음과 같이 정리할 수 있습니다. 첫째, 철학은 눈앞의 이해타산을 떠나 진리 그 자체를 사랑하고 탐구하는 것입니다. 철학(philosophy)이라는 용어 자체가 사랑한다는 의미의 Philos와 지혜를 의미하는 Sophia의 합성어거든요. 철학이란 지혜를 사랑하는 것, 즉 애지(愛智)라는 의미가 됩니다. 어떤 대가도 요구하지 않고 그저 모든 것을 알고

자 하는 순수한 지적 열정을 뜻하지요.

둘째, 철학은 개별적 지식이 아니라 인생 전반에 적용되는 원리 · 법칙이자 지혜입니다. 고대 철학은 '학문'을 의미할 정도로 범위가 넓었어요. 오늘날에도 철학의 고유 영역으로 남아 있는 인식론, 형이상학은 물론이고 수학, 천문학, 논리학, 물리학, 동식물학, 윤리학, 정치학 등도 포함되어 있었지요. 경제학, 사회학, 미학뿐 아니라 종교 역시 넓은 의미에서는 모두 철학의 영역에 속한다고 볼 수 있어요. 다만 지식의 범위가 넓어짐에 따라 각 학문이 독자적으로 연구되었고, 해당 분야에 전문가가 생겨났다고 보는 것이 옳을 것입니다.

셋째, 세계와 인간에 대해 끊임없이 물음을 던지고 사색하는 것이 철학입니다. 철학은 '완성된 지식'을 의미하는 것이 아니라 '참다운 지식을 탐구해 가는 과정'을 의미해요. 독일의 철학자인 칸트는 첫 강의 시간에 "나는 제군들에게 철학(Philosophie)이 아니라 철학하는 것(Philosophieren)을 가르치고 싶다."라고 말했지요.

마지막으로 철학은 모든 학문의 궁극적 목적을 제시해 줄 수 있어야 합니다. 목표를 향해 나아갈 때 거리보다 더 중요한 것은 방향이에요. 방향이 잘못되어 있으면 열심히 가더라도 목표에서 멀어지기만 하지요. 인간은 편리한 생활을 누리기 위해 과학을 연구했어요. 하지만 기계 문명이 발달하면서 인간의 존엄성은 상실되었고, 핵무기를 통한 대량 살상이 벌어졌습니다. 과학이 잘못된 방향으로 발전하면서 몰아온 인류의 불행이지요. 따라서 철학자는 학문의 궁극적 목적에 대해 끊임없이 물어야 합니다.

이 밖에도 철학에 대한 정의는 얼마든지 있을 수 있어요. 대통령의 국정 철학이 있고, 평범한 주부의 상품 구매 철학도 있을 수 있습니다. '하이데거 철학 세미나'를 홍보하는 소책자가 보이는가 하면, 사주나 관상을 봐 주는 철학관의 간판도 눈에 띄지요. 많은 사람의 입에 오르내리는 철학은 가까이 있으면서 어렵게 느껴지는 묘한 학문이랍니다.

이 책에서는 청소년들의 눈높이에 맞춰 철학에 접근했습니다. 사진과 그림을 통해 쉽게 철학을 이해할 수 있도록 꾸몄지요. 너무 쉽거나 뻔한 내용은 아니에요. 이 책을 읽으면서 지적 호기심을 채울 수도 있고, 누구에게도 물어볼 수 없었던 문제에 대해 해답을 얻을 수도 있을 것입니다. 성공만이 능사가 아니라는 것을, 한두 번 실패했다고 함부로 목숨을 끊어서는 안 된다는 것을 알아 갈 수도 있겠지요. 잘 먹고 잘 사는 일보다 더 중요한 것이 있음을 새삼 확인하는 시간일 수도 있겠고요. 덤으로 자연스럽게 철학적 · 논리적 사고를 익힐 수 있을 것입니다. 이 작은 작업이 사는 동안 도움을 주신 모든 분에게 조금이나마 보은의 몸짓이 될 수 있기를 바랍니다.

광주교육대학교 연진관에서 강성률

차례

2 중세 철학

3장 근세 철학

4장 현대 철학

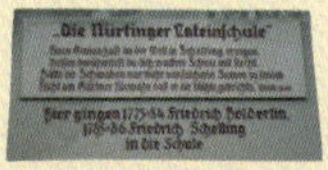

1 고대 철학

함께 알아볼까요

서양 고대 철학의 제1기는 기원전 6세기부터 기원전 5세기 중엽까지를 말하며 이 시기를 '자연 철학 시대'라고 부릅니다. 이때의 철학자들은 자연의 근본 물질이 무엇인지, 자연 현상의 원인이 무엇인지에 관심을 가졌어요. 번개가 치는 자연 현상에 대해 "신이 화가 났다."라고 미신적으로 풀이하는 대신 합리적으로 추리해 그 원인을 밝히고자 했지요.

제2기는 기원전 5세기 중엽부터 기원전 4세기 후반까지를 말하며 인간이 철학의 주요 관심사였던 시기입니다. 어린아이가 처음에는 주위의 사물이나 사람에게 관심을 갖다가 차츰 자기 자신에게로 눈을 돌리는 것처럼, 자연에 관심을 쏟던 인간이 마침내 자기 자신에게 시선을 돌리게 되었지요. 제2기는 '인성론의 시기'와 '체계의 시기'로 나눌 수 있습니다.

제3기는 아리스토텔레스가 죽은 기원전 322년부터 유스티니아누스 1세의 명령으로 아카데미아가 폐쇄된 529년까지입니다. 이 시기의 철학을 '헬레니즘-로마 시대의 철학'이라고 부르기도 해요. 정치적 · 사회적으로 혼란했던 이 시기에는 개인의 처신에 관한 윤리학적 논의가 활발히 이루어졌고, 내세를 지향하는 종교적 경향이 두드러졌답니다.

고대 그리스

브리타니아 섬
갈리아
이베리아
코르시카 섬
에트루리아
일리리아
네아폴리스
사르데냐 섬
프리기아
에페수스
그리스
아테네
밀레투스
팅기스
카르타고
시칠리아 섬
스파르타
누미디아
시돈
티레
아폴로니아
페니키아

1 자연의 근본 물질을 찾다 | 자연 철학의 시대

자연의 근본 물질은 무엇일까요? 이 세계는 어디에서 시작되었고 무엇으로부터 생겨났을까요? 세계에서 일어나는 모든 변화는 무엇 때문일까요? 이에 대한 해답을 탈레스는 물에서 찾았고 아낙시메네스는 공기에서, 헤라클레이토스는 불에서 찾았습니다. 피타고라스는 수(數)라는 형상적 원리로 이 세계를 설명하려고 했지요. 이 세계는 움직이거나 변하지 않는다고 주장하는 엘레아 학파도 등장했습니다. 자연의 근본 물질이 하나의 원소가 아니라 여러 개의 원소라고 주장한 철학자들도 있었어요. 아낙사고라스는 만물의 종자라고 주장했고 데모크리토스는 무수한 원자라고 주장했지요.

- 고대 그리스의 철학자들은 만물의 근원에 대해 각기 다른 견해를 제시했다.
- 만물의 근원은 물이나 불 등 하나라는 주장과 하나가 아닌 여러 가지라는 다원론이 제기되었다.
- 서양 철학은 크게 만물의 생성과 변화를 강조하는 흐름과 고정된 존재에 집중하는 흐름으로 나눌 수 있다.
- 인간이 원자의 결합으로 생겨났다는 유물론적 세계관은 이후 쾌락주의를 설명하는 바탕이 된다.

1 최초의 철학자들 – 이오니아 학파

탈레스, 물이 없으면 당장에 죽고 만다

기원전 6세기경 이오니아 지방에서 활동한 그리스 철학자들을 통틀어 이오니아 학파라고 부릅니다. 대표적 철학자로는 탈레스, 아낙시만드로스, 아낙시메네스, 헤라클레이토스가 있지요.

어느 날, 탈레스가 별을 관찰하며 걷다가 웅덩이에 빠졌습니다. 그러자 트라키아의 한 하녀가 "자기 발밑에 있는 것도 보지 못하면서 하늘의 일을 알려고 한다."라며 그를 비웃었지요.

흔히 철학자를 괴상망측한 복장을 하고 돌아다니거나 보통 사람들과 전혀 다른 엉뚱한 생각을 하는 사람쯤으로 여기는 경향이 있습니다. 실제로 그들의 행동은 놀랄 만큼 서툴러서 세상 물정을 모르는 사람이라는 인상을 주지요. 그러나 철학자는 보통 사람들이 연구하지 않는 것이나 생각조차 하지 않는 일에 관심을 갖습니다. 이 세계의 처

이오니아
고대 그리스의 아나톨리아 남서쪽 지방을 말한다. 오늘날 터키의 이즈미르와 가장 가깝다. 동서양 교류의 중심지로, 일찍이 문명이 발달했다.

음은 언제이고 그 끝은 어디인지, 인간은 어디서 와서 어디로 가는지, 인간이라는 존재 자체가 무엇인지, 인간은 과연 무엇을 하며 이 세상을 살아가야 하는지 등을 탐구하지요. 진리가 무엇이고, 선(善)이 무엇이며, 아름다움이 무엇인지를 따지고 또 따집니다.

비록 웅덩이에 빠지기는 했지만 탈레스는 그림자의 길이로 피라미드의 높이를 측정했고, 육지의 두 관측 지점에서 바다에 떠 있는 배까지의 거리를 계산했다고 전합니다.

오늘날 트라키아의 하녀 이름은 전해지지 않지만 탈레스는 최초의 철학자로 많은 사람의 입에 오르내리고 있어요. 어떤 현대 역사가는 "그리스 철학은 기원전 585년 5월 28일에 시작되었다."라고 말했습니다. 탈레스는 이날 일어날 일식(日蝕)을 예언하고 나아가 일식을 정확하게 계산하는 데 성공했지요. 태양은 5월 28일에 실제로 어둠에 휩싸였고 이 일로 그의 명예는 한층 더 높아졌답니다.

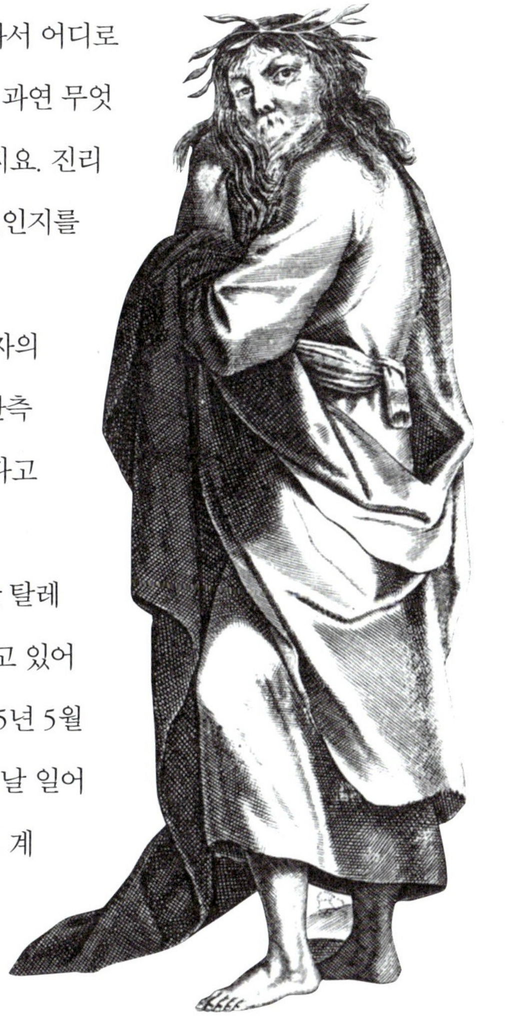

탈레스(BC 624~BC 546)
자연 철학의 창시자이자 이오니아 학파의 시조다. 만물의 근원이 물이라고 주장했기 때문에 '물의 철학자'라고 불렸다.

오늘날 '서양 철학의 아버지'라고 불리는 탈레스는 세계를 이루는 근본 물질을 물로 보았습니다. 왜 그랬을까요?

첫째, 물은 모든 생물의 씨와 영양분 속에 들어 있기 때문이에요. 어떠한 생명체도 물이 없으면 얼마 가지 못해 죽고 말겠지요. 둘째, 물은 그 양이 엄청나게 많기 때문입니다. 지구 표면의 3분의 2가 바다이고 어떤 바다는 에베레스트 산의 높이보다 깊지요. 그리고 물은 액체, 기체, 고체로 모양을 바꾸며 지구의 날씨에 영향을 끼치고 있답니다. 셋째, 물이 사람 몸의 70%를 차지하고 있기 때문입니다. 어머니 배 속에 있는 태아는 바닷물과 비슷한 성분의 양수(羊水, 포유류의 태아를 둘러싼 양막 안의 액체)에 둘러싸여 자라지요.

아낙시만드로스와 아낙시메네스, 만물의 근원은 아페이론일까? 공기일까?

아낙시만드로스는 탈레스의 후계자예요. 그는 불확정적이고 무한정한 아페이론(apeiron)이 아르케, 곧 만물의 근본 물질이라고 주장했습니다. 아페이론은 생기지도 않고 없어지지도 않는 불생불멸(不生不滅), 시작도 없고 끝도 없는 무시무종(無始無終), 결코 죽지 않는 불사(不死)의 신적인 성질을 지녔어요.

아낙시만드로스
(BC 610~BC 546)
아낙시만드로스가 새겨진 부조다. 그는 『자연에 대해』라는 그리스 최초의 철학책을 펴냈다고 전해진다. 철학뿐만 아니라 수학, 천문학, 지리학 등도 연구했다.
로마 국립 미술관 소장

아낙시만드로스는 무한자인 아페이론으로부터 차고 더운 것, 건조하고 습한 것이 분리된다고 보았지요. 하지만 개념이 분명하지 않은 아페이론을 자연 철학의 범주에 넣을 수 있는지 의문이 제기되기도 합니다.

아낙시만드로스의 제자인 아낙시메네스는 만물의 근본 물질이 공기라고 주장했어요. 공기를 생명의 원천으로 보고 신적 존재와 같다고 여겼지요. 아낙시메네스는 공기가 뭉치거나 흩어지면 자연 현상이 변화한다고 설명했어요. 한번 입을 뾰족하게 내밀고 숨을 한곳으로 모아 내뿜어 보세요. 찬바람이 나오지요? 공기가 뭉치면 온도가 내려가기 때문이에요. 그러면 이번에는 반대로 입을 크게 벌리고 숨을 천천히 내뿜어 보세요. 따뜻한 바람이 나오지요? 공기가 흩어지면 온도가 올라가기 때문이랍니다. 아낙시메네스는 이처럼 공기가 뭉치면 차가운 성질의 바람, 구름, 흙, 돌 등이 된다고 보았고, 공기가 흩어지면 뜨거운 성질의 불이 된다고 보았습니다.

아낙시메네스
(BC 585~BC 528)
공기의 뭉침과 흩어짐, 즉 '농후'와 '희박'이라는 양적인 차이로부터 질적인 차이가 생긴다고 보았다. 이러한 견해는 아낙사고라스와 원자론자에게 많은 영향을 끼쳤다.

한편 아낙시메네스는 공기에 영혼이 포함되어 있다고 보았어요. 산 사람과 죽은 사람은 숨을 쉴 수 있는가의 여부에 따라 구분되므로 공기는 생명과 동일시되었답니다. 살아 있는 모든 사람에게는 영혼이 있어요. 그래서 '공기=생명, 생명=영혼'이라는 전제로부터 '공기=영혼'이라는 등식이 나오게 되지요.

이오니아 학파 가운데 탈레스, 아낙시만드로스, 아낙시메네스를 밀레투스 학파라고 부르기도 합니다. 세 명의 철학자가 모두 밀레투스 출신이라서 붙은 명칭이지요. 밀레투스는 이오니아족이 건설한 12개의 도시 가운데 가장 남쪽에 있던 도시랍니다. 현재는 터키에 속하는 지역이지요.

밀레투스 학파는 모든 선입관을 버리고 자연 과학적 관점에서 문제를 바라보려고 했습니다. 또한 눈에 보이는 다양한 현상을 하나의 근본 원리로 설명하려고 했지요. 독일의 철학자인 헤겔과 마르크스가 각기 '정신'과 '물질'로 인간과 자연과 역사를 설명했듯이, 결국 철학이란 하나의 원리로 세계를 설명하려는 것이거든요.

밀레투스의 그리스식 극장

이오니아 지방에 있었던 고대 도시 밀레투스의 그리스식 극장이다. 기원전 5세기에 전성기를 맞은 그리스 연극은 로마를 거쳐 서유럽 전체에 퍼졌다. 고대 그리스 연극은 오늘날 유럽 연극의 바탕이라고 볼 수 있다.

헤라클레이토스, 불은 영원히 꺼지지 않는다

헤라클레이토스는 소아시아 연안의 에페수스에서 태어났습니다. 그는 다수결로 친구가 추방당하는 것을 보고 민주주의에 반대했어요. 부패한 정치를 바로잡기 위해서는 모든 시민이 목매달아 자살해야 한다고 주장하기도 했지요. 다수결을 따르는 대중을 경멸하며 세상에 넌더리를 내던 헤라클레이토스는 결국 산속으로 들어가 풀과 잡초로 끼니를 이어 갔습니다. 그는 은둔 생활을 하다가 수종(水腫, 몸의 조직 안에 림프액이나 장액이 괴어 몸이 퉁퉁 붓는 병)에 걸려 쇠똥 치료를 받았다고 해요.

헤라클레이토스의 죽음에 대해서는 두 가지 이야기가 전해집니다. 하나는 쇠똥을 온몸에 바르고 햇볕 아래 누워 있다가 그대로 죽었다는 것이고, 다른 하나는 쇠똥을 바르고 누워 있는 헤라클레이토스를 개들이 시체인 줄 잘못 알고 머리며 살이며 뼈다귀며 할 것 없이 모조리 먹어 치웠다는 것이지요.

헤라클레이토스
(BC 540~BC 480)
헤라클레이토스는 이해하기 어려운 글을 자주 써 '어두운 철학자'라고 불렸다. 이 그림에서도 별명답게 어두운 색의 옷을 입고 있다.

헤라클레이토스는 만물은 이리저리 떠돌기 때문에 정지된 것은 없다고 주장했습니다. 세상의 모든 것은 흐르고 변한다는 것이 그의 사상이지요. "우리는 두 번 다시 같은 물결을 탈 수 없다."라는 말로 헤라클레이토스의 사상을 설명해 볼까요?

흘러가는 물속에 발을 담갔다가 꺼낸 후 다시 집어넣어도 그 물은

에페수스의 아르테미스 신전

아르테미스 신전을 건설하는 장면을 묘사한 작품이다. 아르테미스는 그리스 신화에 등장하는 사냥의 여신이다. 아르테미스 신전은 고대 세계 7대 불가사의 가운데 하나로 꼽힌다. 오늘날 터키의 셀주크 부근인 에페수스에 세워졌었으나 현재는 소실되었다.

불
불은 추위를 견디게 해 주고, 빛을 제공하며, 음식의 조리는 물론 도구의 제작을 가능하게 하는 에너지다. 인류는 호모 에렉투스 때부터 불을 사용한 것으로 알려져 있다.

처음의 물이 아닙니다. 처음의 물은 이미 하류로 흘러가 버렸고, 현재의 물은 상류에서 내려온 물이지요. 이보다 더 중요한 점은 우리 자신이 이미 다른 사람으로 변해 있다는 사실이에요. 이처럼 시간은 모든 것을 변하게 만듭니다. 시간 앞에 영원한 것은 없지요.

이렇듯 끊임없이 변하는 이 세계에 통일적 법칙이 있을까요? 헤라클레이토스는 끊임없이 변하는 표면 뒤에 단일성, 즉 통일적 법칙이 있다고 생각했어요. 그는 만물의 근본을 불로 보았습니다. 불이 바탕이 되어 발전이 이루어진다는 근본 법칙을 '대립의 통일'로 설명했지요. 그런데 그가 말한 불은 물질만을 의미하는 것이 아니에요. 인간의 영혼 속에 담겨 있는 '불'을 뜻하기도 하지요.

혹시 '혼불'이라는 말을 들어 본 적 있나요? 농촌의 우물가에 모인 아낙네 가운데 한 사람이 "어젯밤에 대추나무집 할아버지가 돌아가셨대요."라고 하자 다른 여인이 무릎을 치면서 "그 집에서 새파란 혼불이 하늘로 올라가는 것을 보았어요."라고 말하는 장면을 상상해 보세요. 옛날에는 사람이 죽으면 혼불이 나간다고 믿은 사람들이 있었답니다.

이와 관련된 『혼불』이라는 유명한 소설도 있지요. 최명희가 쓴 『혼불』은 「동아일보」 창간 60주년 장편 소설 공모에 당선되면서 주목을 받았어요. 이 작품은 1930년대 말 일본에 나라를 빼앗긴 어두운 시절에 전라도의 한 유서 깊은 문중을 무대로 조선의 정신과 문화를 지키고자 했던 사람들의 이야기예요. 종부(宗婦, 종가의 맏며느리) 삼대의 삶과 사촌인 강모와 강실의 비극적 사랑, 자연 · 우주 · 인간에 대한 고찰 등이 담겨 있습니다.

피타고라스(BC 580~BC 500)
학술 연구 단체이자 종교적 성격을 띤 철학 공동체를 처음으로 만든 철학자다. 최초로 스스로를 철학자, 지혜를 사랑하는 자라고 부른 사람이라고 알려져 있다.

2 수가 우주를 지배한다 – 피타고라스

'피타고라스의 정리'로 더 잘 알려진 피타고라스는 수(數)야말로 생겨나고 변화하는 사물의 본질이라고 했습니다. 예를 들어, 1은 점(·)이고 2는 선(—), 3은 면(△), 4는 입체(□)라는 것이지요. 우리의 귀에 아름답게 들리는 협화음과 불쾌하게 들리는 불협화음은 일정한 수학 비율로 결정됩니다. 협화음은 수적(數的) 배열이 잘 이루어진 것이고, 불협화음은 그 배열이 잘못되어 조화가 깨진 것이지요. 현악기를 한번 살펴볼까요? 현악기는 현의 길이나 굵기가 음의 높낮이를 결정하는데 '길이와 굵기'는 수적인 것이지요. 하늘에 떠다니는 별들이 궤도를 따라 일정한 주기로 움직이는 현상 역시 시간적 · 공간적으로 수의 지배를 받고 있다는 증거입니다. 그렇다면 천체(天體)는 왜 하나같이 원운동을 할까요? 모든 도형 가운데 가장 완전한 것이 원이기 때문이지요.

피타고라스는 에게 해의 사모스 섬에서 태어났습니다. 스승인 탈레스의 주선으로 이집트에서 공부하던 중 페르시아의 포로가 되어 바빌론에서 생활하기도 했습니다. 그 후 피타고라스는 남부 이탈리아의 크로토네에서 비밀 종교 단체를 조직했어요. 이 교단에서는 엄격한 규율을 정해 놓고 신도들에게 금욕을 요구했다고 합니다. 규율 가운데는 '동물의 살을 먹어서는 안 된다.'는 내용이 있었다고 하는데 이 규율은 영혼 불멸설과 관련이 있습니다. 곧 인간이 죽으면 다른 사람이나 동물로 다시 태어날 수 있다고 믿었던 것이지요. 그래서 자기가 먹는 동물의 살 속에는 자기 할머니의 혼이 깃들어 있을지도 모른다고 여겼답니다.

3 세계는 고정되어 있다 – 엘레아 학파

크세노파네스와 파르메니데스, 엘레아 학파의 선구자

서양 철학에는 두 가지 흐름이 있습니다. 하나는 생성과 변화를 강조하는 것으로 헤라클레이토스의 만물유전 사상에서 유래한 것이고, 다른 하나는 파르메니데스에게서 비롯된 것으로 고정된 존재에만 집착하는 것이지요.

이탈리아 서해안에 위치한 그리스의 식민 도시인 엘레아에는 변하지 않는 존재에 관해 비슷한 생각을 가진 세 철학자가 살았어요. 바로 엘레아 학파의 선구자인 크세노파네스와 학파의 창설자인 파르메니데스, 그리고 학파를 발전시킨 제논이었습니다.

호메로스나 헤시오도스가 쓴 신화에는 여러 신이 등장해요. 그러나 크세노파네스는 "오직 하나의 신이 있을 뿐이다."라고 주장했습니다. 신은 최고의 존재를 뜻하므로 오직 하나일 수밖에 없어요. 세상에서 가장 높은 나무는 오직 하나인 것과 같지요. 크세노파네스는 "존재는 유일하고 영원불변하다."라는 엘레아 학파의 사상을 싹트게 하는 데 큰 영향을 끼쳤습니다. 엘레아 학파의 대표적 인물인 파르메니데스는 "존재만 있고, 무(無)는 있을 수 없다."라고 주장했어요. "있는 것은 있고, 없는 것은 없다." 너무나 당연하게 들리는 이 명제가 파르메니데스 철학의 근본 전제입니다. 그는 이러한 입장에서 운동과 변화를 부정했어요. 즉 모든 운동은 움직일 수 있는 공간인 운동장이 있어야 가능한데 파르메니데스는 공간으로서의 무(無)를 부정하기 때문에 운동 자체가 불가능한 것이 됩니다.

파르메니데스
(BC 515~BC 445)
철학에서 가장 중요한 주제 가운데 하나인 존재하는 것과 존재하지 않는 것에 대한 문제를 고민했던 철학자다. '존재의 철학자'라고 불렸다.

제논, 아킬레우스는 거북을 따라잡지 못한다

제논은 파르메니데스의 제자입니다. 그는 스승의 입장을 옹호하기 위해 변증법을 사용하면서 그 예로 '아킬레우스와 거북의 경주'를 들었습니다. 아킬레우스는 호메로스의 작품 『일리아드』에 나오는 그리스의 영웅이에요. 여기서 잠깐 『일리아드』의 내용을 살펴볼까요?

트로이의 왕자인 파리스가 절세미인인 스파르타의 왕비를 빼앗았답니다. 그러자 그리스는 아가멤논을 총대장으로 삼고 배 1,000여 척을 앞세워 트로이를 공격했어요. 이 싸움에서 가장 용감하고 뛰어난 전사였던 아킬레우스가 트로이의 용맹한 장수 헥토르를 죽였지요. 이같이 용맹한 아킬레우스의 힘은 어디에서 나왔을까요? 아킬레우스가 태어나자마자 그의 어머니가 '불사(不死)의 물'에 그를 집어넣었다가 건졌다고 합니다. 그래서 전쟁에서 칼이나 화살을 맞아도 죽지 않고 많은 공을 세울 수 있었다고 해요. 하지만 아킬레우스는 파리스가 쏜 화살에 발꿈치를 맞고 죽었습니다. 발꿈치는 바로 아킬레우스의 유일한 약점이었어요. 어머니가 그를 '불사의 물'에 넣을 때 발꿈치를 잡는 바람에 하필 그곳에만 물이 닿지 않았던 것이지요. 오늘날에도 우리가 많이 쓰는 '아킬레스건'이라는 말이 바로 여기에서 유래했다고 합니다.

제논(BC 495~BC 430)
변증법을 발견한 사람으로 알려져 있다. 여기서 변증법이란 문답을 통해 진리에 도달하는 방법을 일컫는다. '대화의 기술'을 뜻하는 말에서 유래했다.

제논은 건장한 아킬레우스와 느림보의 대명사인 거북이 경주를 하는 상황을 가정했어요. 우리가 생각하기에는 당연히 아킬레우스가 단숨에 거북을 앞지를 수 있을 것 같지요? 그러나 제논은 거북이 먼저 출발했다면 아킬레우스는 결코 거북을 따라잡지 못한다고 주장합니다.

〈아킬레우스의 죽음〉
벨기에 화가인 루벤스의 작품이다. 발꿈치에 화살을 맞고 쓰러지는 아킬레우스의 모습이 극적으로 표현되어 있다. 아킬레우스는 그리스 신화에 등장하는 인물이자 『일리아드』의 주인공이다. 그는 트로이 전쟁을 승리로 이끈 영웅으로 묘사된다.
마냉 미술관 소장

도자기에 그려진 아킬레우스
왼쪽 도자기에는 아킬레우스가 절친한 친구인 파트로클로스를 치료하는 모습이 묘사되어 있다. 오른쪽 도자기의 앞면에는 말 탄 두 기사 아래 죽어 가는 병사가 그려져 있고, 뒷면에는 아킬레우스가 죽는 장면이 묘사되어 있다.

거북이 아킬레우스보다 10m 앞에서 출발할 경우 아킬레우스가 거북을 따라잡기 위해서는 먼저 거북이 있는 지점까지 가야 한다는 것이지요. 그러나 그 순간에 거북은 조금이라도 앞으로 나아가고, 다시 아킬레우스가 거북이 있는 지점까지 가면 그 순간에 다시 거북은 조금 더 앞으로 나아갑니다.

이 과정이 반복된다면 둘 사이의 거리가 가까워질 수는 있어도 결코 완전히 따라잡을 수는 없다는 것이 그의 주장이에요. 지구를 한 바퀴 돈다고 해도 말이지요.

제논은 "날아가는 화살은 정지해 있다.", "우리의 걸음은 불가능하다."라고도 주장했어요. 이처럼 그의 주장에는 억지스러운 구석이 있습니다. 사물이 생겨난다는 것을 부인하고 존재에만 집착했기 때문이겠지요.

4 하나가 아니라 여럿이다 – 다원론자

아낙사고라스, 만물은 종자로부터 태어난다

지금까지 살펴본 학자들은 만물의 근원이 하나라고 보았습니다. 그러나 후기의 자연 철학자들은 만물의 근원은 하나가 아니라 여럿이라고 생각했어요. 전자를 일원론적 자연 철학이라고 부른다면 후자는 다원론적 자연 철학이라고 할 수 있겠네요.

아낙사고라스는 "달은 태양의 빛을 반사해 빛을 낸다."라고 주장했어요. 그는 사람들이 신으로 떠받들던 태양을 '불타는 돌덩이'라고 불

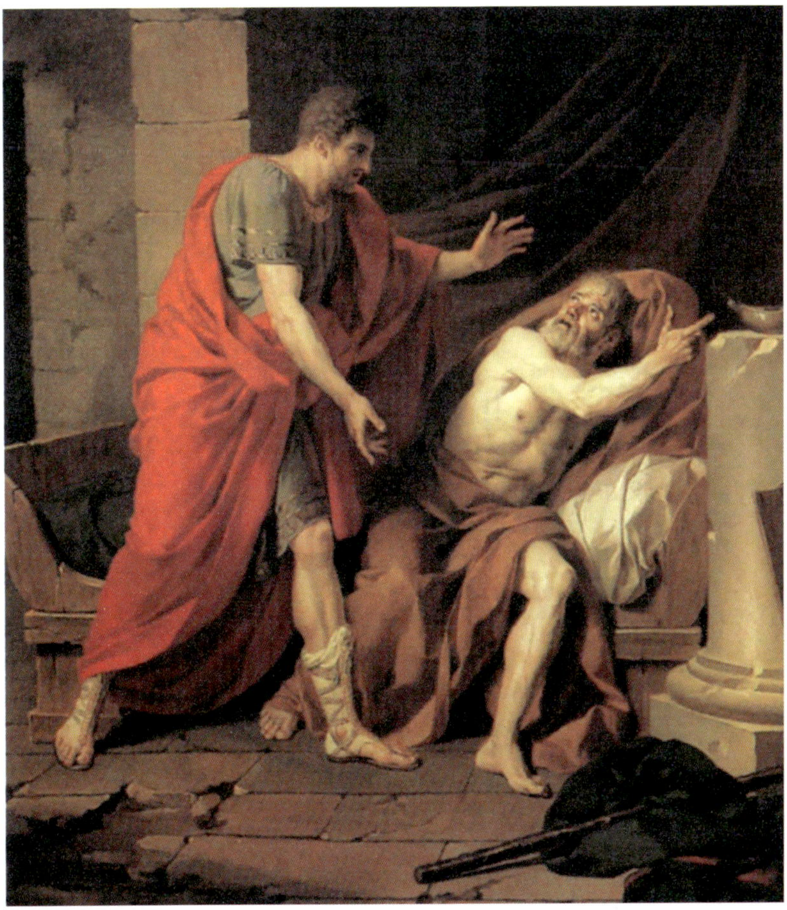

〈아낙사고라스와 페리클레스〉
프랑스 화가인 장샤를 니케즈 페랭의 작품이다. 아낙사고라스(오른쪽)는 아테네 민주 정치를 상징하는 인물인 페리클레스(왼쪽)에게 철학을 가르쳤다.
지로데 미술관 소장

클라조메나이의 항아리
아낙사고라스의 출생지인 고대 그리스의 도시 클라조메나이에서 출토된 항아리다. 클라조메나이는 오늘날 터키의 이즈미르 서쪽에 위치했다.

렀습니다. 오늘날의 관점에서 보면 매우 합리적이고 과학적인 사고를 한 셈이지요.

아낙사고라스는 만물의 근원을 종자에서 찾았습니다. 그는 이 세상의 모든 사물이 종자로부터 생겨난다고 보았던 것이지요. 포도씨로부터 포도나무가 싹을 틔우고, 소의 종자로부터 송아지가 태어나는 것처럼 말이에요. 볍씨와 보리씨가 서로 다르듯, 종자란 질적으로 서로 다른 아주 작은 물질입니다. 이 세계에 성질이 다른 많은 사물이 있듯이 그것들을 생겨나게 한 종자 또한 수없이 많겠지요.

아낙사고라스는 이 종자를 움직여 생성과 변화를 가능하게 하는 힘을 누스라고 불렀습니다. 그는 물질적인 것만으로는 세계의 운동과 변화를 설명할 수 없기 때문에 원동자(原動子, 세계를 최초로 움직이게 한 것)로서 비물질적인 것, 즉 정신적인 원리가 필요하다고 보았어요. 일찍이 탈레스는 자석이 쇳조각들을 움직일 수 있는 이유는 그 속에 혼이 들어 있기 때문이라고 생각했습니다. 아낙사고라스는 탈레스의 아이디어를 넓혀 정신으로 말미암아 모든 운동이 일어난다고 보았어요. 이를테면 육체가 아닌 정신에 의해 인간이 움직인다는 것이지요. 마찬가지로 이 세계를 움직이는 정신이 있는데 그것이 바로 누스라는 것입니다. 이 같은 아낙사고라스의 주장을 시작으로 철학에 사유하는 정신의 원리가 등장하게 되었어요. 그래서 아리스토텔레스는 아낙사고라스를 매우 높이 평가한답니다.

엠페도클레스, 물 · 불 · 공기 · 흙이 만물의 뿌리다

엠페도클레스는 시칠리아 섬의 남서부에 있던 아크라가스에서 태어났습니다. 고대 도시인 아크라가스는 지금의 아그리젠토지요. 그는 철학뿐만 아니라 종교, 정치, 의학, 시 문학 분야에서도 뛰어난 업적을 남겼어요. 엠페도클레스는 마술(魔術)이나 신비한 의술 등을 보여 준 인물로도 알려져 있습니다. 이미 숨이 멈춘 여인의 생명을 30일 동안 유지시켰다는 이야기도 전해지지요. 정치적 이유로 고향에서 추방당한 그는 **에트나 산**의 분화구에 몸을 던져 죽었다고 합니다. 자신의 흔적을 남기지 않기 위해서였대요. 그러나 신발 한 짝이 튀어나오는 바람에 자신을 신격화하려는 의도는 실패로 돌아갔어요. 어떤 사람들은

에트나 산(Etna山)
유럽에서 가장 높은 활화산이다. 해발 고도 3,300m로, 시칠리아 섬의 동쪽에 위치한다. 기원전 4세기부터 오늘날까지 약 90번 폭발해 수만 명의 목숨을 앗아 갔다.

엠페도클레스가 마차에서 떨어져 허벅지 뼈가 부러져서 죽은 뒤 시칠리아 섬에 묻혔다고도 하지요.

엠페도클레스는 여러 학설을 취해 주장을 펼쳤기 때문에 흔히 절충주의자라고 불립니다. 그는 만물이 물, 불, 공기, 흙의 네 원소로 이루어진다고 보고 이것들을 만물의 뿌리라고 불렀어요. 네 원소가 다양한 비율로 섞이고 나뉘면서 수많은 자연 현상이 일어난다고 보았지요. 그렇다면 네 원소를 섞거나 나누는 힘은 무엇일까요? 엠페도클레스에 따르면 '사랑과 미움'입니다. 두 힘 가운데 어느 쪽이 강한가에 따라 생겨나기도 하고 없어지기도 해요. 사랑의 기운이 강하면 완전하고 축복된 형태로 생겨나고 발전합니다. 반대로 미움의 기운이 뻗치면 쪼개지거나 흩어지고 뒤떨어지거나 죽지요. 일상생활에서도 서로 사랑하면 화목하게 어울리지만 서로 미워하면 싸우고 갈라서고 심지어 죽이기까지 하잖아요. 사랑은 모든 것을 살리고, 미움은 모든 것을 죽게 만드나 봅니다.

엠페도클레스
(BC 490~BC 430)
철학, 정치, 시 문학 등 다양한 분야에서 뛰어난 업적을 남긴 인물로 평가받고 있다. 기록에 따르면 여러 편의 시와 비극, 정치 논설 등을 썼다고 한다.

데모크리토스, 분필을 쪼개다 보면 원자가 남는다

데모크리토스는 운동과 변화를 부정한 파르메니데스의 견해에 반기를 든 사람입니다. 그가 보기에 이 세계는 분명히 움직이고 있었어요. 계절과 밤낮의 변화, 생명체의 발생과 움직임 등이 명백한 증거지요. 운동과 변화를 인정한다면 운동하는 공간인 운동장, 즉 무(無)가 반드시 있어야 해요. 데모크리토스는 "유(有)도 있지만 무(無) 역시 유(有)

못지않게 있다."라는 생각으로 자신의 철학을 펼쳤습니다.

데모크리토스의 원자론에 따르면 이 세계는 존재하는 모든 것을 의미하는 존재자와 그 존재자가 채우고 있는 공간으로 되어 있습니다. 공간은 존재자가 운동할 수 있는 운동장에 해당하겠지요. 존재가 무엇으로 구성되어 있는지 알기 위해서는 그것을 쪼개 나가면 됩니다.

〈히포크라테스와 데모크리토스〉
네덜란드 화가인 피터르 라스트만의 작품이다. 데모크리토스(오른쪽)의 건강을 걱정한 시민들이 의학자인 히포크라테스(왼쪽)에게 그를 치료해 달라고 부탁했다고 한다.
릴 미술관 소장

돌턴 메달
영국의 화학자이자 물리학자인 돌턴은 형이상학적 사상인 데모크리토스의 원자론을 기초로 해서 실험에 입각한 원자론을 주장했다. 유럽 지구 과학회에서는 돌턴의 업적을 기리기 위해 매년 뛰어난 연구 성과를 낸 과학자에게 돌턴 메달을 수여하고 있다.

분필이 무엇으로 되어 있는지 알아보려면 그것을 계속 쪼개 나가면 되겠지요. 쪼개고 또 쪼개다 보면 더 이상 쪼개지지 않는 가장 작은 입자인 아톰(atom), 즉 원자가 됩니다. 결국 분필은 수많은 원자들로 이루어진 셈이에요. 모든 사물은 원자의 결합으로 생겨나고 원자의 분해로 없어지므로 원자야말로 모든 사물의 근본 물질이지요. 다만 원자는 아낙사고라스가 말한 종자와는 달리 동일 물질로 이루어져 있습니다. 그런데도 칠판과 분필처럼 각각의 사물이 서로 다른 것은 왜일까요? 그것은 원자 하나하나의 크기와 무게, 배열 순서와 위치 등이 서로 다르기 때문입니다. 질(質)이 아닌 양(量)의 차이가 사물의 차이를 가져오는 것이지요. 데모크리토스는 인간과 다른 사물이 구분되는 것도 원자의 양적 차이 때문이라고 주장했어요. 그는 인간뿐만 아니라 모든 사물에 어느 정도씩 영성(靈性) 원자가 포함되어 있다고 보았습니다. 인간의 경우 그것을 비교적 많이 포함하고 있기 때문에 다른 사물에 비해 영성이 두드러지게 나타난다는 것이지요.

생각해 보세요

원자론이 왜 쾌락주의로 연결될까요?

데모크리토스는 인간의 몸과 영혼도 원자로 구성되어 있다고 주장했습니다. 몸은 특수한 성격의 물질이므로 새삼스러울 것이 없는데 영혼마저 원자로 되어 있다는 주장은 좀 낯설지요? 데모크리토스의 원자설에 따르면 인간은 원자의 결합으로 생겨났어요. 그렇다면 인간이 죽는다는 것은 육체를 형성했던 원자들이 흩어진다는 뜻이 됩니다. 육체를 구성했던 원자가 흩어지면 육체가 없어지는 것이고, 정신을 구성했던 원자가 나누어지면 정신이 사라져 버리는 것이지요. 그러므로 사후(死後) 세계는 없습니다. 사람이 죽으면 무(無)로 돌아갈 뿐이고 천국이나 극락, 지옥 같은 곳은 없다는 말이지요. 이와 관련해 루크레티우스는 "우리는 죽음과 절대 만날 수 없다. 우리가 살아 있는 동안에는 죽음이 없고 죽게 된 때에는 우리가 살아 있지 않기 때문이다."라고 말했습니다. 죽은 뒤 무(無)로 돌아가거나 흙으로 돌아간다고 보면 '살아 있는 동안이나마 즐겁게 살자!'는 주장이 자연스럽게 나올 수 있어요. 데모크리토스의 이 같은 유물론적 세계관에 따른다면 쾌락주의가 나올 수밖에 없지요.

웃는 철학자
〈데모크리토스〉

2 인간에게로 눈을 돌리다 | 아테네 시대의 철학

서양 고대 철학의 제2기는 아테네를 중심으로 전개됩니다. 그리스가 페르시아 전쟁에서 승리한 이후 아테네는 델로스 동맹의 우두머리가 되어 그리스의 패권을 잡았어요. 이에 따라 아테네로 사람과 물자가 몰려들기 시작하고 경제적으로 여유가 생겨 생활이 넉넉해지자 철학이 한층 더 발전하게 되었답니다. 이때는 자연을 대상으로 한 자연 철학 대신 인간의 문제, 특히 인간 정신의 문제가 주요 주제로 다루어졌어요. 자연에 관심을 쏟던 철학자들이 마침내 자기 자신에게 눈을 돌렸지요. 그리스 철학의 전성기에 해당하는 제2기는 '인성론의 시기'와 '체계의 시기'로 나눌 수 있어요. 인성론의 시기에는 소피스트와 소크라테스가 활동했고, 체계의 시기에는 철학의 체계를 세우고자 했던 플라톤과 아리스토텔레스가 활동했습니다.

- 아테네가 그리스의 패권을 잡은 후 아테네를 중심으로 서양 철학이 전개되었다.
- 아테네 시대의 철학자들은 인간 정신의 문제를 주요 주제로 다루었다.
- 소피스트는 객관적 가치를 기준으로 진리와 정의를 판단하는 것을 부인했다.
- 고대 그리스 철학을 대표하는 철학자로는 소크라테스와 플라톤, 아리스토텔레스를 꼽을 수 있다.

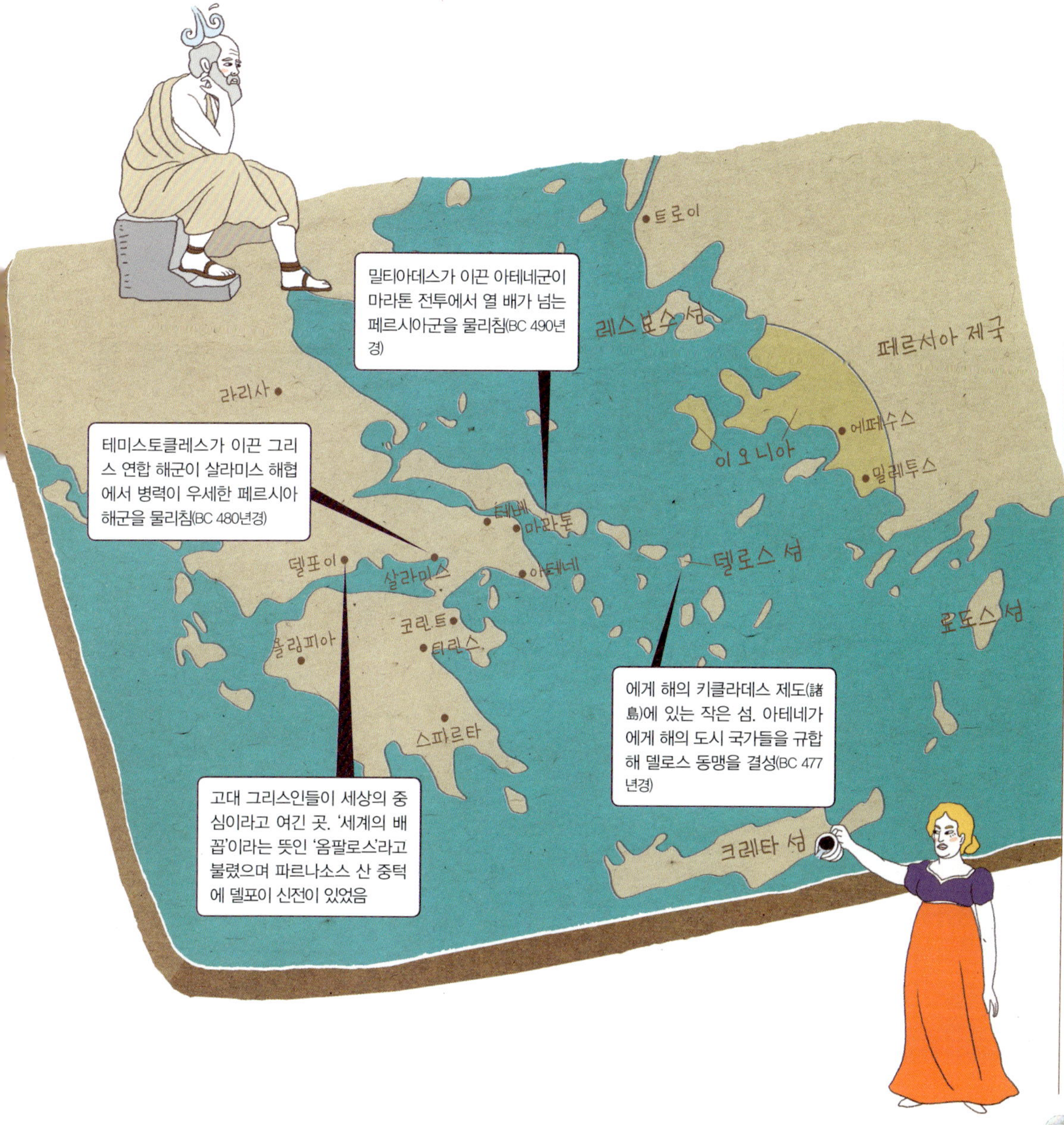

1 '지혜로운 자'인가 '궤변론자'인가 – 소피스트

페르시아 전쟁에서 승리한 그리스, 문화 번영 시대를 맞이하다

아테네는 어떻게 그리스 철학의 중심지가 되었을까요? 그 배경을 알아보려면 페르시아 전쟁에 대한 이야기를 빼놓을 수 없답니다. 페르시아 전쟁은 기원전 492년부터 기원전 479년까지 페르시아가 세 번에 걸쳐 그리스를 침범함으로써 일어났습니다. 특히 마라톤 전투와 살라미스 해전이 유명하지요.

먼저 마라톤 전투에 대해 알아볼까요? 다리우스는 전함 600척을 이용해 보병 10만 명과 기병 1만 명을 그리스 아티카 주의 동쪽 해안에 상륙시켰습니다. 페르시아군은 상륙지 근처에 위치한 마라톤 평원에

〈테르모필레의 레오니다스〉
프랑스 화가인 다비드의 작품이다. 테르모필레는 페르시아가 세 번째로 그리스를 침공해 전투를 벌인 곳이다. 이때 스파르타의 왕 레오니다스가 군사를 이끌고 페르시아군에 맞섰다.
루브르 박물관 소장

포진(布陣, 전쟁을 치르기 위해 진을 침)했어요. 아테네에서 북동쪽으로 42.195km 떨어진 마라톤 평원은 동쪽으로 바다와 접하고 다른 삼면은 산을 등지고 있었습니다. 땅이 좁아 대군을 움직이기에는 불리한 곳이었어요.

페르시아군이 침입했다는 소식은 곧바로 아테네에 전해졌습니다. 아테네는 스파르타에 힘을 합쳐 대항하자고 제안했어요. 그러나 스파르타는 종교적 이유를 들어 보름달이 뜨기 전에는 출전할 수 없다며 제안을 거절했지요. 결국 아테네는 불과 1만 명의 장갑병을 마라톤 평원으로 출전시킬 수밖에 없었답니다.

아테네의 밀티아데스 장군은 페르시아군을 산골짜기로 유인해 무려 열 배가 넘는 적군을 물리쳤어요. 이때 예상을 뒤엎은 승리의 소식을 전하기 위해 아테네의 한 병사가 42.195km 거리를 단숨에 달려갔다고 합니다. 그는 아테네 시민들에게 "우리 군대가 이겼다!"라는 말만 남기고 숨을 거두고 말았다고 해요. 이후 페이디피데스라는 이 병사의 넋을 기리기 위해 인류 역사상 최장거리 경주가 생겨났습니다. 바로 42.195km를 달리는 마라톤 경기지요.

다음으로 살라미스 해전에 대해 알아볼까요?

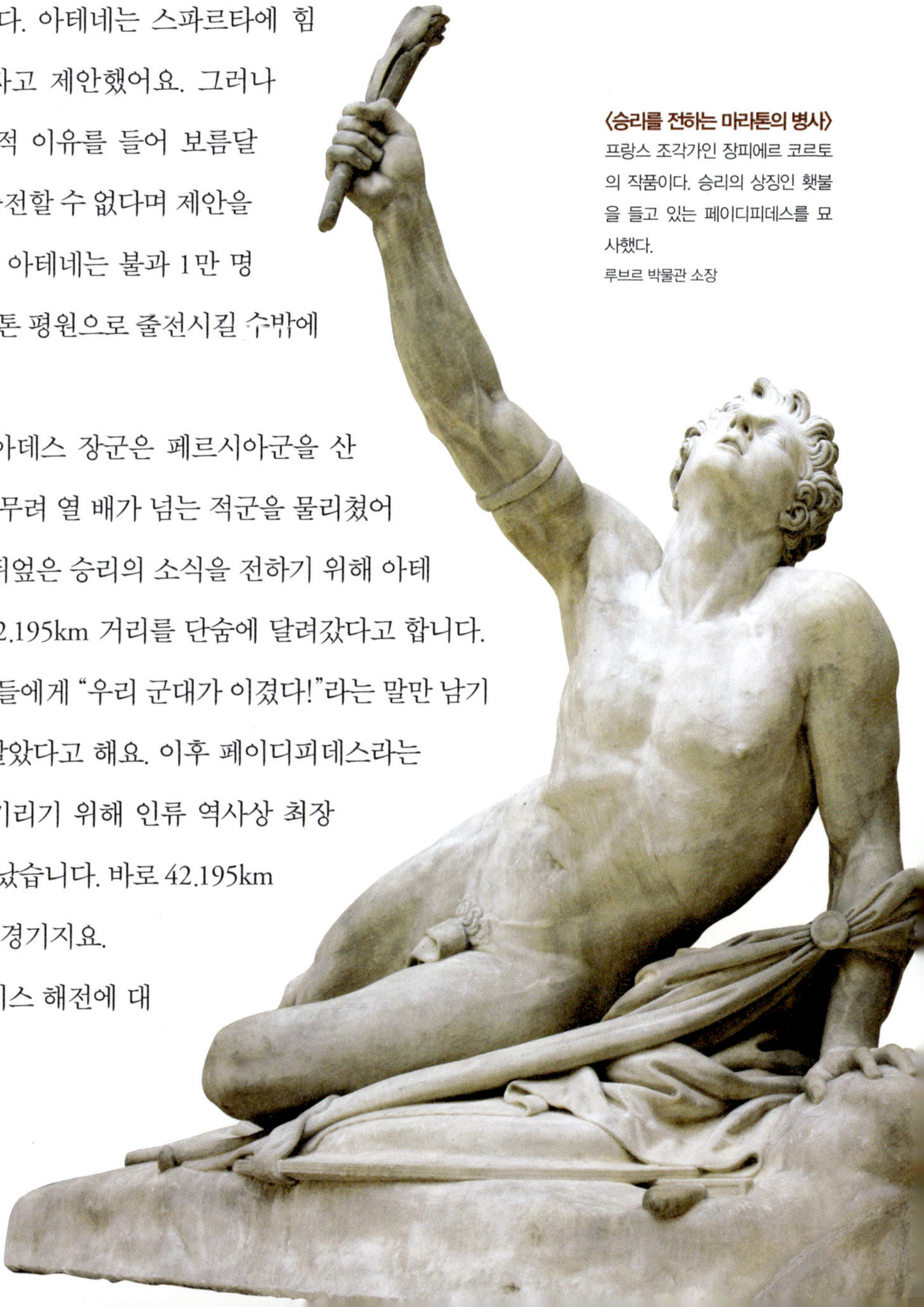

〈승리를 전하는 마라톤의 병사〉
프랑스 조각가인 장피에르 코르토의 작품이다. 승리의 상징인 횃불을 들고 있는 페이디피데스를 묘사했다.
루브르 박물관 소장

승전을 알리는 페이디피데스
페이디피데스의 정신을 기리고자 1896년 제1회 아테네 올림픽에서 마라톤이 정식 종목으로 채택되었다. 최초로 42.195km의 거리로 경기를 한 대회는 1908년 제4회 런던 올림픽이다.

살라미스 해전은 아테네 함대를 주력으로 한 그리스 연합 해군이 살라미스 해협(海峽)에서 병력이 우세한 페르시아 해군을 물리친 전투입니다. 아테네의 테미스토클레스 장군은 노약자와 부녀자를 피난시킨 후 거짓 정보를 흘려 페르시아 해군을 살라미스 해협으로 유인했어요. 살라미스 해협은 아테네 인근의 사로니코스 만에 있는 살라미스 섬과 육지 사이에 끼어 있는 좁고 긴 바다입니다. 테미스토클레스 장군은 이곳의 폭이 좁아 수가 많은 페르시아 해군에게 불리하다는 사실을 알았던 것이지요. 11시간 동안의 전투 끝에 그리스 연합 해군은 결국 페르시아 해군을 물리쳤습니다. 이 해전은 전쟁의 전환점이 되었고, 이후 그리스는 페르시아 전쟁에서 승리했지요. 그리고 소아시아 연안의 그리스 도시들은 페르시아의 지배에서 벗어나게 되었답니다.

〈살라미스 해전〉
독일 화가인 빌헬름 폰 카울바하의 작품이다. 그리스는 살라미스 해전에서의 승리를 계기로 페르시아 전쟁에서 승리할 수 있었다. 이 승리 이후 아테네 문화 번영의 시대가 도래했다.
막시밀리아네움 소장

페리클레스의 장례식 연설
페리클레스는 아테네의 전성기를 이끈 지도자로, 아테네 민주 정치를 상징하는 인물이다. 그는 한 장례식의 추도 연설에서 "아테네는 그리스의 모범"이라고 말했다.

이후 아테네는 그리스의 정치와 문화의 중심지가 되었고, 민주주의가 발달하면서 의회와 재판소에서 정확하고 유창하게 의사를 전달할 필요성이 생겼어요.

이런 시대적 요청에 부응한 지식인들이 소피스트(sophist)입니다. 이들은 사람들에게 여러 가지 말하는 기술을 가르쳐 주었어요. 소피스트라는 명칭은 '지혜로운 자'라는 뜻이며 그리스어로 지혜를 뜻하는 '소포스'라는 말에서 유래했다고 합니다. 대표적인 소피스트로는 프로타고라스와 고르기아스를 꼽을 수 있어요.

프로타고라스와 고르기아스, 나는 소피스트다

프로타고라스는 "인간은 만물의 척도(尺度)다."라고 주장했습니다. 모든 판단은 인간을 기준으로 이루어진다는 뜻이에요. 보통 사람들은 진리의 기준을 사물에 둡니다. 예를 들어 우리는 분필의 색깔이 항상 하얗다고 여기지요. 그러나 과연 그럴까요? 황달(黃疸)에 걸린 사람의 눈에는 분필이 노랗게 보일 것입니다. 그러나 그 사람이 건강을 회복하면 다시 하얗게 보이겠지요. 프로타고라스의 주장에 따르면 건강할 때는 하얗게 보이는 것이 진리고, 황달에 걸려 있을 때는 노랗게 보이는 것이 진리라는 거예요. 이처럼 진리의 기준은 사물이 아니고 그것을 받아들이는 인간에 두어야 한다는 것이 그의 주장입니다.

이제 고르기아스의 회의주의적(懷疑主義的) 사상에 대해 알아볼게요. 그에 따르면 첫째, 존재하는 것은 아무것도 없습니다. 존재하는 것처럼 보이는 것은 주관적 착각일 뿐 모든 것은 결국 무(無)로 돌아간다는 것이지요. 둘째, 존재하는 것이 있다고 하더라도 우리는 그것을 알 수 없다고 합니다. 인간이 아는 것은 전체 지식의 매우 작은 부분이고 그것마저 정확하다고 할 수 없다는 뜻이에요. 셋째, 존재하는 것을 알게 되더라도 우리는 그것을 표현할 수 없다고 합니다. 아무리 말을 잘하고 글을 잘 쓰는 사람이라 하더라도 자기의 느낌과 생각을 완전하게 표현하기는 어렵다는 의미랍니다.

〈데모크리토스와 프로타고라스〉
이탈리아 화가인 로사의 작품이다. 최초의 소피스트라고 불리는 프로타고라스(오른쪽)는 진리의 주관성과 상대성을 주장했다. 가운데 인물이 같은 시대에 활동한 데모크리토스다.
에르미타주 미술관 소장

그리스 희극에 쓰였던 마스크
그리스 희극에 쓰였던 것으로 추정되는 마스크다. 소피스트의 활동이 활발했던 고대 그리스에서는 그들을 풍자하는 연극이 종종 무대에 오르곤 했다.

소피스트는 궤변론자일 뿐인가?

보통 누군가가 이치에 맞지 않는 말을 그럴듯하게 하면 "궤변을 늘어놓지 마라!"라고 꾸짖지요. 우리는 소피스트를 부정적인 의미를 담아 궤변론자라고 부르기도 해요. 소피스트를 이렇게 부르게 된 까닭은 무엇일까요?

첫째, 소피스트는 객관적 가치를 기준으로 진리와 정의를 판단하는 것을 부인했습니다. 그들은 진리는 강자의 편이고, 정의는 승자의 전리품이라고 말했지요. 둘째, 소크라테스는 보수를 받지 않고 제자들을 가르쳤지만 소피스트들은 교육의 대가로 적지 않은 돈을 받았습니다. 예나 지금이나 돈에 집착하는 교사를 좋게 보지는 않지요. 하지만 이런 내용이 담긴 자료를 살펴볼 때는 주의해야 할 점이 있습니다. 소피스트에 관한 자료의 대부분은 플라톤의 저작에서 나왔다는 사실이에요. 플라톤이 스승인 소크라테스보다는 소피스트들을 더 부정적으로 그리지 않았을까요? 하지만 소피스트가 부정적인 평가만 받는 것은 아니랍니다. 첫째, 소피스트는 철학의 주요 주제로서 인간을 다루었습니다. 자연에 쏠렸던 관심을 뒤로 하고 처음으로 인간에게 눈을 돌린 거예요. 이런 사실은 "인간이 만물의 척도다."라는 프로타고라스의 말에 함축되어 있지요. 둘째, 고르기아스는 회의주의적 사상을 통해 비판적 사고를 보여 주었습니다. 그는 인간이 과연 무엇을 얼마나 알 수 있는지, 인식이 어떻게 이루어지는지 등을 고민했지요. 셋째, '도덕을 판단하는 절대적 기준이 있는가?'에 대한 윤리학적 논쟁을 불러일으켰습니다.

궤변(詭辯)
상대방을 이기기 위해 상대방의 생각을 혼란하게 만들거나 감정을 격앙시켜 거짓을 참인 것처럼 꾸며 대는 논법을 말한다.

2 세계 4대 성인으로 손꼽히다 – 소크라테스

악처를 둔 건장한 추남

소크라테스는 아테네에서 조각가인 아버지와 산파(産婆, 아이 낳는 것을 도와주는 일을 하던 여자)인 어머니 사이에서 태어났습니다. 그의 얼굴은 크고 둥근 데다 이마가 벗어지고 눈은 툭 불거졌으며 코는 뭉툭하고 입술은 두툼했어요. 키가 땅딸막하고 배가 나와 걸을 때면 오리처럼 뒤뚱거렸답니다. 그는 추남에 가까웠지만 몸은 건강한 편이어서 추위와 더위를 잘 참았고 밤새워 술을 마셔도 끄떡없었다고 해요.

소크라테스는 가족에게 소홀하고, 생계를 꾸리는 데 관심이 없었습니다. 오로지 교육하는 데만 관심을 쏟았지요. 그는 대가 없이 제자들을 가르쳤고 저녁 한 끼에 만족했어요. 교육에 대한 대가로 많은 보수를 받던 소피스트들과 달랐지요. 소크라테스는 질문과 응답을 통한 대화로 교육을 진행했습니다. 처음에는 쉽고 단순한 문제로 시작했지만 점차 어려운 문제로 넘어갔어요. 이처럼 진리를 탐구하는 데 도움이 되는 문답법을 소크라테스의 산파술(産婆術)이라고 부릅니다. 이 용어는 그의 어머니의 직업인 '산파'에서 따온 말로 여겨지지요. 산파는 아이를 낳을 때 옆에서 도와주는 역할만 할 수 있을 뿐 출산이 더디다고 해서 대신 아이를 낳아 줄 수는 없습니다. 아무리 고통스럽더라도 아이는 산모의 힘으로 낳아야 하니까요. 마찬가지로 진리도 배우는 사람이 스스로 구해야지 스승이 대신 해 줄 수 없는 것이지요.

소크라테스(BC 470~BC 399)
고대 그리스 철학의 전성기를 이끈 인물이다. 철학적 토론을 통해 제자들을 가르치는 일에 열심이었다. 그의 산파술은 '대화법' 또는 '소크라테스의 문답법'이라고도 한다.

〈소크라테스에게 물을 붓는 크산티페〉
네덜란드 화가인 레이어르 야콥스 판 블로멘다엘의 작품이다. 크산티페는 악처의 대명사다. 남편인 소크라테스를 경멸하는 말과 행동을 한 것으로 유명하다. 그녀가 소크라테스에게 호통치며 물을 붓자 소크라테스는 "천둥 뒤에는 항상 소나기가 쏟아지는 법이지."라고 말했다고 한다.
스트라스부르 미술관 소장

소크라테스의 아내 크산티페는 악처로 널리 알려져 있습니다. 그녀는 남편이 철학을 연구하지 못하게 하려고 온갖 방법을 썼어요. 집에서는 지옥을 방불케 할 정도로 남편을 못살게 굴었고 심지어 시장 한가운데서 소크라테스의 옷을 마구 잡아당겨 찢기까지 했지요. 소크라테스의 머리에 물을 붓고는 시치미를 뗐다는 일화는 미술 작품으로도 많이 묘사되었답니다. 하지만 크산티페를 무작정 악처라고 비난할 수는 없어요. 소크라테스가 집안의 가장으로서 의무를 다했다면 크산티페도 상냥한 아내가 되었을지 모르는 일이지요.

〈알키비아데스를 가르치는 소크라테스〉
프랑스 화가인 프랑수아 앙드레 뱅상의 작품이다. 소크라테스와 알키비아데스는 함께 식사하는 것은 물론 레슬링을 하거나 같은 텐트에서 잠을 자기도 했다고 한다. 이러한 관계는 그 무렵 아테네에서는 자연스러운 것이었다.
파브르 미술관 소장

너 자신을 알라

어느 날, 소크라테스의 친구인 카이레폰이 그리스의 종교적 중심지인 **델포이 신전**에 갔습니다. 델포이 신전은 아테네에서 북서쪽으로 170km 정도 떨어진 파르나소스 산 중턱에 자리하고 있었어요.

그리스 신화에 따르면 제우스가 독수리 두 마리를 각각 동쪽과 서쪽에 놓아주면서 세계의 중심을 향해 날아가게 했더니 독수리들이 델포이에서 서로 만났다고 합니다. 그래서 고대 그리스인들은 델포이를 세상의 중심이라 여기고 '세계의 배꼽', 즉 '옴팔로스'라고 부르며 델포이에 신전을 지었지요.

델포이 신전의 주인은 제우스와 레토의 아들인 아폴론이에요. 그는 올림포스 12신 가운데 하나며 달의 여신인 아르테미스와 쌍둥이랍니다. 예술의 신, 태양의 신이라고도 불리는 아폴론은 예언하는 능력이 매우 뛰어났다고 합니다. 그래서 아폴론에게 신탁(神託, 신이 사람을 매개자로 삼아 자신의 뜻을 나타내거나 인간의 물음에 대답하는 일)을 받으려는 사람들이 델포이

델포이 신전
그리스와 그 주변 국가의 사람들이 성스러운 곳으로 여겼던 장소다. 뛰어난 경치와 조화를 이루고 있었던 이 신전은 종교의 중심지이자 고대 그리스 세계의 상징이었다.

아폴론과 에오스
아폴론은 그리스 신화에서 빛과 태양, 이성과 예언, 의술과 궁술은 물론 시와 음악까지 관장한다. 에오스는 그리스 신화에 등장하는 새벽의 여신이다.

신전으로 몰려들었지요. 당시 주변국의 권력자들이 전쟁의 승패를 미리 알기 위해 찾아올 정도였답니다. 신탁은 신전의 내부에서 이루어졌습니다. 보통 50세가 넘은 무녀가 광기 어린 환각 상태에서 신의 소리를 전했어요. 뜻을 잘 알아들을 수 없어서 남자 신관의 해석을 들어야 했지요. 이때 신관은 신탁을 구한 사람이 좋아할 만한 내용으로 해석해 주었답니다. 결국 신탁은 신의 뜻이라기보다 신탁을 구한 사람의 소망이나 의지였는지도 모릅니다.

아폴론에게 신탁을 구한 카이레폰은 "아테네에 소크라테스보다 현명한 자는 없다."라는 내용을 들었어요. 평소 자기 자신을 '무지한 자'라고 말하고 다닌 소크라테스는 이 말을 전해 듣고 깜짝 놀랐습니다. 그리고 그때부터 이름난 현자(賢者, 어질고 총명해 성인에 다음가는 사람)들을 방문하기 시작했어요. 그러나 그들은 진실로 아는 것이 아무것도 없었습니다. 그저 자신들이 아는 것이 많은 것처럼 행세했을 뿐이었지요.

생각하는 소크라테스
아테네 국립 대학교 정문에는 고대 그리스 철학을 대표하는 소크라테스와 플라톤의 석상이 위치해 있다. 턱을 괴고 있는 소크라테스는 실제보다 잘생긴 모습으로 조각되어 있다는 평이 지배적이다.

반면 소크라테스는 진리 앞에 겸손한 사람이었습니다. 그는 델포이 신전의 양쪽 기둥 밑에 새겨진 "너를 알라."라는 구절을 자주 외우고 다녔어요. 이 말의 원래 의미는 '죽을 수밖에 없는 너희의 한계를 똑똑히 알라!'라고 해요. 신이 자신의 영역에 도전하려는 인간들에게 내린 경고였지요. 하지만 오늘날에는 "너 자신을 알라."라는 소크라테스의 경구(警句, 진리나 삶에 대한 느낌이나 사상을 간결하고 날카롭게 표현한 말)로 전해 오고 있답니다.

소크라테스는 이름난 현자들보다 적어도 한 가지는 더 알고 있었어요. 바로 자신이 무지하다는 사실이에요. 그래서 아폴론이 '아테네에서 가장 현명한 자는 소크라테스'라는 신탁을 내린 게 아닐까요? 자신이 현자라고 믿는 사람들의 입장을 '무지의 무지(無知의 無知)'라고 표현한다면 소크라테스의 경우는 '무지의 지(無知의 知)'라고 표현할 수 있겠네요.

정치적 음모에 말려들어 사형 선고를 받다

소크라테스는 젊은이들을 타락시키고 국가의 신 대신 새로운 신을 믿는다는 당치 않은 죄로 고소를 당했습니다. 여기에는 정치적 음모가 숨어 있었지요. 그러면 그 무렵의 정치적 상황을 먼저 알아볼까요?

앞에서 살펴본 대로 페르시아 전쟁 이후 아테네는 델로스 동맹을 이끌게 되었습니다. 하지만 아테네가 점점 횡포를 부리기 시작했어요. 동맹에 참가한 여러 도시 국가는 아테네가 각국의 자치권을 위협한다고 여겼지요. 이때 아테네의 맞수 스파르타가 호심탐탐 아테네를 공격할 기회를 노리고 있었답니다. 코린트와 메가라 등의 도시 국가는 펠로폰네소스 동맹 회의를 열어 아테네와 전쟁을 치르기로 결정한 뒤에 스파르타를 부추겼어요. 그 결과 스파르타가 전쟁을 일으켰고, 아테네는 기원전 404년에 스파르타에 항복하고 말았지요.

30년 동안 이어진 펠로폰네소스 전쟁에서 스파르타가 승리하자 아테네에는 스파르타식의 과두 정치(寡頭政治, 몇몇의 우두머리가 국가를 운영하는 독재적인 정치 체제)가 들어섰습니다. 그러나 또 한 차례 정권이 뒤집혀 민주주의자들이 권력을 잡게 되었어요. 그들은 소크라테스를 귀족주의자로 보고 처형하려고 했습니다. 소크라테스의 이론이 민주주의를 비난하는 것처럼 보였고 그의 제자와 친구들 대부분이 귀족주의 입장이었기 때문이지요. 게다가 평소 소크라테스는 '아테네의 등에(가축의 피부를 뚫고 피를 빨아먹는 해충)'라고 불릴 정도로 부정했던 야심가들에게 쓴소리를 해 왔어요. 옳지 않은 정치

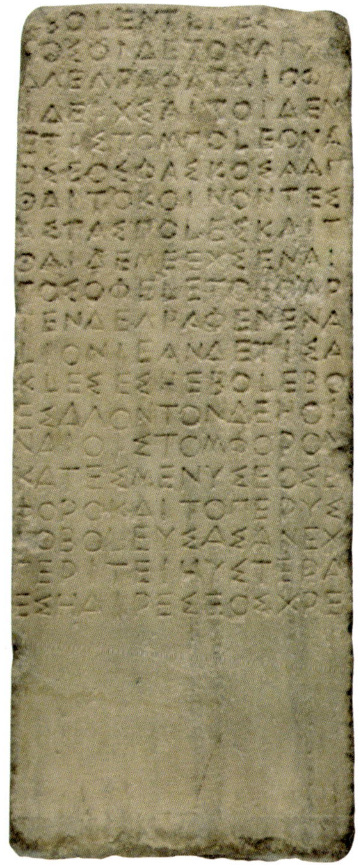

아테네 법령이 적힌 파편
델로스 동맹국들이 협의한 내용이 적혀 있다. 델로스 동맹은 아테네가 페르시아의 침략에 대비해 에게 해 주변의 여러 나라와 맺은 동맹이다. 동맹국 사이에 협의된 내용의 일부가 현재까지 전해 내려오고 있다.
대영 박물관 소장

〈판사들 앞의 프리네〉

프랑스 화가인 제롬의 작품이다. 이 작품을 통해 기원전 4세기경의 아테네 법정을 엿볼 수 있다. 프리네는 그리스의 고급 창녀로, 아프로디테에 버금갈 정도로 아름다워 여신처럼 숭배받았다. 불경죄를 지어 아테네 법정에 서게 되었으나 무죄를 선고받는다. 함부르크 미술관 소장

투키디데스(BC 460~BC 400)
고대 그리스의 역사가이사 철학지다. 투키디데스는 모든 사건은 인간의 상호 작용으로 일어난다는 역사관을 가지고 있었다. 이러한 견해를 바탕으로 『펠로폰네소스 전쟁사』라는 책을 썼다.

적 살인에 동참하라는 참주(僭主, 고대 그리스의 여러 도시 국가에서 비합법적으로 지배자가 된 사람)의 요구를 거절하기도 했으니 미운털이 단단히 박혔던 것이지요.

소크라테스에 대한 재판은 배심원 500명이 참여한 가운데 하루 동안 진행되었다고 합니다. 당시의 배심원들은 어떤 사람들이었을까요? 30세 이상의 아테네 시민으로서 국가에 빚이 없으면 누구나 배심원을 지망할 수 있었습니다. 신에 대해 무례한 태도를 보인 사람에 대한 1심에서는 유죄냐 무죄냐에 대해서만 판결을 내렸어요. 형량은 2심에서 결정되었지요. 소크라테스는 1심에서 280 대 220의 적은 차이로 유죄 판결을 받았습니다. 그러나 소크라테스는 2심이 진행되기 전에 사과하거나 변명하지 않고 오히려 시민들과 배심원들을 꾸짖다시피 말했어요.

"너희는 지갑을 채우는 데만 애태울 뿐 도덕적 판단이나 진리를 구하고 영혼을 개선하는 일에는 조금도 관심이 없구나!"

죽음을 두려워하지 않고 사람들에게 충고한 거예요. 2심의 결과는 360 대 140으로 절망적이었습니다. 소크라테스의 충고는 그를 무죄로 판결한 배심원들의 비위까지 뒤집었고 결국 사형 선고를 받게 된 것이지요.

당시에는 아테네 법에 따라 사형 선고를 받은 사람은 24시간 안에 처형하도록 되어 있었습니다. 하지만 소크라테스가 사형 선고를 받은 때는 처형이 금지된 기간이었어요. 아테네 사람들은 해마다 델로스 섬에 배를 보내 아폴론에게 제물을 바쳤는데, 배를 꾸려 출발하는 날부터 돌아오는 날까지를 신성한 기간으로 여겨 이 동안에는 처형을

델로스 섬
에게 해의 키클라데스 제도(諸島)에 있는 작은 섬이다. 아폴론의 탄생지로 신성시되어 전쟁을 피할 수 있었기 때문에 델로스 동맹의 금고를 아폴론 신전에 보관했다고 한다. 현재는 무인도로 남아 있으나 관광객이 끊이지 않고 있다.

죽음을 맞는 소크라테스
소크라테스의 제자 플라톤은 스승의 최후를 상세히 기록했다. 후대에 이 기록을 바탕으로 한 다수의 예술 작품이 탄생했다.

금지했지요. 소크라테스가 사형 선고를 받은 때는 마침 떠날 배의 뒷부분을 장식하던 날이었다고 해요. 더욱이 배가 역풍을 만나 보통 때보다 돌아오는 기간이 길어지는 바람에 소크라테스의 처형은 그만큼 늦추어지게 되었답니다.

소크라테스는 한 달 정도 감옥에 갇혀 있었습니다. 몇몇 제자는 탈옥을 권하기도 했어요. "선생님께서 잘못한 일이 없다는 것은 누구나 아는 사실입니다. 선생님께서는 지금 부당한 대우를 받고 있습니다. 이 일은 정의에 어긋납니다. 지금 탈옥한다고 해서 선생님을 비난할 사람은 아무도 없을 것입니다."

그러자 소크라테스는 "지금까지 아테네 법을 따르며 잘 살아왔는데 나에게 불리해졌다고 해서 법을 어기는 것은 비겁한 일이 아닌가?"라고 대답했어요. 이 말 속에는 '처음부터 법을 지켰으면 끝까지 지켜야 한다. 자신에게 유리할 때는 지키고 불리할 때는 지키지 않는 것은 너무 비겁한 행동이다.'라는 뜻이 담겨 있습니다. 소크라테스가 "악법(惡法)도 법이다."라고 주장한 대목이지요.

델로스 섬에서 배가 돌아온 날, 해 질 무렵이 되자 간수들이 독이 든 잔을 가지고 왔습니다. 처형 시간은 해가 지는 시각으로 정해져 있었어요. 하지만 대부분 해가 저문 후에도 술이나 음식을 원하는 대로 먹고 마셨다고 해요. 심지어 여자를 불러 욕정을 채운 후 독을 마신 사람도 있었다고 합니다. 그러나 소크라테스는 독약을 빨리 가져오라고 한 다음 태연하게 기도를 올리고 나서 의연한 자세로 조용히 독약을 마셨습니다. 그 후 잠시 감옥 안을 거닐다가 다리가 무겁다며 반듯이 드러누웠어요. 하반신이 거의 식어 갈 무렵에 그는 얼굴에 덮여 있던 천을 젖히고 친구들에게 마지막 부탁을 했습니다.

"아스클레피오스에게 닭 한 마리를 빚졌으니 꼭 갚아 주게!"

당시에는 병이 나으면 감사의 뜻으로 아스클레피오스에게 닭 한 마리를 바치는 풍습이 있었어요. 아스클레피오스는 그리스 신화에 나오는 의술(醫術)의 신인데, 그에게 죽은 사람을 살려 내는 능력이 있다고 믿었기 때문이지요.

소크라테스는 어떤 책도 남기지 않았습니다. 그런데도 서양 철학사에 커다란 발자취를 남겼지요. 죽음 앞에서 보여 준 고매한 태도와 그 누구도 흉내 낼 수 없는 훌륭한 인품 덕분이 아닐까요?

아스클레피오스
그리스 신화에 등장하는 의술의 신으로, 아폴론의 아들이라고 알려져 있다. 약초를 물어 온다는 뱀이 휘감긴 지팡이를 지니고 있다. 지팡이는 오늘날 의학의 상징이기도 하다.

〈소크라테스의 죽음〉

프랑스 화가인 다비드의 작품이다. 소크라테스가 죽기 직전의 순간을 담았다. 슬픔에 빠진 제자들과 영혼의 불멸에 대해 차분하게 말하고 있는 소크라테스의 모습이 대조적이다. 왼쪽 침대 가장자리에 앉아 슬퍼하고 있는 인물이 소크라테스의 수제자 플라톤이다. 메트로폴리탄 미술관 소장

3 소크라테스의 수제자 – 플라톤

플라톤의 몸값으로 세워진 대학, 아카데미아

플라톤(BC 428~BC 347)
플라톤은 아테네 사회가 몹시 혼란스러운 시기에 활동했다. 그는 현실을 극복하고 바람직한 사회를 구현하고자 노력했다.

아테네의 명문가 출신이었던 플라톤은 원래 정치가가 되려고 했습니다. 하지만 20세 때 비극 경연 대회에 나갔다가 극장 앞에서 소크라테스의 강연을 듣게 되었어요. 그때 크게 감명을 받은 플라톤은 곧바로 소크라테스를 따랐지요. 하지만 스승이 부당한 판결을 받고 숨지자 충격을 받았어요. 이후 플라톤은 민주주의에 대해 회의적인 입장을 취하기도 했습니다.

플라톤은 한때 시라쿠사의 참주 디오니시우스 2세를 만나 자신의 이상을 실현해 보려고 애썼어요. 그러나 디오니시우스는 플라톤의 건의를 받아들이지 않고 오히려 의심하며 음모를 꾸며 그를 노예 시장에 팔고 말았습니다. 이때 키레네 학파의 학자인 안니케리스가 몸값을 치러 주어 겨우 석방될 수 있었어요. 아테네로 돌아온 플라톤은 그 돈을 갚으려고 했지만 안니케리스는 받지 않았습니다. 그러자 플라톤은 그 돈으로 그리스 신화의 영웅신인 아카데모스에게 헌정되었던 정원을 사들여 교육 기관을 세웠어요. 플라톤은 이곳에서 스승인 소크라테스와 마찬가지로 돈을 받지 않고 학생들을 가르쳤습니다. 플라톤이 세운 교육 기관은 아카데모스의 이름을 따서 아카데미아(Academia)라고 불렀어요. 한 철학자의 몸값으로 유럽 최초의 대학이 세워진 것이지요. 플라톤의 강의는 귀부인들도 남자 복장을 하고 들어와 배울 정도로 유명했어요. 어떤 농부는 밭을 갈다 말고 와서 강의를 들었다고 합니다. 아리스토텔레스도 20여 년 동안 이곳에서 배웠지요.

〈디오게네스와 플라톤〉
이탈리아 화가인 마티아 프레티의 작품이다. 고대 그리스의 철학자인 디오게네스와 플라톤은 앙숙이었다. 플라톤(왼쪽)이 추상적으로 사유했던 데 반해 디오게네스(오른쪽)는 훌륭한 사고는 단순성에서 나온다고 생각해 추상적 사고를 경멸했기 때문이다.
카피톨리니 박물관 소장

CAVSA
CAVSARṼ
MISERERE

'플라토닉 러브'라는 말은 플라톤과 무슨 관계가 있을까요?

'플라토닉 러브'라는 말을 들어 보았나요? 연인에 대한 존경을 바탕으로 하는 정신적 사랑을 이르는 말이에요. 플라토닉이라는 말은 플라톤의 이름에서 유래했답니다. 하지만 플라토닉 러브가 플라톤의 사상과는 거의 관계가 없다고 해요. 왜냐하면 첫째, 플라톤은 여자를 특별히 존경한 적이 없기 때문이에요. 오히려 플라톤은 "여자는 남자보다 약하고 덕이 없다. 여자는 쉽게 흥분할 뿐 아니라 화를 잘 내며 잔꾀가 많고 교활하다. 남을 비방하는 것을 즐기고 소심하며 미신을 잘 믿는다."라고 했습니다. 심지어 "여자로 태어난 것은 저주다. 자제할 줄 모르던 남자, 비겁하고 의롭지 못했던 남자들이 죽은 뒤에 벌을 받아 다시 여자로 태어났기 때문이다."라고 말했어요. 오늘날의 여성들이 들으면 기가 막힐 말이지요. 플라톤이 생각한 남녀 간의 사랑은 애정이 넘쳐흐르는 것과는 거리가 멀었습니다. 결혼에 대한 플라톤의 생각을 살펴보면 전혀 낭만적이지 않아요. 그는 오직 아이를 낳아 기르기 위해 결혼한다고 보았지요. 남자와 여자는

에로스와 프시케

그리스 신화에 등장하는 에로스와 프시케의 사랑은 육체적인 사랑을 상징한다. 프시케는 미의 여신인 아프로디테마저 질투를 느끼게 할 만큼 아름다운 소녀다. 그녀는 아프로디테의 아들인 에로스를 사랑하게 된다.

〈향연〉
독일 화가인 포이어바흐의 작품이다. 이 그림은 플라톤이 쓴 『향연』을 바탕으로 그려진 것이다. 술에 취해 부축을 받고 있는 청년(왼쪽)은 소크라테스의 제자인 알키비아데스다.
베를린 구국립 미술관 소장

될 수 있는 한 능력과 성품이 훌륭한 후손을 낳아야 한다는 사명감으로 결혼한다는 거예요. 따라서 플라톤은 국가가 국민 한 사람 한 사람에게 알맞은 배우자를 찾아 주어야 한다고 보았답니다.

둘째, 플라톤은 결코 육체를 대수롭지 않게 여긴 적이 없어요. 어린 나이에 음악과 함께 체육을 필수적으로 배워야 한다고 강조했으니까요. 이는 그의 스승인 소크라테스가 건강을 위해 열심히 체조를 했다는 사실과 무관하지 않답니다.

플라톤의 사상과 관계가 없는데 플라토닉 러브라는 말이 왜 생겨났을까요? 고대 그리스 시대에 사랑을 의미하는 말은 에로스였다고 합니다. 남녀 관계 뿐만 아니라 좋고 아름다운 것 모두를 폭넓게 일컫는 말이었어요. 하지만 16세기 이후부터 에로스의 의미가 축소되어 관능적 사랑만을 뜻하게 되었지요. 육체적 사랑과 비교되는 플라토닉 러브라는 말도 이때 만들어졌답니다. 플라톤 철학이 이상적이고 관념적인 성격을 띠기 때문이 아닐까 싶습니다.

모든 인간은 죄수다, 동굴의 비유

플라톤은 『국가』에서 '동굴의 비유'를 들고 있습니다. 그는 인간을 태어나면서부터 온몸이 묶인 채로 의자에 붙들려 있는 동굴 안의 죄수와 같다고 보았어요. 동굴은 감각적 세계를 뜻하지요. 인간은 감각이라는 캄캄한 동굴에 갇혀 참다운 진리의 세계를 보지 못한다는 거예요. 그런데 우연히 동굴에서 빠져나올 기회가 있는 것처럼 어쩌다가 우리의 영혼이 이념의 세계로 넘어가는 경우가 있습니다. 감각에서 벗어나 진리를 깨닫게 되는 것이지요. 진리를 알게 된 사람, 즉 철학자는 다시 동굴로 돌아와 이웃에게 참된 것을 알리려 하지만 아무도 믿어주지 않아요. 그렇지만 철학자는 끝까지 진리를 전해야 합니다. 이

동굴의 비유

벽 위에 올라섰거나 벽 밖에서 벽 안쪽의 사람들과 소통하려고 시도하는 사람들이 진리를 깨달은 철학자다. 벽 아래 갇혀 공포에 질린 얼굴을 하고 있는 군중은 감각이라는 어두운 동굴에 갇힌 사람들을 상징한다.

를 위해 소크라테스는 죽음마저 받아들인 것이지요.

『국가』
3세기경에 발견된 『국가』의 일부다. 플라톤은 『국가』에서 정의를 실현하기 위해서는 사회 전체의 윤리가 필요하다고 주장했다.

플라톤은 영혼론과 윤리학, 국가론 등을 유기적으로 연결했습니다. 플라톤의 사상에 따르면 인간의 신체는 머리, 가슴, 배의 세 부분으로 구성되어 있어요. 각각에 해당하는 영혼은 이성, 의지, 욕망으로 작용하지요. 또한 인간은 각각의 영혼을 통해 지혜, 용기, 절제라는 덕을 추구하는데, 이것들이 함께 정의를 이룹니다. 국가에도 이와 같은 세 계급이 있어요. 머리 부분에는 지혜가 뛰어난 통치 계급이 있고, 가슴 부분에는 용기 있는 무사 계급이 있으며, 배 부분에는 절제를 발휘해야 할 생산 계급이 있지요.

인간은 머리, 가슴, 배의 기능이 원활해야 건강하고 이성, 의지, 욕망이 지나치지 않아야 영혼 안에서 평화를 누릴 수 있습니다. 마찬가지로 국가를 구성하는 세 계급이 서로 간섭하지 않고 자기의 직분에 충실해야 이상 국가가 달성되겠지요. 결국 바람직한 인간이란 신체가 건강하고 영혼이 조화를 이룬 상태에서 계급에 맞게 자기의 위치를 잘 지켜 나가는 사람을 말해요. 세 부분 가운데 특히 머리를 중요하게 생각하는 것처럼 세 계급 가운데 통치 계급은 금(金) 계급이라고 여깁니다. 이들은 이상 국가를 실현하는 데 가장 중요한 역할을 담당하지요.

플라톤의 주장은 비현실적이기도 해요. 그래서인지 플라톤은 이상 국가를 실현하기 위해 몇 차례 시칠리아 섬의 시라쿠사로 건너갔지만 번번이 실패하고 말았답니다.

철학이 플라톤이고, 플라톤이 곧 철학이다

플라톤은 어려웠던 젊은 날과 달리 노년에는 행복했답니다. 그가 80세가 되던 해에 여러 분야에서 성공한 많은 제자 가운데 한 사람이 그를 결혼식에 초대했어요. 플라톤은 축하연에 참석했지요. 축제가 한창 무르익었을 때 조용한 곳으로 자리를 옮긴 노(老)철학자는 의자에 앉은 채 잠이 들었습니다. 사람들은 밤새도록 축하연을 즐기다가 아침이 밝아 오자 그를 살며시 흔들어 깨웠어요. 그러나 플라톤은 움직이지 않았답니다. 그의 장례식에는 이웃들뿐만 아니라 아테네의 모든 시민이 참석했고 그의 묘지까지 따라갔다고 합니다.

플라톤에 대한 평가는 극적입니다. 미국 시인인 에머슨은 "철학은 플라톤이요, 플라톤은 철학이다."라고 말했고, 영국 철학자인 화이트헤드는 "서양 철학은 플라톤 철학에 달린 주석에 불과하다."라고 평했답니다.

케임브리지 대학교

20세기를 대표하는 철학자 화이트헤드는 케임브리지 대학교에서 공부했다. 그는 과학의 기초에 대한 관심을 바탕으로 새로운 철학 사상을 구축했다.

〈오르페우스의 노래를 듣는 님프들〉
프랑스 화가인 샤를 프랑수아 잘라베르의 작품이다. 오르페우스교는 그리스 신화에 등장하는 시인이자 악사인 오르페우스가 신의 계시에 따라 창시했다고 전해지는 종교다.
월터스 미술관 소장

『국가』에 담긴 플라톤의 철학을 비판하는 목소리도 있어요. 그러나 플라톤 철학이 갖는 의의는 대단합니다. 첫째, 플라톤은 이전의 모든 사상, 이를테면 오르페우스교 교리와 피타고라스 이론 등에 담긴 윤회 및 해탈 사상과 그리스적인 이성 철학을 융합했어요. 둘째, 그는 높은 이상을 제시하고 사람들이 그것을 달성할 수 있도록 격려했어요. 이 같은 그의 업적은 이전의 무엇과도 비교할 수 없을 만큼 철학의 역사에 커다란 획을 긋는 일이었다고 평가할 수 있답니다.

4 현실에 충실한 체계적 사상가 – 아리스토텔레스

플라톤이 사랑한 제자

아리스토텔레스는 마케도니아 왕의 주치의였던 아버지에게서 많은 재산을 물려받았습니다. 그는 화려한 옷을 입고 반지를 끼거나 머리를 손질하는 등 남달리 몸치장을 했어요. 그래도 외모가 뛰어나지는 않았나 봅니다. 대머리인 데다 눈과 키가 작고 다리는 가늘었지요. 게다가 혀가 굳어 말도 더듬었답니다. 또한 겁이 많고 현실 도피적이었으며 나약하고 세심한 성격이었지요.

17세 때 아카데미아에 입학한 아리스토텔레스는 20여 년 동안 플라톤에게 배울 수 있었어요. 또한 일찍부터 왕실과 가깝게 지내면서 7년 동안 알렉산드로스 왕자를 가르치기도 했습니다. 정신적 세계의 제왕을 스승으로 삼고 현실 정치 세계의 제왕을 제자로 두었으니 그를 행운아라고 불러도 되겠지요?

아리스토텔레스의 지칠 줄 모르는 부지런함과 뛰어난 재능을 곁에서 지켜본 플라톤은 그에게 '책벌레', '아카데미아의 예지' 등의 별명을 붙여 부를 정도로 그를 특별히 사랑했습니다. 아리스토텔레스가 지각이라도 한 날에는 그가 도착할 때까지 강의를 시작하지 않았을 정도였다고

아리스토텔레스(BC 384~BC 322)
그리스 정치 철학 고전기의 마지막을 장식한 아리스토텔레스는 방대한 주제에 대해 체계적인 연구 성과를 남겼다. 아직도 그의 정치 철학에 대한 학문적 발굴이 진행되고 있다.

해요. 아리스토텔레스 역시 스승을 매우 존경했어요. 그러나 플라톤이 죽자 그는 독자적인 학설을 주장했고, 아카데미아의 새 원장 자리에 플라톤의 조카가 임명되자 비위가 상해 아카데미아를 뛰쳐나오고 말았습니다. 아리스토텔레스가 스승에 대해 좋지 않은 감정을 갖고 있었거나 교만했던 것은 아니에요. 학문적 방법이나 성향이 서로 달랐을 뿐이지요. 플라톤이 천재적 영감을 지닌 시인에 가깝다면 아리스토텔레스는 냉철한 사고를 지닌 산문가에 가까워요.

〈플라톤과 아리스토텔레스〉
이탈리아 조각가인 루카 델라 로비아의 작품이다. 플라톤과 아리스토텔레스가 토론하는 모습이 조각되어 있다. 이들은 고대 그리스 철학이 발전하는 데 이바지한 대표적인 철학자다.
두오모 오페라 미술관 소장

로마의 바티칸 미술관에는 라파엘로가 그린 〈아테네 학당〉이 있습니다. 이 그림의 한가운데에는 붉은 외투를 걸친 플라톤이 손가락으로 하늘을 가리키고 있어요. 그 옆에는 푸른 망토를 걸친 아리스토텔레스가 허벅지에 『윤리학』이라는 책을 받치고 땅을 가리키고 있지요. 〈아테네 학당〉에서는 이상주의적 철학을 주장한 정열적인 기질의 플라톤과 현실주의자의 모습을 보여 준 냉철한 성품의 아리스토텔레스를 극적으로 대비시키고 있습니다. 한편 〈아테네 학당〉에는 플라톤과 아리스토텔레스 외에도 많은 철학자가 등장해요. 우리가 앞서 알아본 헤라클레이토스, 피타고라스, 엠페도클레스, 소크라테스도 그려져 있답니다.

〈아테네 학당〉

이탈리아 화가인 라파엘로의 작품이다. 철학자, 수학자, 천문학자 등 54명의 인물이 그려져 있다. 라파엘로의 대표작으로 부분과 전체의 조화가 뛰어난 르네상스 미술의 걸작이다. 바티칸 미술관 소장

〈아테네 학당〉 부분(플라톤)
라파엘로는 다빈치의 얼굴을 모델로 플라톤을 그렸다. 플라톤이 손가락으로 하늘을 가리키며 이데아에 관해 설명하고 있다.

〈아테네 학당〉 부분(라파엘로)
그림의 오른쪽 가장자리에 검은 모자를 쓴 라파엘로가 선배 화가인 소도마와 함께 있다.

〈아테네 학당〉 부분(헤라클레이토스)
라파엘로는 미켈란젤로의 얼굴을 모델로 헤라클레이토스를 그렸다. 헤라클레이토스는 만물의 근원이 불이라고 주장했다.

구슬이 떨어지면 잠에서 깨어나 사색을 시작하다

아리스토텔레스는 아테네 외곽의 작은 숲 속에 리케이온이라는 학원을 세웠어요. 그는 학원 안에 우거진 나무 사이를 산책하며 강의했다고 합니다. 그래서 아리스토텔레스 학파를 소요학파(逍遙學派)라고 부르기도 한답니다.

제자들은 아리스토텔레스의 별난 면을 주의 깊게 관찰했다고 합니다. 특히 아리스토텔레스의 잠자는 모습이 특이했대요. 뜨거운 기름을 담은 가죽 주머니를 항상 배 위에 놓고 잤던 것이지요. 사실 아리스토텔레스에게는 그 주머니가 꼭 필요했을지도 몰라요. 그는 줄곧 위장병으로 고생하다가 죽었거든요.

사실 제자들이 이보다 더욱 궁금하게 여긴 것이 있었어요. "선생님은 어떻게 잠자는 시간을 줄였을까? 그리고 재빨리 잠에서 깰 수 있는 방법은 무엇일까?"라는 것이었지요. 그들은 궁금증을 견디다 못해 아리스토텔레스를 관찰하기 시작했습니다. 그 비밀은 바로 청동 구슬이었어요. 아리스토텔레스는 청동으로 만든 구슬을 손에 쥐고 그 밑에 그릇을 놓아둔 채 휴식을 취했답니다. 그가 스르르 잠들려는 순간 구슬이 떨어져 그릇에 부딪혔대요. 이 소

알렉산드로스 대왕
(BC 356~BC 323)
아리스토텔레스의 제자이자 마케도니아의 왕으로, 그리스 · 페르시아 · 인도에 이르는 대제국을 건설했다. 이로써 그리스 문화와 오리엔트 문화가 융합된 헬레니즘 문화가 탄생했다.

리에 깜짝 놀란 아리스토텔레스가 잠에서 깨더니 철학적인 사색을 계속했다고 합니다.

아리스토텔레스는 외국 헌법에 관한 자료를 모은다거나 동식물의 표본을 모을 때 제자인 알렉산드로스 대왕의 덕을 톡톡히 보았어요. 하지만 알렉산드로스 대왕이 죽자 아테네에서 반(反)마케도니아 운동이 일어났습니다. 이때 아리스토텔레스는 신을 모독하고 국가의 종교를 위반했다는 죄로 고소당했어요. 소크라테스가 의연히 독배를 든 것과 달리 아리스토텔레스는 "아테네 시민이 두 번 다시 철학에 죄짓지 않도록 하기 위해 떠난다."라는 말을 남기고 **칼키스**로 망명(亡命, 정치적인 이유로 박해를 받거나 받을 위험이 있는 사람이 이를 피하기 위해 외국으로 몸을 옮김)했습니다. 그러나 이듬해 위장병으로 세상을 떠나고 말았지요.

칼키스
아리스토텔레스가 사망한 곳이자 그의 어머니가 태어난 곳이다. 아테네 북쪽 56km 지점의 에비아 섬에 위치한 항구 도시로, 교통과 무역의 중심지다.

〈자만의 여신을 무장 해제시키는 중용의 여신〉

네덜란드 화가인 얀 판 데르 스트라에르의 작품이다. 아리스토텔레스는 아테네 시민 모두가 '중간을 취하는 도덕적 품성', 즉 중용을 지켜야 한다고 주장했다.

루브르 박물관 소장

'무엇을'이 아니라 '어떻게'가 중요하다

아리스토텔레스는 논리학을 처음으로 체계화시킨 사람이에요. 논리학은 올바른 사고를 위한 형식과 방법에 관한 이론입니다. '무엇을'이 아니고 '어떻게'를 중시하지요. 무엇을 생각해야 하는가를 다루는 다른 학문과 달리, 논리학에서는 어떻게 해야 오류에 빠지지 않고 올바른 사고를 할 수 있는가를 다룹니다. 그런데 올바로 사고할 수 없다면 어떤 학문도 성립될 수 없어요. 따라서 학문을 하기 위해서는 논리학적 훈련이 꼭 필요하답니다.

아리스토텔레스는 중용(中庸)의 덕을 강조했어요. 중용이란 지나치거나 모자라지 않고 한쪽으로 치우치지도 않은 상태를 말합니다. 그러나 중용은 1과 5의 중간이 3이라는 식의 산술적인 의미가 아니에요. 예를 들면 만용과 비겁함의 중용은 용기(勇氣)고, 헤픔과 인색함의 중용은 절약(節約)입니다. 조금 더 쉽게 설명하자면 때와 사람에 따라 달라지는 식사의 적당량에 비유할 수 있어요. 건강을 유지하기 위한 저마다의 식사량이야말로 포식과 소식의 중용인 것 같습니다. 그러나 간음, 절도, 살인 등과 같은 것에는 중용이 있을 수 없지요. 이것들은 무조건 악(惡)이랍니다.

생각해 보세요

〈아테네 학당〉에는 또 누가 등장하나요?

1510년에 라파엘로가 완성한 〈아테네 학당〉에는 많은 철학자가 등장합니다. 총 54명이 등장하는데 대부분 철학자와 천문학자, 수학자지요. 앞에서 살펴본 철학자들을 중심으로 숨은그림찾기를 해 볼까요? 먼저 만물의 근본이 불이라고 주장한 헤라클레이토스를 찾아볼게요. 그는 한 손으로 턱을 괴고 앉아 대리석 탁자 위에 놓인 종이에 글을 쓰고 있습니다. 헤라클레이토스의 모습은 화가인 미켈란젤로의 얼굴을 본 떠 그렸다고 해요. 수(數)가 우주를 지배한다고 주장한 피타고라스도 있답니다. 왼쪽 아래에 쭈그리고 앉아 책에 무언가를 그리고 있는 머리가 벗겨진 남자가 피타고라스지요. 그가 왠지 입체 도형을 그리고 있을 것 같지 않나요? 피타고라스 주변에는 만물이 물, 불, 공기, 흙의 네 원소로 이루어진다고 본 엠페도클레스가 있습니다. 의연히 독배를 들고 죽음을 맞이한 소크라테스도 보입니다. 앞머리가 벗겨진 그가 플라톤의 옆쪽에서 사람들에게 무언가를 열심히 이야기하고 있네요. "너 자신을 알라."라고 말하고 있지는 않을까요? 라파엘로의 그림 가운데 가장 널리 알려진 〈아테네 학당〉은 상상화입니다. 여러분도 우리가 만난 철학자들의 모습을 자유롭게 상상해 보세요. 재미있는 철학의 세계로 더 가까이 다가갈 수 있을 거예요.

1510년에 라파엘로가 완성한
〈아테네 학당〉

3 쾌락이냐, 금욕이냐? 그것이 문제로다! | 헬레니즘-로마 시대의 철학

서양 고대 철학의 제3기는 기원전 322년부터 기원후 529년까지를 말합니다. 헬레니즘-로마 시대의 철학이라고도 부르지요. 이 시기에는 권력 다툼과 전쟁이 끊이지 않았어요. 알렉산드로스 대왕의 후계자들은 40여 년 동안 치열한 권력 다툼을 벌였습니다. 결국 제국은 시리아, 이집트, 마케도니아 왕국으로 나누어졌다가 나중에는 로마의 지배를 받게 됩니다. 이 시기의 사람들은 혼란스러운 바깥 세계보다 내적 세계에서 행복을 찾으려고 했어요. 그래서 논리학이나 형이상학, 윤리학 등에 관한 연구가 활발하게 이루어졌습니다. 한편 로마의 통치를 받던 사람들은 인간이 무력하다고 느끼며 초인간적인 존재를 통해 구원을 얻으려고 했어요. 이에 따라 사회 곳곳에서 종교적인 경향이 나타났지요. 반면 지배 민족인 로마인들은 실제를 중시하고 언어, 문학, 법 등의 분야에서 뛰어난 능력을 보였습니다.

- 기원전 322년부터 기원후 529년까지를 서양 고대 철학의 제3기로 본다.
- 헬레니즘-로마 시대의 철학을 이끈 양대 학파는 에피쿠로스 학파와 스토아 학파다.
- 에피쿠로스 학파의 철학자들은 쾌락을 추구했고, 스토아 학파의 철학자들은 이성을 중시했다.
- 스토아 학파에서는 수양을 통해 부동심, 즉 아파테이아에 도달하는 것을 이상으로 삼았다.

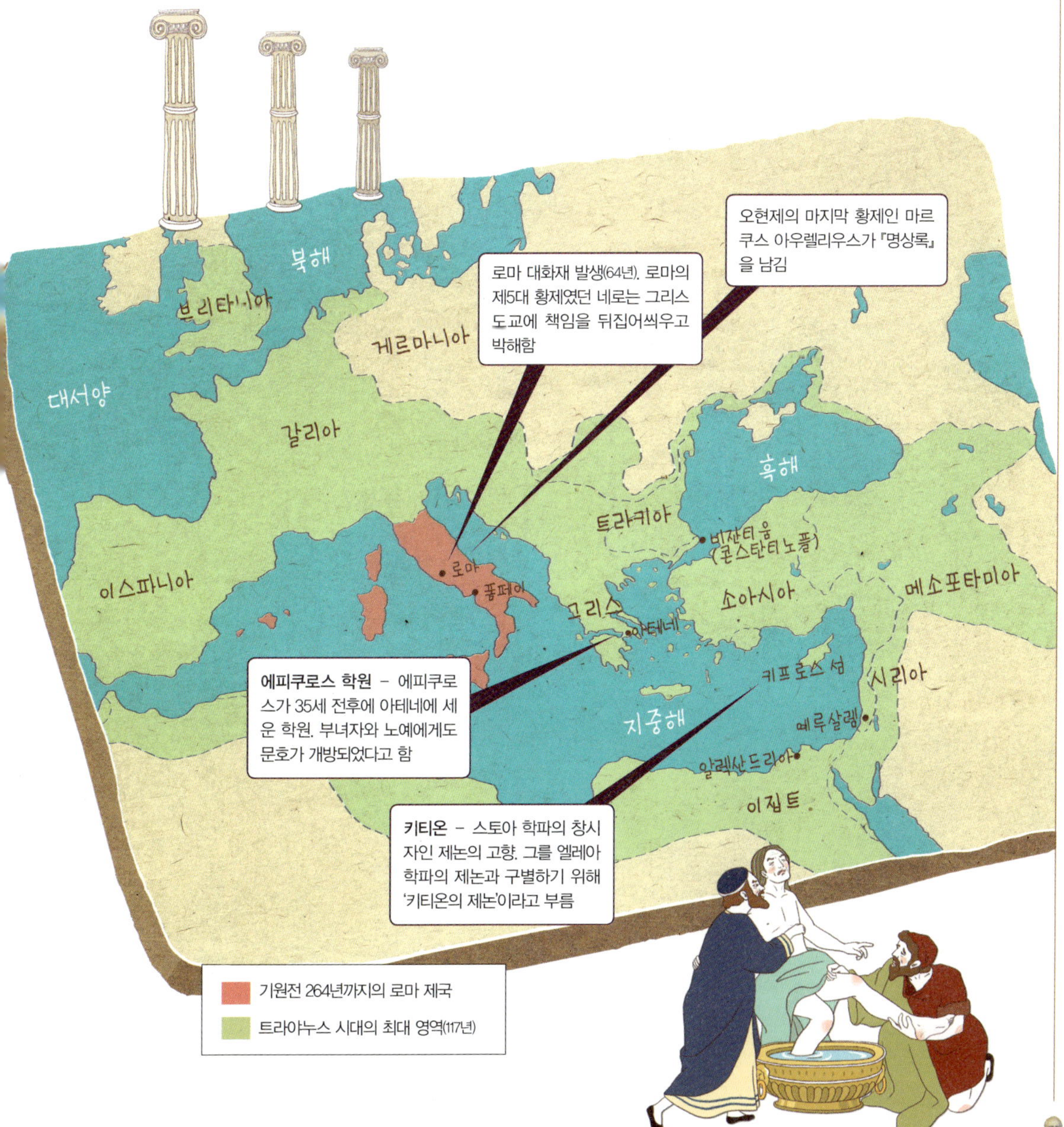

1 인생의 목적은 쾌락 – 에피쿠로스 학파

쾌락에도 질의 차이가 있다

알렉산드로스 대왕이 동방 원정을 시작하면서부터 로마가 이집트를 병합할 때까지 그리스와 오리엔트는 서로 영향을 주고받았어요. 이때는 특수성을 무시하고 차별 없는 인류를 이상으로 삼았답니다. 이 과정에서 나타난 세계주의적 문화를 일컬어 19세기의 독일 역사가인 드로이젠은 헬레니즘(Hellenism)이라고 했습니다. 헬레니즘은 그리스 민족의 시조인 '헬렌'에서 유래한 말이에요.

에피쿠로스 학파와 스토아 학파는 헬레니즘 시대의 철학을 이끈 양대 학파예요. 두 학파는 같은 주제에 대해 서로 반대되는 입장에 서 있었지요. 에피쿠로스 학파의 시조인 에피쿠로스의 주장에 따르면 인생의 목적은 행복입니다. 이 말에는 철학자 대부분이 동의하지요. 그러나 과연 무엇이 행복일까요?

에피쿠로스는 인간은 즐거울 때 행복하고 불쾌할 때 불행하다고 주장합니다. 이를테면 벌을 받을 때나 몸이 아플 때, 기분이 우울할 때 행복하다고 느끼는 사람은 없으므로 모든 행복은 즐거움과 관계가 있다는 뜻이지요. 에피쿠로스의 주장에 따르면 행복을 가져다주는 즐거움, 즉 쾌락은 좋은 것이고,

〈밀로의 비너스〉
그리스 밀로스에서 발견된 대리석 입상이다. 완벽한 균형을 이루고 있는 여성의 몸을 표현한 작품으로, 헬레니즘 미술의 전형이라고 평가된다.
루브르 박물관 소장

〈라오콘상〉
헬레니즘 시대의 대리석 조각이다. 큰 뱀에 휘감겨 질식해 죽기 직전의 라오콘과 두 아들이 묘사되어 있다. 라오콘은 그리스 신화에 등장하는 트로이의 제관이다. 그는 트로이 전쟁 때 신의 노여움을 사 두 아들과 함께 죽게 된다. 이들은 포세이돈이 보낸 큰 뱀에게 물려 죽었다. 고통과 격노를 표현한 이 작품은 밀로의 비너스와 함께 헬레니즘 미술의 정수로 꼽힌다. 바티칸 미술관 소장

에피쿠로스(BC 341~BC 270)
에피쿠로스가 35세쯤 되었을 때 아테네에 '에피쿠로스 학원'을 열었다. 그는 부녀자와 노예도 강의를 들을 수 있도록 문호를 개방했다고 한다.

불행을 느끼게 하는 것은 나쁜 것일 수밖에 없습니다.

쾌락이 최고 목표라면 사는 동안 되도록 많은 쾌락을 누려야 하겠지요. 인간은 하루살이와 달리 제법 오래 삽니다. 그러므로 살아 있는 동안 쾌락의 양을 조절할 필요가 있어요. 에피쿠로스는 살아 있는 동안 쾌락의 양이 고통의 양보다 많게 하려면 어떤 일에도 흐트러지지 않는 안정된 마음, 즉 아타락시아(ataraxia)가 필요하다고 주장했습니다.

또한 에피쿠로스는 쾌락에 질적 차이가 있다고 주장했어요. 육체적 욕망이 충족되면 강하고 순간적인 쾌락을 느끼고, 정신적 욕구가 충족되면 약하고 지속적인 쾌락을 느낀다고 했지요. 동물은 그때그때 쾌락과 고통을 느끼며 본능에 따라 움직이지만 인간은 그렇지 않아요. 육체적 쾌락을 느낀 후 더 큰 불쾌감이 뒤따른다면 그것은 진정한 쾌락이 아니겠지요. 그러므로 강하고 짧은 육체적 쾌락보다는 약하고 지속적인 정신적 쾌락을 선택하는 편이 더 현명한 방법일 수 있어요. 인간은 기억력과 상상력을 발휘해 과거와 미래를 통찰할 수 있기 때문에 육체적 쾌락이 아닌 정신적 쾌락을 기꺼이 선택할 줄 압니다. 또한 크고 작은 고통을 참는가 하면 작은 쾌락을 희생하기도 한답니다.

에피쿠로스는 성격이 온화하고 덕이 많아 많은 사람에게 존경을 받았어요. 그가 하는 강의는 알아듣기 쉬워서 부녀자들도 모여들었다고 합니다. 또한 에피쿠로스는 음악과 예술 작품을 즐겨 감상했다고 해요. 육체적인 쾌락보다는 정신적 황홀경에 빠져들고자 했던 것 같습니다. 그는 고상한 쾌락주의자였던 것이지요.

〈안드로스 섬 사람들의 바카날리아〉

이탈리아 화가인 티치아노의 작품이다. 안드로스 섬 사람들이 그리스 신화에 등장하는 술과 풍요의 신 디오니소스를 기리는 축제, 즉 바카날리아에서 음악을 즐기고, 술을 마시며, 춤을 추는 모습이 표현되어 있다.

프라도 미술관 소장

에피쿠로스에 대한 엇갈리는 평가

〈단테의 배〉
프랑스 화가인 들라크루아의 작품이다. 에피쿠로스는 사후 세계를 부정했으나 예술가들은 수많은 작품을 통해서 사후 세계를 표현했다. 이 작품에는 단테의 『신곡』 지옥 편의 한 장면이 묘사되어 있다. 나룻배를 타고 지옥의 호수를 건너는 단테와 배에 달라붙는 죄인들이 생생하게 표현되어 있다.
루브르 박물관 소장

에피쿠로스는 데모크리토스의 원자론을 받아들여 발전시켰습니다. 그는 이 세상에 불가사의한 존재인 귀신은 있을 수 없다고 보았어요. 또한 신이 이 세상을 지배한다는 믿음도 미신이라고 생각했지요. 그는 무녀였던 자기 어머니의 주술도 부인했어요. 에피쿠로스처럼 생각한다면 죽음을 두려워할 까닭이 없습니다. 인간이 죽음을 두려워하는 이유는 사후 세계에 대해 알지 못하기 때문이니까요. 즉 벌을 받아 지옥에 가지는 않을까 싶어서 두려운 것이지요. 그러나 에피쿠로스의 주장에 따르면 죽는다는 것은 육체와 영혼을 이루고 있던 원자가 흩

어지는 것일 뿐입니다. 인간은 죽어서 무(無)로 돌아가므로 사후 세계는 없다는 것이지요.

에피쿠로스에 대한 평가는 엇갈려요. 그를 방탕한 쾌락주의자라고 욕하는 사람들은 그가 너무 많이 먹고 마셨다고 말합니다. 밤마다 정신없이 잔치를 즐겼고, 너무 많이 먹은 탓에 하루에도 몇 번씩 먹은 것을 토했다고 하지요. 에피쿠로스는 지나치게 색욕(色慾, 여자에 대한 욕망)이 강했다는 비난도 받습니다. 창녀와 편지를 자주 교환했고 부인들을 유혹하는 편지도 썼다고 해요. 에피쿠로스가 그 여자들 가운데 한 사람과 동거했다는 사실은 당시 대단한 스캔들이었다고 합니다. 에피쿠로스의 주장에 반대하던 어떤 사람은 그를 고발하기도 했어요. 에피쿠로스가 쓰지도 않은 열두 통의 음란한 편지를 그가 쓴 것이라고 거짓으로 꾸며 말했지요. 사람들은 에피쿠로스가 방탕한 생활을 하느라 학문 연구에 소홀했다며 그를 여지없이 깎아내렸어요. 에피쿠로스와 그의 제자들을 '돼지들'이라고 부를 정도였답니다.

루크레티우스(BC 94~BC 55)
로마의 시인이자 철학자다. 그는 철학시 「만물의 본성에 대해」에서 에피쿠로스를 찬미하고 영혼과 신에 대한 편견을 비판했다.

한편에서는 에피쿠로스를 전혀 다르게 평가하기도 합니다. 에피쿠로스는 가끔 포도주 한잔을 마셨을 뿐이고 매우 어려웠던 시절에는 거친 콩 요리로 목숨을 이어 갔다고 해요. 또 그는 "색욕은 아무런 쓸모가 없다. 해(害)가 되지 않으면 그나마 다행이다."라며 관능적인 사랑을 삼갔다고 합니다. 에피쿠로스는 "나는 14세 때 철학에 관심을 가진 후 평생 한 번도 연구에 소홀한 적이 없었다."라고 기록하기도 했어요.

〈퇴폐기의 로마인들〉

프랑스 화가인 토마스 쿠튀르의 작품이다. 로마인들이 환락에 취해 밤을 보낸 후 아침을 맞는 장면을 묘사했다. 국민들이 쾌락에 빠져 망가지는 모습과

2 금욕주의의 대명사 – 스토아 학파

제논, 알록달록한 색을 입힌 복도에서 철학을 가르치다

제논(BC 335~BC 263)
제논은 30세쯤에 아테네로 가서 각 학파의 여러 스승에게 배운 뒤 스토아 학파를 창시했다. 그는 자연과 일치된 삶을 살고자 했다.

스토아 학파의 창시자는 키티온 출신의 제논입니다. 키티온은 지중해 동부에 위치한 키프로스 섬의 그리스 식민 도시였어요. 스토아 학파의 제논을 엘레아 학파의 제논과 구별하기 위해 '키티온의 제논'이라고 부르기도 하지요.

제논은 철학에 몸담기 이전에 무역상으로 크게 성공했지만 배가 침몰하는 바람에 많은 재산을 잃고 말았습니다. 어느 날, 하릴없이 아테네 거리를 돌아다니다가 우연히 책방에 들른 제논은 그곳에서 철학책 한 권을 발견하게 되었어요. 그 책을 읽고 철학을 공부하게 된 그는 "배가 침몰한 일은 나에게 유익한 사건이었다."라고 자랑했다고 합니다. 제논은 긍정적인 성격이었나 봐요. 어느 날, 넘어져서 발가락이 부러졌는데 이를 땅으로 돌아가야 한다는 징조로 받아들였다고 합니다.

스토아 학파라는 명칭은 아테네의 공공건물인 스토아 포이킬레(Stoa poikile)에서 유래했어요. 제논은 이곳에서 제자들을 가르쳤지요. 스토아 포이킬레는 '알록달록한 색을 입힌 복도'라는 뜻이랍니다. 제논은 절제된 생활을 했어요. 형편없이 낡은 외투를 입고 다닐 정도였지요. 아테네 사람들은 그를 무척 존경했습니다. 제논의 동상을 세우고 황금 월계관을 씌웠을 뿐만 아니라 그가 살아 있을 때 이미 묘비까지 세워 주었지요. 아테네 사람들은 제논이 스스로 목숨을 끊자 성대한 장례식을 치러 주었다고 합니다.

로마 시대의 스토아 학파 철학자들

스토아 학파의 철학자인 세네카는 로마의 제5대 황제였던 네로의 스승이었습니다. 네로는 집권 초기에 스승의 말을 제법 잘 들었다고 해요. 하지만 점점 세네카를 싫어하게 되어 그에게 누명을 씌웠지요. 그로 인해 세네카는 결국 모반죄(謀反罪, 국가를 전복할 것을 꾀한 죄)로 사형을 당하고 말았습니다. 뜨거운 물속에 던져진 세네카가 하인에게 "이 물은 유피테르(Jupiter, 로마 신화에 나오는 최고의 신으로서 그리스 신화의 제우스에 해당함)의 거룩한 물이다."라고 말하면서 죽었다고 해요. 그가 당시의 자살 방식으로 죽었다는 이야기도 있어요. 즉 손발의

〈세네카의 죽음〉
프랑스 화가인 다비드의 작품이다. 세네카의 사형 집행 방식에 대해서는 여러 가지 의견이 있다. 이 작품에서는 대야에 발을 담근 세네카가 독약을 향해 손을 뻗고 있다.
프티 팔레 미술관 소장

네로의 그리스도인 박해

네로는 로마의 제5대 황제다. 네로가 재위하던 64년에 큰 화재가 발생해 로마 시가지 대부분이 불탔다. 백성들 사이에는 네로가 불을 질렀다는 소문이 퍼지기 시작했다. 네로는 그리스도인이 방화한 것이라고 주장하며 수많은 그리스도인을 잡아들여 군중 앞에서 화형에 처했다.

CHRISTIANVS
INCENDIATOR

핏줄에 독약을 흘려 넣은 후 한증탕의 열기를 견디다 죽는 방식을 택했다고 전하기도 합니다.

마르쿠스 아우렐리우스 (121~180)
마르쿠스 아우렐리우스는 어린 시절에 그리스의 철학자처럼 낡은 옷을 입고 마룻바닥에서 잠을 자 어머니를 걱정시켰다고 한다. 그를 마지막으로 로마 제국의 전성기가 끝났다.

노예 출신인 스토아 학파의 철학자 에픽테토스는 부와 명예에는 관심이 없고 오직 가르치는 일에만 열중했어요. **마르쿠스 아우렐리우스** 황제는 이런 에픽테토스를 존경했지요. 마르쿠스 아우렐리우스는 오현제(五賢帝), 즉 로마 시대에 가장 유능했던 다섯 명의 황제 가운데 한 사람입니다. 그는 게르만족의 침입을 막아냈어요. 마르쿠스 아우렐리우스는 스토아 학파의 철학자이기도 합니다. 그는 사치를 부리지도 않았고 안락을 꾀하지도 않았어요. 전쟁터에서도 병사와 똑같이 생활했다고 합니다.

우주를 지배하는 법칙, 로고스

그리스어인 '코스모스'에는 '우주'라는 뜻과 '질서'라는 뜻이 함께 담겨 있습니다. 고대 그리스인들이 우주를 '질서 있는 세계'로 보았다는 의미지요. 그렇다면 우주의 질서와 조화는 어떻게 유지될까요? 스토아 학파의 철학자들은 우주 안에 신적 · 정신적 요소인 로고스(logos)가 깃들어 있기 때문이라고 했습니다. 로고스는 원래

나선 은하
2012년에 허블 우주 망원경으로 촬영된 나선 은하의 모습이다. 초기 스토아 학파에서는 로고스가 우주 만물을 지배하는 원리라고 여긴 헤라클레이토스의 생각을 받아들였다.

보편적 법칙이나 행위자가 따라야 할 준칙을 의미해요. 충동이나 열정을 뜻하는 파토스와 대립되는 개념이지요. 스토아 학파에서는 우주를 지배하는 법칙이 로고스라고 생각했어요. 이 로고스가 인간의 이성에도 들어 있다고 여겼지요. 스토아 학파의 주장에 따르면 로고스가 우주를 지배하는 법칙인 것처럼 이성은 인간을 지배하는 법칙이어야 해요. 우주가 로고스의 지배를 받아 질서와 조화를 유지할 수 있는 것처럼 인간은 이성의 지배를 받아야 육체적 욕망이나 감정에 휘둘리지 않고 절도 있는 생활을 할 수 있다는 것이지요.

스토아 학파의 모토는 '자연에 따르라.'입니다. 'nature'라는 영어 단어에는 '자연'이라는 뜻과 '본성'이라는 뜻이 모두 담겨 있어요. 자연은 타고난 본성을 뜻한다고 볼 수 있지요. 그런데 타고난 본성을 의미하는 것이 바로 이성이므로 스토아 학파의 모토는 '이성에 따르라.'라고 해석할 수 있습니다.

아파테이아를 위해 죽음을 마다하지 않다

은자
은자라는 말은 '사막에 사는 자'를 뜻하는 그리스어에서 유래했다. 은자는 약간의 음료와 의복만을 가지고 다른 사람들과 떨어져 생활했다. 극한의 상황에 이를 때까지 금욕하며 고행했다고 한다.

스토아 학파의 철학자들은 이성에 따라 사는 것이 덕이라고 생각했어요. 덕스러운 생활을 하면 얼마든지 행복해질 수 있다고 보았지요. 참된 행복은 쾌락을 느끼는 데서 오는 것이 아니라 욕망을 끊어 버리고 의무를 지키는 데서 온다고 보았어요. 이러한 윤리설을 금욕주의라고 부른답니다.

스토아 학파의 주장에 따르면 덕(德)과 부덕(不德)은 겉모습이 아니라 정신에 따라 결정됩니다. 부나 명예, 권력, 건강, 병, 가난 등은 그 자체가 선(善)이나 악(惡)은 아니에요. '중립적인 것', 즉 아디아포라(adiaphora)이지요. 중요한 것은 그것들을 대하는 사람의 마음가짐입니다. 선도 아니고 악도 아닌 아디아포라에 마음을 빼앗기는 것은 부끄러운 일이에요. 그렇다고 해서 사람이 그것들에서 완전히 벗어나기도 어렵습니다. 돈에 관심이 가고, 외모에 신경이 쓰이며, 되도록 건강하게 오래 살고 싶지요. 그렇다면 많은 유혹으로부터 스스로를 지키기 위해서는 어떻게 해야 할까요?

스토아 학파에서는 수양을 통해 부동심(不動心), 즉 아파테이아(apatheia)에 도달하는 것을 이상으로 삼았습니다. 아파테이아란 외부의 어떤 것에도 흔들리지 않는 굳건한 마음을 가리켜요. 스토아 학파의 철학자들은 아파테이아에 이르기 위해서라면 죽음도 마다하지 않았어요. 죽는 일을 가벼이 여기며 자살한 사람이 적지 않았지요.

〈선과 악〉
이탈리아 화가인 로토의 작품이다. 왼쪽에는 선이, 오른쪽에는 악이 표현되어 있다. 스토아 학파에서는 사람의 마음가짐에 따라 선과 악이 결정된다고 생각했다.
워싱턴 국립 미술관 소장

키케로(BC 106~BC 43)
로마의 정치가이자 철학자다. 기원전 63년에 콘술(consul, 로마 공화정 때 행정과 군사를 맡아보던 장관)에 선출되었고 국부(國父, 국민에게 존경받는 위대한 지도자를 이르는 말)라는 존칭을 얻었다.

모든 인류를 사랑하라

스토아 학파의 철학자들은 모든 인간이 이성을 가지고 있다고 전제했습니다. 이런 보편적 인간관은 '인류 모두를 사랑해야 한다.'는 정신으로 발전했지요. 스토아 학파의 사상은 세계를 지배하고자 했던 로마 제국의 목표와도 맞아떨어졌습니다. 또한 선민의식(選民意識, 하나님이 세계의 모든 백성 가운데 이스라엘 백성만을 선택했다고 믿는 민족적 우월감)을 바탕으로 한 유대교가 "하나님은 모든 인류를 차별 없이 사랑한다."라고 하는 그리스도교로 발전하는 데 영향을 끼쳤답니다.

스토아 학파는 자연법 사상을 불러일으켰어요. 자연법이란 인간이 기본적으로 누려야 할 권리를 말합니다. 생명이나 인권, 자유, 평등은 언제, 어디서나, 누구에게나 지켜져야 할 영원한 법이지요. 현실에서 실제로 시행되는 실정법과 대립하는 자연법 사상은 **키케로**를 통해 로마법에 영향을 끼쳤어요. 자연법 사상은 계몽주의와 민주주의 이념의 뿌리이기도 하지요.

스토아 학파는 덕스러운 생활을 통해 행복을 찾고자 금욕주의를 주장했어요. 반면 에피쿠로스 학파는 쾌락을 통해 행복에 이르고자 쾌락주의를 주장했지요. 스토아 학파와 에피쿠로스 학파가 대립되는 주장만 펼친 것은 아니에요. 스토아 학파는 에피쿠로스 학파와 마찬가지로 인생의 목적은 행복이라고 보았습니다. 그리고 스토아 학파는 아파테이아를, 에피쿠로스는 아타락시아를 주장했는데, 이 둘을 비슷한 의미로 보아도 거리낄 것이 없답니다.

생각해 보세요

헬레니즘과 헤브라이즘은 어떻게 다른가요?

서양의 두 가지 큰 사상적 흐름을 말할 때 헬레니즘(Hellenism)과 헤브라이즘(Hebraism)을 들지요. 그리스인의 합리주의적 사고가 담긴 헬레니즘은 과학 정신의 기반이 되었어요. 고대 히브리인의 사상을 일컫는 헤브라이즘은 그리스도교적 박애주의의 뿌리가 되었습니다. 헬레니즘은 그리스 민족의 시조인 '헬렌'에서 유래한 말입니다. 이 말은 독일의 역사가인 드로이젠이 『헬레니즘의 역사』에서 처음 사용했어요. 헬레니즘 시대는 기원전 334년 알렉산드로스 대왕이 동방 원정을 시작하면서부터 기원전 30년 로마가 이집트를 병합할 때까지의 시기를 가리킵니다. 이때는 특수성을 무시하고 차별 없는 인류를 이상으로 삼았어요. 스토아 학파의 보편적 인간관이 이러한 세계주의적 사상에 영향을 끼쳤지요. 이러한 경향이 종교로 옮겨 가 그리스도교와 이슬람교에 전해지기도 했습니다. 『신약 성경』이 고대 그리스의 공통어인 코이네로 쓰인 것만 보더라도 이때의 분위기를 짐작할 수 있지요. 그리스도교의 뿌리가 된 헤브라이즘은 기원전 13세기부터 형성되기 시작했습니다. 특히 기원전 6세기 초에 유다 왕국이 망하고 수많은 지도자가 포로가 되면서 헤브라이즘은 한층 심화되었어요. 그리스도교는 헤브라이즘의 메시아 사상이 나사렛 예수에 의해 실현되었다고 믿는 사람들에 의해 탄생하게 되었습니다.

그리스도교에서 메시아로 여겨지는 예수

2 중세 철학

함께 알아볼까요

보통 서양의 중세를 '암흑시대'나 '철학이 신학의 시녀로 전락한 시대'라고 부릅니다. 일리가 없는 표현은 아니지만 옳다고 볼 수도 없어요. 철학을 비롯한 다른 학문은 빛을 보지 못했지만 적어도 그리스도교 신학은 어느 때보다 눈부신 발전을 이루었기 때문입니다.

예수가 살아 있을 때는 신학이 따로 필요하지 않았을 거예요. 예수가 직접 설교하고, 예수와 그의 제자들이 사람들의 눈앞에서 기적을 행하면 되었으니까요. 사람들은 그저 자신이 보고 들은 대로 믿으면 그만이었지요.

예수와 그의 제자들이 세상을 뜨고, 그리스도교가 유대 지역을 넘어 로마와 그리스 등 유럽 곳곳으로 퍼지면서 이론이 필요하게 되었습니다. 특히 그리스인들은 이성적인 사람들이어서 그리스도교 지도자들에게 합리적인 설명을 요구했을 테지요. 이렇듯 교리를 정립하는 일은 그리스도교가 유럽 사회에 받아들여지는 데 꼭 필요한 일이었어요. 그 일을 맡은 사람이 교부들입니다. 이때의 대표적인 신학자가 아우구스티누스랍니다. 그 후 그리스도교 교리를 학문적으로 체계화하려고 한 스콜라 철학이 나타납니다. 『신학 대전』으로 유명한 아퀴나스가 스콜라 철학의 대표자지요.

중세 중기의 유럽

THE GARDEN OF EDEN

노르웨이
스웨덴
러시아 제후령
스코틀랜드
에든버러
덴마크
아일랜드
더블린
잉글랜드
런던
쾰른
리투아니아 대후국
폴란드
신성 로마 제국
파리
몰다비아
대서양
헝가리
프랑스
왈라키아
흑해
파도바
베네치아
불가리아
아비뇽
세르비아
나바르
교황령
오스만 제국
포르투갈
로마
나폴리
알바니아
카스티야
아라곤
나폴리
지중해
나스르
시칠리아 섬

1 네 이웃을 네 몸과 같이 사랑하라 | 그리스도 사상

서양의 중세는 그리스도교가 중심을 아루는 사회였습니다. 베들레헴에서 태어난 예수는 자신을 '하나님의 아들'이라고 불렀어요. 유대교가 주를 이루던 사회에서 그는 부패한 유대교 지도자들을 비판하며 사랑을 강조했습니다. 그러나 결국 유대교의 율법에 어긋난 행동을 했다는 이유로 십자가에 못 박혀 죽었지요. 알렉산드로스 대왕 이후 군주를 신격화하는 경향이 나타나면서 로마에서는 황제를 숭배하는 일이 일반적이었습니다. 이때 유대에서 전해진 초대 그리스도교는 로마 제국으로부터 혹독한 탄압을 받았습니다. 그럼에도 불구하고 그리스도교는 민간으로 계속해서 퍼져 나갔고 결국 콘스탄티누스 대제는 그리스도교를 공인하지 않을 수 없게 되었지요. 이후 그리스도교는 1,000년 이상 서양 사회를 지배했답니다.

• 예수는 안식일을 '구원을 베풀고 참된 안식을 구하는 날'로 받아들였다.
• 예수는 유대교의 율법 위에 자신의 사상을 펼치려고 했다.
• 산상 수훈에는 여덟 가지 복과 주기도문, 금식, 이웃 사랑 등에 관한 가르침이 담겨 있다.
• 그리스도인이 크게 늘자 콘스탄티누스 대제는 313년에 밀라노 칙령을 내려 그리스도교를 공인했다.

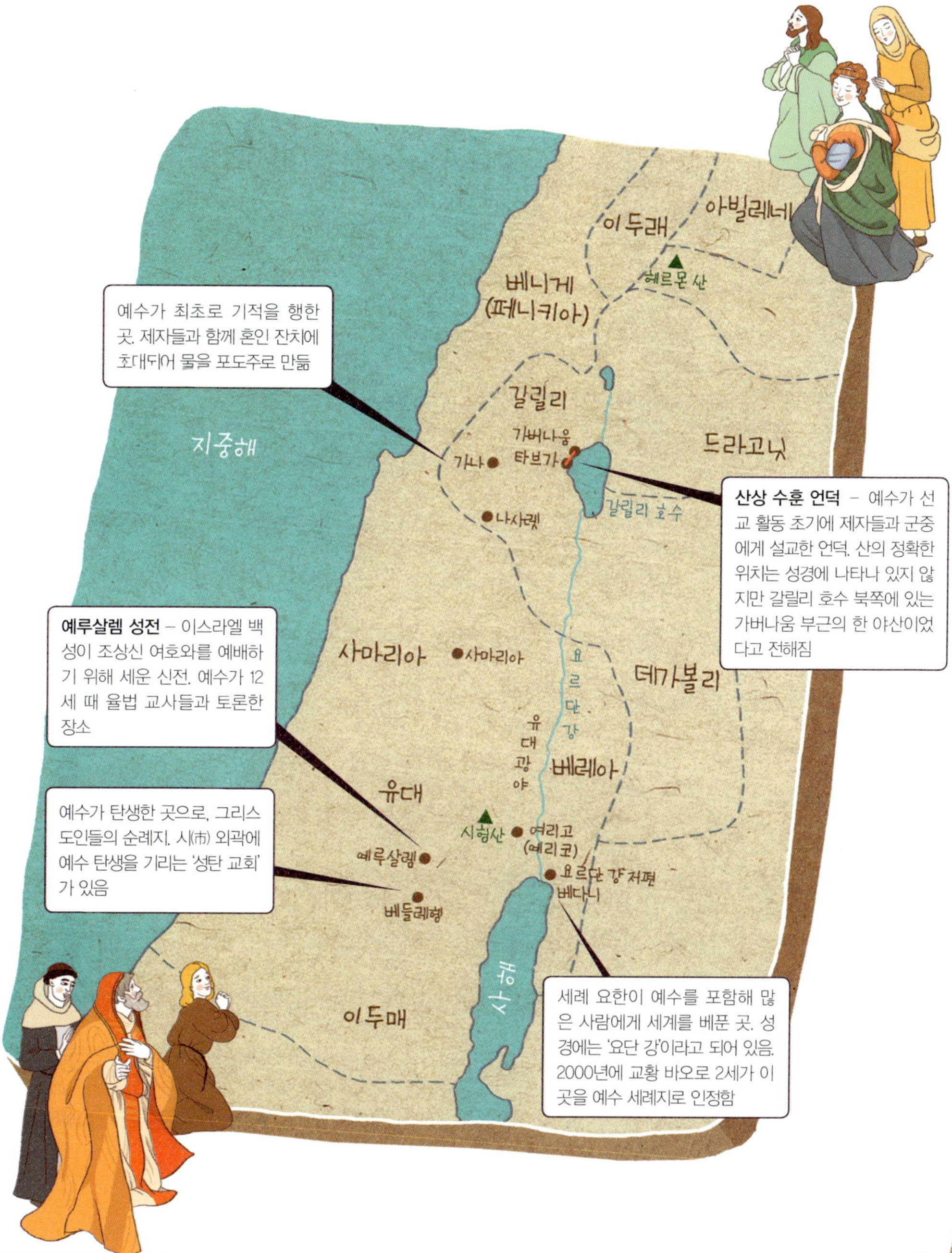

1 그리스도교의 기원

천지 창조에서 이집트 탈출까지

먼저 그리스도교가 발생한 배경을 알아볼까요? 『구약 성경』을 보면 천지 창조와 노아의 방주(노아가 하나님의 계시로 대홍수를 대비해 만든 배. 성경에 따르면 잣나무로 만든 사각형의 구조물로 길이는 약 135m, 너비는 약 23m, 높이는 약 14m에 이름), 대홍수 심판에 대한 이야기가 나오고 **바벨탑** 사건이 나옵니다. 노아의 후손들은 바벨(Babel)이라는 곳에 탑을 쌓으면서 "꼭대기를 하늘에 닿게 해서 우리 이름을 떨치자. 그렇게 해서 대홍수와 같은 심판이 다시 닥칠 때 우리가 온 땅으로 흩어지는 일을 면하자."라고 말했지요. 성경 외에도 바벨탑에 대한 기록이 있답니다. 그리스 역사가인 **헤로도토스**는 바빌로니아를 여행한 후 『역사』에서 바벨탑에 대해 묘사했어요. 바벨탑은 8층이었고 1층의 너비는 90미터에 달했다고 합니다.

헤로도토스(BC 484~BC 430)
들은 대로 기록하고, 전해지는 것을 그대로 전하는 것을 원칙으로 삼은 역사가다. 로마의 정치가이자 철학자인 키케로는 그를 '역사의 아버지'라고 불렀다.

그러나 하나님은 자신을 믿지 않고 탑을 쌓는 사람들을 괘씸하게 여겼어요. 하나님은 결국 그들이 쓰는 언어를 뒤섞어 서로 말을 알아듣지 못하게 만들었지요. 결국 하늘에 닿으려고 한 일은 실패로 돌아가고 말았습니다. 성경에서 만약 바벨탑 사건이 일어나지 않았다면 오늘날 우리가 애써 외국어를 배우지 않아도 될 뻔했지요.

이후 '믿음의 조상'이라고 불리는 아브라함이 태어났어요. 그가 이삭을 낳고 이삭이 야곱을 낳았는데, 야곱이 나중에 이스라엘이라는 이름으로 바뀌면서 나라 이름이 됩니다. 그의 열두 아들은 이스라엘의 열두 지파(르우벤, 시므온, 레위, 유다, 단, 납달리, 가드, 아셀, 이싸갈, 즈

〈바벨탑〉
네덜란드 화가인 브뤼헐(大)의 작품이다. 그는 바벨탑 그림을 총 세 점 그렸는데, 현재는 두 점만이 전해지고 있다.
보이만스 반 뵈닝겐 미술관 소장

〈이삭의 희생〉
이탈리아 화가인 카라바조의 작품이다. 하나님의 시험에 든 아브라함은 늦은 나이에 얻은 아들 이삭을 제물로 바치려고 한다. 결정적인 순간에 천사가 나타나 이삭은 목숨을 건질 수 있었다.
우피치 미술관 소장

불룬, 요셉, 베냐민)를 형성하지요. 가뭄을 맞닥뜨린 야곱은 이집트에서 총리가 된 아들 요셉을 만나 그곳에 정착하게 됩니다. 이후 400년 동안 이스라엘 백성들은 이집트에서 종살이를 하지요. 이때 태어난 모세가 이스라엘 백성들을 이끌고 이집트를 탈출합니다. 이들은 가나안으로 가는 길에 홍해가 갈라지는 기적과 하늘에서 만나(manna, 음식과 물이 없을 때 하나님이 하늘에서 내려 주었다고 하는 기적의 음식)가 내리는 기적을 경험해요. 40년 동안 광야를 방황하던 이스라엘 백성들은 가나안, 즉 오늘날 팔레스타인 지역으로 들어갑니다.

기름부음을 받은 자, 예수가 등장하다

모세의 후계자 여호수아는 전쟁을 통해 간절히 바라던 가나안 땅을 얻었어요. 그리고 사사(士師)라고 불린 제정일치의 통치자가 나라를 다스린 사사 시대가 이어집니다. 예언자 사무엘이 사울을 왕으로 인정하면서 사사 시대는 막을 내리고 왕정 시대가 열리지요. 다윗 왕과 솔로몬 왕 시대에 이르러 이스라엘은 최고의 전성기를 맞이합니다.

솔로몬의 아들인 르호보암 때는 나라가 남쪽의 유다 왕국과 북쪽의 이스라엘 왕국으로 나뉘었어요. 그러나 이스라엘 왕국은 아시리아에, 유다 왕국은 신바빌로니아에 차례로 정복당하고 말았습니다. 기원전 6세기 무렵인 이때 유대인들은 바빌론으로 끌려가 포로가 되었어요. 나라를 잃은 고통과 정치적 핍박 속에서 이스라엘 민족은 유일신인 여호와(이스라엘 민족이 믿는 하나님의 이름)에 대한 믿음을 더욱 강하게 다졌습니다. 이러한 신앙이 종교로서 체계를 갖추게 되면서 유대교가 발달하게 되었답니다.

이후 페르시아의 왕인 키루스 2세가 신바빌로니아를 정복했습니다. 그는 피정복 민족의 제도와 종교를 존중하고 관용을 베풀었지요. 바빌론으로 끌려온 유대인들은 키루스 2세의 명령으로 고향으로 돌아갈 수 있었답니다. 유대인들은 예루살

유대교
엄격한 율법을 강조하는 일신교(一神教)다. 안식일에는 노동을 금하고 오직 기도로 하루를 보내도록 했다. 오늘날 남자아이의 포경 수술과 흡사한 할례(割禮)는 유대교에서 행하는 중요한 의식 가운데 하나다.

〈다윗과 골리앗〉
이탈리아 화가인 카라바조의 작품이다. 다윗이 블레셋의 장수 골리앗에게 돌팔매를 던져 명중시켰다는 『구약 성경』 속 이야기를 묘사했다.
프라도 미술관 소장

〈요르단 강을 건너는 여호수아〉

미국의 역사화가인 벤저민 웨스트의 작품이다. 여호수아는 모세를 대신해 이스라엘의 지도자가 된 인물이다. 그는 이스라엘 백성을 이끌고 가나안으로 향한다. 『구약 성경』에 따르면 그들은 요르단 강에 맞닥뜨리게 되는데, 언약궤를 짊어진 제사장들이 요르단 강에 몸을 담그자 흐르던 강물이 멈췄고 이스라엘 백성들이 무사히 강을 건널 수 있었다고 한다.

뉴사우스웨일스 주립 미술관 소장

〈솔로몬의 우상 숭배〉

이탈리아 화가인 세바스티아노 콘카의 작품이다. 솔로몬은 이스라엘 왕국의 제3대 왕이다. 현명한 판단과 결단력을 보여 줘 '지혜의 왕'이라고 불렸다. 대외 평화에 힘쓴 덕분에 이스라엘 왕국이 전성기를 이룩할 수 있었다. 그러나 훗날 우상을 숭배하고 국민들에게 과중한 세금을 부과해 이스라엘 왕국이 분열되는 데 원인을 제공했다고 평가된다. 프라도 미술관 소장

바빌론에 잡혀간 유대인 포로들

기원전 586년에 유다 왕국이 멸망하자 시드기야 왕을 비롯한 유대인들은 바빌론에 포로로 잡혀갔다. 이 기간 동안 유대인들은 슬픔과 고통을 신앙으로 극복하고 유대교를 정립했다. 또한 경전을 정리해 『구약 성경』의 기초를 만들었다.

렘에 성전을 짓고 도시를 다시 일으켜 세웠지요. 『구약 성경』의 내용은 여기까지 살펴보고, 이제 예수가 등장하는 장면으로 가 볼까요?

세례자 요한이 요르단 강에서 세례를 베풀던 때였어요. 그는 "머지않은 때에 메시아가 출현할 것이다."라고 예언했습니다. 메시아(Messiah)는 '기름부음을 받은 자'를 뜻하는 히브리어예요. 우리말로는 '구세주', 그리스어로는 '그리스도'라고 합니다. '기름부음'이란 기름을 사람의 머리나 몸 또는 다른 물체에 붓거나 바르는 의식을 말해요. 기름부음은 하나님의 축복, 특별한 명예, 질병의 치료 등을 목적으로 행해졌답니다.

〈벨 신상 앞에 선 다니엘과 키루스 2세〉
네덜란드 화가인 렘브란트의 작품이다. 키루스 2세는 페르시아 제국을 건설한 지도자다. 그가 다스리는 동안 페르시아는 대제국으로 성장했다. 여러 민족이 융화될 수 있도록 하기 위해 종교적 관용을 베풀었고 포용 정책을 표방했다.
폴 게티 미술관 소장

〈민중 앞에 나타난 예수 그리스도〉

러시아 화가인 알렉산드르 안드레예비치 이바노프의 작품이다. 「요한복음」에 담긴 내용을 표현했다. 낙타털을 두른 세례자 요한이 사람들에게 예수의 등장을 알리고 있다. 이바노프는 20년에 걸쳐 이 작품을 완성했다고 한다.

트레티야코프 미술관 소장

예수의 부활

예수는 자신의 예언대로, 십자가에 못 박혀 세상을 떠난 지 사흘 만에 다시 살아난다. 그리스도교에서는 그의 부활을 기리기 위해 매년 부활절 행사를 치른다.

유대인들은 메시아가 나타나 모든 인류를 구제한다고 믿고 있었어요. 이러한 믿음을 메시아 사상이라고 하지요. 요한의 예언대로 메시아가 등장하는데 그가 바로 예수입니다. 나사렛 출신인 예수는 자신이 하나님의 아들이라며 하나님의 말씀을 전했어요. 사람들은 그를 믿고 따르게 되었지요.

예수는 "모든 인류는 하나님 앞에 평등하고, 모두가 같은 민족이며 형제자매다."라고 주장했어요. 그는 또 부와 권력을 누리는 것보다 영혼을 구원받는 것이 중요하다고 강조했지요. 그러나 예수는 결국 십자가에 못 박혀 죽었습니다. 사흘 후 그가 부활하자 제자들은 목숨을 걸고 예수의 가르침을 알렸어요. 그 결과 그리스도교는 세계적인 종교로 발전하게 되었습니다.

〈성 바울〉
이탈리아 화가인 바르톨로메오 몬타냐의 작품이다. 바울은 주로 서적이나 검을 들고 있는 모습으로 묘사된다. 『신약 성경』의 상당수가 바울의 저작이고, 바울이 하나님의 말씀을 성령의 검으로 표현했기 때문이다.
폴디 페촐리 미술관 소장

그리스도교의 세계화

그리스도교가 널리 퍼질 수 있었던 것은 활발한 선교 활동 덕분이었습니다. 특히 세 번이나 전도 여행을 떠난 바울은 최초로 이방인에게 예수의 가르침을 전한 전도자입니다.

바울은 로마의 시민권을 가진 바리새인이었어요. 원래 그는 예수를 믿는 사람들을 박해했던 인물입니다. 『신약 성경』에 따르면 바울은 다마스쿠스로 가는 길에 예수를 만났다고 해요. "네가 왜 나를 핍박하느냐? 나는 네가 핍박하는 예수다. 나는 유대인들과 이방인들 가운데 너를 선택해 내 일꾼으로 삼겠다."라는 음성을 들었다고 하지요. 이후 그는 새로운 사람이 되어 예수의 가르침을 전하다가 심한 박해를 받았어요. 바울은 네로 황제가 그리스도교를 박해할 때 처형되었다고 합니다. 『신약 성경』에는 바울이 전도 여행을 하면서 쓴 편지가 담겨 있어요. 자기가 전도한 지역의 신도들에게 조언이나 충고의 말을 적어 보낸 것이랍니다.

콘스탄티누스 대제(280~337)
디오클레티아누스와 함께 로마 제국의 재건자로 높이 평가되는 인물이다. 그리스도교를 공인하고 교회의 사법권과 재산권을 우대했다.

2세기 중엽에는 로마 제국의 여러 곳에서 그리스도교 교단이 생겨났어요. 로마인들은 이들이 국가 종교와 공공질서를 어지럽힌다고 보고 조직적으로 박해했습니다. 그러나 탄압이 혹독할수록 그리스도교 세력은 더욱 강해졌어요.

신도가 크게 늘자 **콘스탄티누스 대제**는 313년에 밀라노 칙령을 내려 그리스도교를 공인했습니다. 325년에 니케아 공의회에서는 "성부(聖父, 하나님)와 성자(聖子, 예수)가 영원히 동질적이다."라는 아타나시우스파의 교리가 승인되었지요. 테오도시우스 1세는 395년에 그리스도교를 로마의 국교로 삼았고, 유스티니아누스 1세는 529년에 아테네의 아카데미아를 폐쇄하고 그리스도교 이외의 철학을 모두 금지했습니다. 아카데미아는 플라톤이 세운 인류 최초의 대학으로 그리스 이성주의 철학의 발상지라고 할 수 있어요. 이 기관이 폐쇄되었다는 것은 더 이상 이성주의 철학이 설 곳은 없다는 의미지요. 이때부터 그리스도교적 세계관이 유럽 전체로 확산되었다고 할 수 있습니다.

2 예수의 생애

예수는 사람일까요, 신일까요? 그리스도교에서는 그를 신이자 하나님의 아들로 봅니다. 하지만 철학사에서는 인류에게 가르침을 준 성인(聖人)이라고 보는 것이 좋을 것 같네요.

예수에 대해 조금 더 알아보기 위해 『신약 성경』을 살펴볼까요? 예수는 아우구스투스 황제가 로마 제국을 다스리던 때에 유대의 베들레헴에서 태어난 것으로 보입니다. 아버지 요셉과 어머니 마리아는 손수 벌어먹고 사는 평민이었어요. 「마태복음」 1장 18절에서는 예수의 탄생을 이렇게 적고 있습니다. "그의 어머니 마리아가 요셉과 약혼하고 동침하기 전에 성령으로 잉태되더니……."

〈수태고지〉
벨기에 화가인 프란스 포르부스 2세의 작품이다. 천사 가브리엘이 마리아에게 예수를 잉태했음을 알리고 있다. 천사가 들고 있는 백합은 마리아의 처녀성을, 비둘기는 성령을 상징한다.
낭시 미술관 소장

예수의 어린 시절에 대해서는 잘 알려져 있지 않습니다. 다만 「누가복음」 2장에 12세 때의 일화가 소개되어 있어요. 어린 예수는 유월절(逾越節, 이스라엘 민족이 이집트를 탈출한 일을 기념하는 유대교의 축제일)에 예루살렘 성전에 갔다가 홀로 남게 되었는데, 그곳에서 율법 교사들과 토론을 하다가 사흘 만에 다시 부모와 만났다고 합니다.

예수는 30세쯤에 요르단 강가에서 세례자 요한에게 세례를 받았습니다. 그전에는 아버지인 요셉의 직업을 이어받아 목수를 했을 것으로 추측하고 있지요.

〈세례받는 그리스도〉

스페인 화가인 무리요의 작품이다. 세례는 '죄를 씻는다'라는 의미의 그리스도교 의식이다. 세례를 뜻하는 그리스어 '밥티스마'는 '침수하다'라는 동사에서 나온 말이다. 원래 세례는 물에 몸을 담그는 방식이다.

베를린 국립 회화관 소장

〈가나의 혼인 잔치〉
이탈리아 화가인 가에타노 간돌피의 작품이다. 예수는 초청을 받아 제자들과 함께 가나에서 열린 혼인 잔치에 참석했다. 잔치에서 마실 포도주가 떨어지자 예수는 물을 포도주로 바꾸는 기적을 행한다.
월터스 미술관 소장

예수가 일으킨 첫째 기적은 **가나의 혼인 잔치**에서 물을 포도주로 만든 사건입니다. 그 후 빵 다섯 개와 물고기 두 마리로 5,000명 이상을 먹였다는 '오병이어의 기적'을 일으키는가 하면, 물 위를 걷기도 하고 온갖 병자를 고치기도 했지요. 예수는 30세쯤부터 약 3년 동안 활동하다가 십자가에 못 박혀 죽었습니다. 그리고 죽은 지 사흘 만에 부활해 하늘로 올라갔다고 해요. 이후 12사도가 중심이 되어 곳곳에 그리스도교를 퍼뜨렸는데, 이 가운데 특히 베드로와 바울은 로마에 그리스도교를 전했습니다.

「마태복음」 27장에는 예수의 죽음이 다음과 같이 묘사되어 있어요.

예수와 12사도
15세기경에 만들어진 것으로 추정되는 부조다. 예수와 12사도가 새겨져 있다. 12사도는 예수가 복음을 전파하기 위해 선택한 열두 명의 제자를 말한다. 베드로, 안드레, 큰 야고보, 요한, 빌립, 바돌로매, 도마, 마태, 작은 야고보, 다대오, 시몬, 유다를 이른다.

"군병들이 옷을 벗기고, 홍포를 입히고, 가시 면류관을 씌우고, 오른손에 갈대를 들리고 희롱하더라. 침 뱉고 때리며 가다가 시몬을 만나 그에게 억지로 예수의 십자가를 지우더라. 집행인들은 예수를 십자가에 못 박은 후 제비를 뽑아 예수의 옷을 나누고 십자가 밑에서 그를 지키더라……. 6시에 어두워지더니 9시쯤에 예수가 '나의 하나님, 나의 하나님, 어찌 나를 버리셨나이까!' 하더니 다시 크게 소리 지르고 떠나더라."

당시 십자가형은 너무 잔인해 입에 올리는 것조차 금기시했습니다. 십자가에 매달린 채 이틀이나 사흘, 심지어 일주일까지도 죽지 않는 무서운 형벌이었지만 몸이 약한 예수는 불과 여섯 시간 만에 숨을 거두었어요. 그러나 그는 사흘 만에 다시 살아나 40일 동안 세상에 머물며 약 500명 앞에 나타난 후 하늘로 올라갔습니다. 그리스도교에서는 지금도 예수가 하나님의 오른쪽에 앉아 모든 인류를 위해 중보 기도를 하고 있다고 믿고 있답니다.

중보(仲保)
서로 대립하는 둘 사이에서 화해를 도모하는 일을 말한다. 인간과 하나님 사이에서 예수가 그 중재자 역할을 한다는 뜻이다.

〈십자가를 지고 가는 그리스도와 의식을 잃은 마리아〉
이탈리아 화가인 보카치오 보카치노의 작품이다. 당시 십자가형을 선고받게 되면 형을 집행하는 장소까지 죄수가 직접 십자가를 짊어지고 가야 했다. 예수는 십자가를 짊어진 채 골고다 언덕으로 향했다. 가는 길에 로마군 병사들이 휘두른 채찍에 40대 이상을 맞아 쓰러지기도 했다고 전해진다. 오른쪽 아래에는 기절한 마리아가 묘사되어 있다. 런던 내셔널 갤러리 소장

3 예수의 사상

바리새인
모세의 율법과 부활, 천사, 영의 존재를 믿었던 유대 분파의 하나다. 오늘날 위선자를 비유적으로 이르는 말이기도 하다.

예수는 하나님의 나라가 어린아이 같은 사람들과 이 세상에서 천대받는 사람들을 위한 곳이라고 생각했어요. 그는 민중을 사랑했지요. 예수는 당시 바리새인들과 율법 학자들이 멀리한 세리(稅吏)나 창녀, 죄인들과도 기꺼이 식사를 함께했습니다. 그런데 지금의 세무 공무원에 해당하는 세리를 왜 천하게 여겼을까요? 당시 세리는 로마 정부를 대신해 유대인들에게 세금을 거두어들였습니다. 그들은 정해진 양을 로마 정부에 바치고 나머지로 자기 호주머니를 채웠어요. 일제 강점기에 일본의 앞잡이 노릇을 하던 조선인을 떠올려 보세요. 이제 유대인들이 세리를 꺼리고 싫어했던 이유를 알겠지요?

또한 예수는 **안식일**에 병을 고치는 일을 조금도 주저하지 않았습니다. 유대교에서 안식일은 일주일 가운데 제7일인 성일(聖日)을 일컬어요. 금요일 해가 질 무렵부터 토요일 해가 질 무렵까지를 말하지요. 이날은 불 피우는 것을 비롯한 모든 일을 하지 않고 휴식을 취했답니다. 유대교에서는 안식일을 철저하게 지켰어요. 그런데도 예수가 안식일에 병을 고쳤으므로 유대교 지도자들에게는 그 일이 하나의 도전으로 받아들여졌겠지요. 예수는 안식일을 형식적으로 지키는 것에 반대하며 구원을 베풀고 참된 안식을 구하는 날

〈두 명의 세리〉
네덜란드 화가인 마리우스 판 레이메르발의 작품이다. 세금을 걷는 세리는 언제나 환영받지 못하는 존재였다. 예수가 살던 시대에 세리는 유대인을 억압한 로마를 위해 일했기 때문에 특히 업신여김을 받았다.
런던 내셔널 갤러리 소장

안식일
유대인들은 안식일을 특별히 성스러운 날로 여겨 기념하며 소장품으로 다양한 의식을 치른다. 금요일 해가 지기 직전에 초를 켜면서 안식일 의식이 시작된다. 안식일은 이스라엘의 법정 공휴일이다.

로 받아들였던 것입니다. 유대교에서 중시하는 율법 대신 사랑을 강조한 것이지요. 예수는 새로운 윤리를 주장하면서도 유대교의 율법을 무시하지는 않았습니다. 율법 위에 자신의 사상을 펼치려 했다는 말이 더 옳을 거예요.

『신약 성경』 가운데 「마태복음」 5~7장에 실려 있는 산상 수훈(山上垂訓)에는 예수의 윤리 사상이 오롯이 담겨 있습니다. 산상 수훈이란 예수가 갈릴리의 가버나움 부근에 있는 산에서 사람들에게 행한 설교

〈산상 수훈〉
네덜란드 화가인 브뤼헐(大)의 작품이다. 산상 수훈에는 도덕적 삶에 대한 예수의 가르침이 잘 드러나 있어 그리스도교의 윤리 지침이 되어 왔다. 주기도문도 이 산상수훈을 바탕으로 한 것이다.
폴 게티 미술관 소장

를 말해요. 여기에는 여덟 가지 복과 주기도문, 금식, 이웃 사랑 등에 관한 가르침이 담겨 있답니다.

"형제에게 화내는 자마다 심판을 받게 되고……."
"여자를 보고 음욕을 품는 자마다 마음에 이미 간음했느니라."
"너희 원수를 사랑하고, 너희를 핍박하는 자를 위해 기도하라."

이와 같은 **산상 수훈**의 내용을 통해 예수가 내면적 윤리를 강조했다는 사실을 알 수 있습니다.

생각해 보세요

아우구스투스 황제에 대해 좀 더 자세히 알려주세요.

아우구스투스는 로마 제국의 초대 황제로, 원래 이름은 가이우스 옥타비아누스입니다. 그는 평민이었지만 어머니가 카이사르의 조카였던 덕분에 아버지가 죽은 뒤 카이사르의 보호를 받았지요. 카이사르는 유언장에 그를 양자 및 후계자로 한다는 뜻을 밝혀 두었어요. 기원전 44년 카이사르가 암살되자 그는 이름을 가이우스 율리우스 카이사르 옥타비아누스로 바꾸었습니다. 또한 카이사르가 남겨 놓은 병력을 장악해 기원전 43년에 안토니우스, 레피두스와 함께 제2회 삼두 정치(三頭政治)를 시작하고 반대파를 추방했어요. 기원전 42년에는 카이사르를 암살한 브루투스와 카시우스롱기누스를 물리치고 로마 세계를 셋으로 나누어 자신은 서방 세계를 맡았습니다. 그 후 레피두스를 물러나게 하고 기원전 31년에는 악티움 해전에서 안토니우스와 클레오파트라의 연합군을 물리친 후 패권을 잡았지요. 그가 통치한 41년 동안 로마에는 평화가 이어졌답니다. 나라 안으로는 내란을 진정시키고 원로원과 민중에게 비상 대권을 돌려주었습니다. 아울러 사회 질서를 바로잡고 치안과 식량 문제에까지 관심을 기울여 로마를 굳건히 세웠어요. 또한 대규모 건축 사업도 벌여 벽돌 위주로 되어 있던 로마를 '대리석의 도시'로 바꾸어 놓기도 했답니다. 그는 기원전 27년에 원로원으로부터 '존엄한 자'라는 뜻의 아우구스투스라는 칭호를 받았어요.

아우구스투스 황제의 흉상

2 초대 교회의 아버지, 중세 사상계를 이끌다 | 교부 철학

예수의 가르침은 원래 단순하고 소박했습니다. 그러나 시간이 흐르면서 그것을 서로 다르게 해석하게 되었어요. 과연 어떤 해석을 정통(正統)으로 보고 어떤 해석을 이단(異端)으로 볼 것인지가 문제로 떠올랐지요. 주요 쟁점은 '예수란 누구인가?'였습니다. 즉 "예수는 위대한 인간인가? 아니면 하나님의 아들인가?"라는 것이었지요. 이런 문제를 해결하고 교리를 세우는 데 힘쓴 사람들을 교부(敎父)라고 하는데, 교부 가운데 가장 대표적인 인물이 아우구스티누스였어요. 결국 "예수는 하나님의 아들로, 신(神)임과 동시에 인간이다."라는 견해가 정통 교리가 되었습니다.

- 중세 철학은 예수의 가르침을 어떻게 해석할 것인가에 대한 문제를 중심으로 전개되었다.
- 아우구스티누스의 학설인 삼위일체설과 원죄설은 그리스도교의 정통 교리가 되었다.
- 삼위일체설이란 성부와 성자, 성령은 나타나는 방식이 다르지만 본질은 하나라는 주장이다.
- 원죄설이란 모든 인간은 태어날 때부터 죄인이라는 주장이다.

1 방탕아가 성인으로 – 아우구스티누스

아우구스티누스는 이교도인 아버지와 독실한 그리스도인인 어머니 사이에서 태어났습니다. 그의 어머니인 모니카는 나중에 성녀로 받들어졌지요. 아우구스티누스는 어려서는 공부에 취미가 없어 노는 데 열중하며 장난만 쳤습니다. 청소년기에는 불량한 친구들과 어울려 도둑질을 하는 등 나쁜 일을 저질렀지요. 그는 19세 때 노예 출신인 여자와 동거해 아들을 낳았어요. 그러나 어머니의 반대로 결혼하지 못하고 사랑하는 여자와 눈물을 흘리며 헤어져야 했습니다. 그 후 그는 어머니의 소개로 좋은 집안의 딸과 약혼했답니다. 그런데 얼마 후 성적 욕망을 억제하지 못하고 다른 여자를 가까이하고 말았어요. 약혼녀가 너무 어려서 2년이 지나야 결혼할 수 있었기 때문이지요. 이토록 젊은 시절을 방탕하게 보낸 그가 장차 '가장 위대한 교부'가 되리라고 예상한 사람은 아무도 없었답니다.

32세 때 아우구스티누스는 밀라노 정원에서 "펴서 읽어라!"라고 하는 어린아이들의 노랫소리를 들었어요. 불현듯 무언가를 느낀 그는 성경을 집어 들고 우연히 펼친 곳을 읽어 내려갔지요. 거기에는 "방탕하거나 술 취하지 말고, 음란하거나 호색하지 말며, 다투거나 시기하지 말고, 낮에 행동하는 사람처럼 단정하게 행동하라."라고 쓰여 있었어요. 이 「로마서」 13장 13절을 읽은 순간 그는 정신적 감화(感化)를 받고 그리스도교를 믿게 되었습니다.

어느 날, 아우구스티누스를 찾아온 한 친구가 모든 욕망을 버리고 산속에 들어가 수도사 생활을 하다가 일생을 마친 이집트의 안토니우스에 관한 이야기를 들려주었어요. 이야기를 들은 그는 큰 결심을 하

〈그리스도와 마리아 사이의 아우구스티누스〉
스페인 화가인 무리요의 작품이다. 십자가에 못 박힌 예수와 아래를 내려다보는 마리아 사이에 아우구스티누스가 자리하고 있다.
프라도 미술관 소장

〈악마에게 공격당하는 성 안토니우스〉

이탈리아 화가인 스테파노 디 조반니 디 콘솔의 작품이다. 안토니우스는 젊었을 때 들판에서 미녀와 괴물 모습을 한 악마의 유혹을 이겨 내고 금욕했다고 한다.

시에나 시립 미술관 소장

고 약혼녀에게 파혼을 통보한 뒤 아버지의 유산을 모두 교회에 바치고 교회 안의 사택에서 살았습니다. 그 후 고향인 타가스테에서 사제(司祭)가 되었고, 나중에는 히포 레기우스에서 주교(主教)가 되었답니다. 아우구스티누스는 남은 인생 동안 철학과 신학을 연구하는 데 열중했습니다. 그는 일생의 마지막 무렵에 자신의 죄를 뉘우친 적이 있어요. 학생 때 공부보다 놀기를 더 좋아한 일, 극장에 자주 간 일, 심지어 젖먹이 때 젖을 달라고 보채며 큰 소리로 울었던 일조차 뉘우쳤다고 해요. 그러나 젊은 시절에 방탕하게 생활하지 않았다면 그는 기껏해야 냉혹한 신학자나 고지식한 철학자가 되었을지도 모릅니다. 자신의 죄를 뉘우칠 줄 아는 모습 덕분에 그의 위대함이 더 빛을 발하는 것이 아닐까요?

2 그리스도교의 정통 교리가 되다 – 아우구스티누스의 학설

성인(聖人)이 된 아우구스티누스가 주장한 삼위일체설과 원죄설은 그리스도교에서 믿고 받드는 정통 교리가 되었어요.

삼위일체설이란 성부와 성자, 성령은 나타나는 방식이 다르지만 본질은 하나라는 주장입니다. 즉 천지 만물을 창조한 하나님과 인간의 모습을 하고 이 땅에 내려온 그의 아들 예수, 그리고 예수가 죽어 하늘로 올라간 후 그를 대신해 이 땅에 내려온 성령이 나타나는 방식은 각기 달라도 결국 한 몸이라는 교리지요.

하나님과 예수의 관계는 아타나시우스파가 이미 주장한 내용이에요. 니케아 공의회에서는 325년에 성부와 성자가 영원히 동질적이라고 선언했지요. 381년에 콘스탄티노플 공의회에서 하나님과 예수에 성령을 더한 삼위일체설이 정통 교리로 받아들여진 것입니다.

원죄설이란 모든 인간은 태어날 때부터 죄인이라는 주장이에요. 「창세기」의 내용에 따르면 하나님이 아담과 하와를 만들었습니다. 또한 동쪽 땅 에덴에 동산 하나를 만들고 인간들로 하여금 그곳을 돌보고 지키게 했답니다. 에덴동산에는 열매 맺는 온갖 나무들이 자랐는데, 그 가운데

〈성 삼위일체〉
러시아 화가인 안드레이 루블료프의 작품이다. 그가 이 작품을 통해 보여 준 숭고하고 우아한 양식은 후대에 많은 영향을 미쳤다.
트레차코프 국립 미술관 소장

〈선한 목자〉

스페인 화가인 무리요의 작품이다. 「요한복음」에는 "나는 선한 목자라. 내가 내 양을 알고 양도 나를 아는 것이 아버지께서 나를 아시고 내가 아버지를 아는 것과 같으니 나는 양을 위해 목숨을 버리노라."라는 구절이 있다. 목자는 예수를, 양은 신도들을 상징한다. 이 작품에서 목자는 어린아이의 모습으로 표현되었다. 프라도 미술관 소장

〈나사로의 부활〉
이탈리아 화가인 카라바조의 작품이다. 예수가 나사로의 집에 도착한 것은 나사로의 유해가 묻힌 지 4일이나 지난 후였다. 예수가 눈물을 흘리며 "나사로야, 이리 나와라."라고 외치자 죽었던 나사로가 부활한다. 메시나 국립 박물관 소장

〈에덴동산에서 내쫓기다〉

영국 출신의 미국 화가 토마스 콜의 작품이다. 선악과를 먹고 하나님에게 벌을 받아 에덴동산에서 쫓겨나는 아담과 하와가 작게 그려져 있다. 에덴동산에는 온갖 나무가 울창했고, 들에는 짐승이 뛰어놀았으며, 하늘에는 새가 날아다녔다고 전해진다.

보스턴 미술관 소장

〈원죄와 탄식〉
네덜란드 화가인 휘스의 작품이다. 뱀의 꼬임에 넘어가 선악과를 따는 하와와 그녀를 지켜보는 아담의 모습이 그려져 있다.
빈 미술사 박물관 소장

는 선과 악을 알게 하는 나무, 즉 선악과도 있었지요. 하나님은 인간들에게 동산에 있는 나무 열매를 마음껏 따 먹어도 좋다고 허락했지만 선악과만은 따 먹지 말라고 경고했습니다. 아담과 하와는 에덴동산에서 잘 살아가다가 뱀의 유혹에 빠져 선악과를 따 먹고 말아요. 죄를 범한 것이지요. 그리스도교에서는 아담이 최초의 인간이자 모든 인류의 조상이라고 주장합니다. 모든 인간은 죄인인 아담의 피를 물려받았으므로 태어날 때부터 죄인이라는 것이지요. 원죄설에 따르면 거짓말이나 도둑질을 했다고 죄인이 되는 것이 아닙니다. 도덕적으로 깨끗하다고 해서 죄가 없는 것이 아니라는 뜻이지요.

「창세기」를 계속 살펴볼까요? 하나님은 죄를 범한 아담과 하와를 에덴동산에서 쫓아냈습니다. 그리고 아담의 후손인 인간은 벌을 받아 남자는 평생 고되게 일하게 되었고, 여자는 고통스럽게 아이를 낳게 되었어요. 뿐만 아니라 인간은 죽을 수밖에 없는 존재가 되었답니다. 이러한 인류의 비극을 차마 볼 수 없었던 하나님이 예수를 보내 인간의 죄를 대신 짊어지게 하고, 인간은 예수를 통해 구원받을 수 있게 한다는 것이 그리스도교의 정통 교리지요.

생각해 보세요

원죄설에 대한 질문이 있어요!

하나님은 왜 인간이 죄를 짓게 만들고 그 대가로 고통을 받게 했을까요? 하나님이 전지전능하다면 인간이 처음부터 죄를 짓지 않도록 만들 수는 없었을까요? 그리스도교의 교리를 알고 나면 이런 의문이 드는 것은 당연합니다. 인간은 자유롭게 선택하는 의지, 즉 자유 의지(自由意志)를 가졌어요. 자유 의지를 가진 인간만이 죄를 지을 수 있지요. 예를 들면 공중에 던져졌다가 땅으로 떨어지는 돌, 본능에 따라 살아가는 동물이 죄를 짓는 일은 불가능해요. 인간이 자유 의지를 알맞게 쓰지 않으면 죄를 짓게 되는 것입니다. 그렇다면 하나님은 왜 인간에게 자유 의지를 주었을까요? 처음부터 자유 의지를 주지 말든지, 기왕에 주었나면 언제나 선(善)을 선택하도록 만들었어야 하지 않을까요? 아우구스티누스는 하나님이 인간에게 자유 의지를 준 것은 사랑이고 배려라고 말합니다. 만일 처음부터 잘못된 길로 빠지지 않게끔 인간을 만들었다면 인간에게 자유는 없었을 테지요. 모든 일을 내 의지대로 자유롭게 선택할 수 없다고 상상해 보세요. 먹고 싶은 것을 먹지 못할 수도 있고, 가고 싶은 곳에 가지 못할 수도 있겠지요. 인간이 자유 의지를 가진 일이 축복인 것은 틀림없습니다. 따라서 우리는 이 자유 의지를 바르게 사용하도록 노력해야 한답니다.

아담과 하와의 이야기를 담은
독일 화가 베르트람 폰 민덴의 작품

3 철학과 신학의 화해 | 스콜라 철학

스콜라 철학이라는 명칭은 중세 수도원 학교의 교사나 학생을 일컫던 '스콜라스티쿠스'라는 라틴어에서 유래했습니다. 성직자들을 교육하는 수도원 학교를 통해 스콜라 철학이 발전했기 때문이에요. 스콜라 철학에서는 이미 진리라고 받아들여진 그리스도교 교리의 학문적 근거를 마련하고자 했습니다. 그리스도교 교리를 이성적으로 설명하려고 했을 뿐이지 이성적으로 진리인가 아닌가를 검토하려고 한 것은 아니었지요. 스콜라 철학의 대표적인 인물은 아퀴나스입니다. 그는 신앙과 지식, 신학과 철학의 영역을 '은총의 빛'과 '이성의 빛'이라는 개념으로 확실히 구분했어요. 이로써 비로소 두 영역이 모순을 극복하고 함께 발전하게 되었지요.

• 스콜라 철학에서 격렬하게 논의되었던 보편 논쟁이란 실재론과 유명론의 대립을 말한다.
• 로스켈리누스는 성부, 성자, 성령을 총칭하는 하나의 신적 실체가 실제로는 존재하지 않는 보편 개념이라고 보았다.
• 아벨라르와 엘로이즈의 사랑 이야기는 루소의 『신엘로이즈』와 괴테의 『젊은 베르테르의 슬픔』의 모티브가 되었다.
• 아퀴나스는 신앙과 지식, 신학과 철학의 영역을 분명하게 구분했다.

1 보편이냐 개별자냐 – 보편 논쟁

보편은 실제로 존재할까? 사유로만 존재할까?

스콜라 철학에서 격렬하게 논의되었던 보편 논쟁이란 무엇을 말하는 것일까요? 보편 논쟁(普遍論爭)이란 현실에 존재하는 개별적인 존재보다 보편 개념에 더 많은 의미를 부여하는 실재론(實在論)과 보편 개념이란 우리의 관념 속에 존재하는 이름에 불과하다고 보는 유명론(唯名論)의 대립을 말합니다. 실재론에서는 "갑돌이, 을돌이, 병돌이와 같은 개별자는 언젠가 사라진다. 하지만 그것들을 총괄하는 보편 개

볼로냐 대학교의 수업 장면
14세기경의 볼로냐 대학교 수업 장면이 묘사된 작품이다. 성직자들을 교육하는 수도원 학교를 통해 스콜라 철학이 발전했다.

념인 '인간'은 영원히 존재하므로 후자가 더 중요하다."라고 주장해요. 반대로 유명론에서는 "실제로 눈앞에 존재하는 갑돌이, 을돌이, 병돌이가 더 중요하다."라고 주장하지요.

교회에서는 실재론을 지지합니다. 유일신으로서의 하나님과 인류라는 보편적 실재, 그리고 교회 공동체를 인정해야 하기 때문이에요. 또한 모든 인류가 아담의 죄를 물려받았고 오직 예수를 통해서만 구원받을 수 있다는 교리를 설명하기 위해서도 실재론 쪽이 더 유리하답니다.

안셀무스(1033~1109)
안셀무스의 일생은 베크 수도원에서 신학자로 활동하던 시기와 캔터베리의 대주교로서 교회의 자유와 권리를 위해 헌신한 시기로 나누어 살펴볼 수 있다.

실재론의 입장을 취한 학자는 에리우게나와 **안셀무스**입니다. 아일랜드 출신의 스코틀랜드 철학자이자 신학자인 에리우게나는 "인간의 구원은 예정되어 있지만 죄는 예정되어 있지 않다."라고 주장해 교회와 대립했어요. 교회에서는 그를 이단이라고 비난했지요.

이탈리아의 신학자이자 철학자인 안셀무스는 에리우게나와 함께 스콜라 철학의 시조로 불립니다. 그는 15세 때 수도원에 들어가려고 했으나 아버지의 심한 반대에 부딪히게 되었어요. 이에 안셀무스는 꾀를 내어 병이 나게 해 달라고 간절히 기도했습니다. 그는 자신의 소원대로 앓게 되었지만 아버지의 눈치를 심하게 보았던 수도원장 때문에 일이 성사되지는 않았지요. 안셀무스는 다시 건강을 회복해야 할 수밖에 없었고 곧바로 병에서 나았답니다. 어른이 된 안셀무스는 프랑스의 노르망디에 있는 베크 수도원에 들어가 부원장 자리를 거쳐

캔터베리 대성당

영국 캔터베리에 위치한 성당이다. 중세 영국 교회의 종교적 중심지였다. 최초의 건물은 로마네스크 양식으로 지어졌으나 12세기에 증축되면서 고딕 양식이 도입되었다. 1988년에 유네스코가 세계문화유산으로 지정했다.

대수도원장이 되었어요. 나중에는 명성이 높아져 영국의 캔터베리 대주교 자리에 오르게 되었습니다. 그러나 왕의 눈 밖에 나게 되어 몇 년 동안 영국에서 추방당하기도 했어요. 심지어 왕은 그가 로마로 여행하려 할 때 재산을 외국으로 빼돌리려 한다는 혐의를 씌워 그의 짐을 뒤지기도 했답니다. 안셀무스는 "맹목적인 신앙보다는 지식을 갖춘 신앙이 더 좋다. 나는 믿기 위해 알려는 것이 아니라 알기 위해 믿는다."라는 유명한 말을 남겼어요. 신의 존재를 증명하고자 한 그의 말 또한 곧잘 인용됩니다. "신은 절대적으로 완전하다. 완전하다는 것은 실재한다는 것을 포함한다. 그러므로 신은 존재할 수밖에 없다."라는 내용이에요. 후세 사람들은 안셀무스에게 '스콜라 철학의 아버지'라는 명칭을 붙여 주었답니다.

유명론의 대표자는 프랑스의 신학자인 로스켈리누스입니다. 그는 유명론을 삼위일체설에도 그대로 적용했어요. 삼위일체설에서는 성부, 성자, 성령에 담겨 있는 하나의 신적 실체를 인정합니다. 하지만 로스켈리누스는 성부, 성자, 성령은 개별적으로 존재하고, 그것을 총칭하는 하나의 신적 실체가 실제로는 존재하지 않는 보편 개념이라고 보았어요. 교회는 로스켈리누스가 유일신을 부정하고 삼신론(三神論)을 주장한다고 여겨 격렬하게 비난했습니다. 공의회에서는 로스켈리누스를 이단이라 판단하고 그에게 주장을 철회하라고 요구했어요. 로스켈리누스는 할 수 없이 자신의 주장을 철회했지만 얼마 지나지 않아 원래 견해로 돌아갔습니다. 결국 이 일로 그는 영국으로 망명해야 했지요. 세월이 흐른 뒤 그는 교회와 화해하고 프랑스로 돌아와 강의 활동을 이어 갔습니다.

브장송 요새
로스켈리누스는 프랑스 동부에 위치한 브장송에서 활약했다. 브장송에는 프랑스에서 가장 아름다운 건축물 가운데 하나로 손꼽히는 브장송 요새 시설이 있다. 브장송 요새는 유네스코 세계문화유산으로 등재되기도 했다.

아벨라르, 죽어서는 당신과 함께하게 하소서

프랑스의 철학자이자 신학자인 아벨라르는 실재론과 유명론의 중간적 입장을 취했습니다. 아벨라르는 "개별자 속에 보편이 들어 있다."라고 주장했어요. 이를테면 소크라테스나 플라톤 등을 포함하는 각각의 인간에게 보편 개념인 '사람다움'이 들어 있다는 것이에요. "알기 위해 믿는다."라고 한 안셀무스와 반대로 아벨라르는 "믿기 위해 알고자 한다."라고 말했습니다. 신앙을 합리적으로 이해하려고 한 것이지요.

아벨라르는 무척 똑똑해서 스승과의 논쟁에서 늘 자신이 이기자 스승들을 경멸하게 되었습니다. 성격이 이기적인 데다 남의 잘못을 좀처럼 받아들이지 못했던 그는 자연스레 이웃과도 어울리지 못했어요. 주변에서는 논리가 치밀하고 학문이 깊은 그를 위험한 인물로 보기도 했지요.

학자로서 유명해질 무렵, 아벨라르는 노트르담 대성당 참사 회원인 퓔베르의 조카딸 **엘로이즈**의 가정교사가 되었습니다. 엘로이즈는 미모가 빼어난 데다 학문적 재능도 뛰어난 15세 숙녀였어요. 얼마 가지 않아 아벨라르와 엘로이즈는 사랑에 빠지게 되었습니다. 아벨라르는 20년이라는 나이 차이를 생각하며 사

아벨라르(1079~1144)
아벨라르의 석상이다. 프랑스 조각가인 피에르 쥘 카블리에의 작품이다. 아벨라르와 엘로이즈의 사랑 이야기는 후세에 큰 영향을 끼쳤다. 루소의 『신엘로이즈』와 괴테의 『젊은 베르테르의 슬픔』의 모티브가 되었다.
루브르 박물관 소장

랑에 빠지지 않기 위해 스스로에게 매질을 하기도 했답니다. 그러나 결국 두 사람의 사랑은 임신으로 결실을 맺었지요. 엘로이즈는 아벨라르의 고향인 부르타뉴에서 아들을 낳았습니다. 그런데 두 사람 사이에 아이가 태어났는데도 엘로이즈는 '결혼은 철학에 대한 배반'이라며 결혼을 거부했어요. 아벨라르와 비밀 결혼식을 올린 뒤에도 아벨라르의 명성에 흠집이 생기는 것이 두려워 대외적으로는 결혼한 사실을 부인했지요. 얼마 후 엘로이즈는 아벨라르의 권고에 따라 아이를 아벨라르의 누

엘로이즈(1100~1164)
엘로이즈는 프랑스어를 비롯해 라틴어, 그리스어, 히브리어에 능했다. 학문적 재능이 뛰어났을 뿐만 아니라 글쓰기에도 재능을 보였다고 한다.

나에게 맡기고 수녀원으로 들어갔습니다. 그런데 이 일에 대해 퓔베르는 아벨라르가 자신의 조카딸을 버리고 가문을 모욕한 것이라고 받아들이고 아벨라르의 하인을 돈으로 매수해 음모를 꾸몄어요. 그는 아벨라르가 잠자는 동안 아벨라르의 성기(性器)를 자르게 했습니다. 이에 수치심을 이기지 못한 아벨라르는 결국 수도원으로 도망쳤지요. 하지만 그 무렵에는 신체의 한 부분이 절단되거나 상해를 입은 사람은 불결하다고 여겨 성당에 드나들 수가 없었다고 합니다. 아벨라르가 느꼈을 수치심의 정도가 어느 정도였는지 상상이 가고도 남지요. 아벨라르가 죽은 뒤 엘로이즈는 편지를 보내 시신을 수도원으로 보내

달라고 간절히 청했습니다. 그리고 무덤 앞에서 자신이 만든 노래를 불렀다고 해요.

아벨라르와 엘로이즈
펠베르가 아벨라르와 엘로이즈의 애정 행각을 목격하는 장면을 묘사한 작품이다. 스승과 나이 어린 제자의 연애는 파란을 불러일으켰다.

나는 가혹한 운명을 당신과 함께 모두 견뎌 냈나이다. 청하오니 이제 당신과 함께 잠들게 하소서……. 시련이 끝나게 하시고……. 영혼을 자유롭게 해 주소서.

죽음에 이른 엘로이즈는 자신의 시신을 애인 곁에 묻어 달라고 부탁했습니다. 사람들이 엘로이즈의 유언에 따르기 위해 아벨라르의 무덤을 파헤치자 그가 두 팔을 활짝 벌려 그녀를 맞아들였다는 이야기가 전해지고 있답니다.

엘로이즈가 세상을 떠난 뒤 두 사람의 무덤은 여러 차례 옮겨지다가 1817년에 프랑스 파리에 있는 페르라셰즈 묘지로 이장되었어요. 두 사람이 영원한 안식처를 구한 이곳에는 땅에 끌리는 수도복을 입은 실물 크기의 남녀 석상이 나란히 누워 있습니다. 이 주인공들이 바로 아벨라르와 엘로이즈입니다. 수많은 연인들의 순례지가 된 이들의 묘비에는 이렇게 쓰여 있답니다.

우리는 바라노니
연구, 재능, 애정, 불행한 결혼 그리고 개전으로 맺어진 두 사람이
이제는 한결같은 축복 속에서 영원히 맺어지기를

2『신학 대전』을 쓰다 – 아퀴나스

벙어리 황소, 성인으로 받들어지다

스콜라 철학을 초기, 중기, 후기로 나누어 살펴보기도 하는데 이 가운데 중기는 전성기에 해당해요. 아퀴나스는 이때의 대표적 철학자입니다.

아퀴나스는 어려서부터 신앙심이 깊었어요. 그가 탁발 수도사(신도들이 기부한 돈이나 물건으로 생활하는 수도사를 일컫는 말)가 되기로 결심했을 때 형들이 강하게 반대를 했어요. 형들은 아퀴나스를 단념시키기 위해 그를 성에 가둔 후 예쁘게 치장한 젊은 여자를 들여보냈습니다. 그러나 아퀴나스는 불이 붙은 장작을 휘두르며 그 여자를 내쫓았어요. 결국 이 같은 아퀴나스의 신앙심에 감동한 누이들이 광주리를 이용해 성에서 탈출할 수 있도록 도와주었답니다.

〈토마스 아퀴나스의 승리〉
이탈리아 화가인 고촐리의 작품이다. 아퀴나스가 이단적 학자들을 짓밟는 모습이 묘사되어 있다. 루브르 박물관 소장

아퀴나스는 책상에 둥근 홈을 파야 앉을 수 있을 정도로 몸집이 컸다고 해요. 친구들은 그를 '벙어리 황소'라고 불렀지요. 하루는 한 친구가 아퀴나스에게 보충 수업을 해 주려고 했어요. 그러나 아퀴나스는 어느 유명한 교수보다도 많은 지식을 습득하고 있었지요. 이 같은 그의 능력을 일찍이 알

알베르투스 마그누스
(1200~1280)
도미니크 수도회의 중심인물로, 아퀴나스와 함께 스콜라 철학을 완성시켰다. 폭넓은 지식을 쌓아 '보편적 박사'라고도 불렸다.

아차린 스승이 있었어요. 바로 위대한 신학자이자 철학자인 **알베르투스 마그누스**였습니다. 그는 학생들에게 이렇게 말했어요.

"너희들이 놀리는 이 벙어리 황소가 언젠가 한번 울부짖을 때가 올 것이다. 그때가 되면 그 진동이 전 세계에 울려 퍼질 것이다."

스승의 말은 틀리지 않았답니다. 파리 대학교에 신학 교수로 취임한 아퀴나스는 화제의 인물로 떠올랐어요. 박식하다고 소문난 그의 토론 수업에는 학생들뿐만 아니라 동료 교수들까지도 모여들 정도였으니까요.

『신학 대전』은 아퀴나스의 대표적 저서입니다. 이 책에서 그는 합리적 방법으로 신의 존재를 증명하면서 신앙과 지식의 조화를 꾀했지요. 아퀴나스가 『신학 대전』을 쓰려고 조용한 수도원에 머물고 있을 때였습니다. 아퀴나스는 망아(忘我, 사물에 마음을 빼앗겨 자신을 잊어버림) 상태에서 신비스러운 체험을 했어요. 그러고는 "지금까지 내가 기록한 것들은 오늘 내가 본 것에 비하면 티끌에 지나지 않는다."라고 말한 후 펜을 던지고 쓰러졌답니다.

아퀴나스는 제2차 리옹 공의회(프랑스 남동부에 위치한 리옹에서 개최된 가톨릭교회 회의)에 참석해 달라는 교황의 요청을 받고 걸어서 여행하다가 피로가 쌓여 병을 얻었어요. 결국 그는 **포사노바의 시토회 수도원**에서 머물다가 그곳에서 숨을 거두었습니다. 그가 속했던 도미니크 수도회에는 아무리 먼 곳일지라도 모든 여행은 반드시 걸어서 다녀야 한다는 규칙이 있었거든요.

아퀴나스는 생전에 '천사와 같은 학자'로 칭송되었습니다. 그의 온화하고 티 없는 성품 덕분이지요. 죽은 지 50년이 지난 뒤에는 성인(聖人)으로 받들어졌습니다.

포사노바의 시토회 수도원
아퀴나스가 사망한 곳이다. 이탈리아의 라치오 주에 위치해 있다. 이 수도원은 로마네스크-시토회 양식으로 지어진 대표적인 건축물로 꼽힌다.

프랑스의 왕 루이 9세와 교황 인노첸시오 4세의 만남

리옹 공의회는 2차에 걸쳐 개최되었다. 인노센치오 4세는 제1차 리옹 공의회를 이끈 교황이다. 그는 1248년에 프랑스의 왕 루이 9세에게 십자군을 일으키라고 종용했다. 당시 교황의 권력은 황제의 권력과 대등한 수준이었다.

'은총의 빛'과 '이성의 빛'을 구분하다

아퀴나스는 신앙과 지식, 신학과 철학의 영역을 분명하게 정했습니다. 신으로부터 나오는 '은총의 빛'과 인간 본성에서 나오는 '이성의 빛'을 구분한 것이에요. 이를테면 신의 존재와 그의 세계 창조, 그리고 세계의 모든 법칙과 사실 등은 이성의 빛으로 밝힐 수 있는 철학의 대상입니다. 한편 신의 삼위일체성, 육화(肉化, 하나님의 아들이 사람으로 태어남), 최후 심판과 같은 초자연적 진리는 은총의 빛으로만 밝힐 수 있는 신학의 대상이지요.

아퀴나스의 견해에 따르면 두 영역 사이에는 어떠한 모순도 없습니다. 종교적 진리가 이성을 뛰어넘는다고 해서 그것이 이성에 어긋난다고 말할 수는 없지요. 아퀴나스는 철학과 신학을 상호 보완적이라고 보고 둘 사이의 조화를 추구한 거예요. 그러나 아퀴나스는 결국 철학이 신학 아래에 있어야 한다고 했습니다. 철학으로는 초자연적 진리를 입증할 수 없다고 보았기 때문이에요. 이렇듯 아퀴나스는 신(神) 중심의 입장을 취하면서도 인간의 상대적 자율성을 확립하려고 했습니다. '은총의 빛'과 '이성의 빛'이라는 표현에 이러한 그의 사상적 노력이 잘 녹아 있다고 볼 수 있지요.

아퀴나스(1225~1274)
아퀴나스는 말씀과 교회의 수호성인이다. 그의 초상화에는 대부분 성경과 교회가 함께 등장한다. 이 작품에는 아퀴나스를 상징하는 태양도 함께 그려져 있다.

아퀴나스는 이성의 빛, 즉 철학을 통해 신의 존재를 증명하려고 했습니다. 그리고 자신의 저서인 『신학 대전』에서 다섯 가지 방식으로 신이 존재한다는 것을 증명했어요. 이제 아퀴나스의 설명을 하나씩 살펴볼까요?

첫째, 이 세계에서 무엇인가 움직이고 있다는 것은 확실합니다. 우리의 감각이 이를 뒷받침하지요. 그런데 운동하는 것은 다른 어떤 것에 의해 움직이고, 그 어떤 것은 또 다른 어떤 것에 의해 움직여요. 무

자코뱅 교회
도미니크 수도회에서 지은 교회로, 프랑스 툴루즈에 위치해 있다. 이곳에 아퀴나스의 유해가 안치되어 있다.

신을 만나다
단테의 『신곡』 천국 편에 나오는 한 장면을 묘사한 작품이다. 단테와 베아트리체가 신을 만나는 광경이다. 하나님의 영상이 찬란하게 표현되어 있어 보는 이의 시선을 압도한다.

언가를 움직이는 힘을 끝없이 찾다 보면 결국 자신은 움직이지 않고 다른 것을 운동하게 하는 존재, 즉 원동자(原動子)에 이릅니다. 우리는 이것을 신으로 받아들이지요.

둘째, 그 어떤 것도 스스로의 동인(動因, 어떤 일을 일으키거나 변화시키는 데 작용하는 직접적인 원인)이 될 수는 없습니다. 즉 자기가 존재하기 위해서는 다른 동인을 가정해야 해요. 그런데 다른 동인을 무한히 가정할 수는 없으므로 제1동인이 있어야 합니다. 이것을 우리는 신이라고 부르지요.

아퀴나스의 엄지
이탈리아의 산테우스토조르조 성당 박물관에 전시된 아퀴나스의 오른손 엄지다. 엄지 모형은 18세기경에 프랑스에서 제작되었다.

셋째, 이 세상에는 우연한 것이 존재합니다. 우연한 것이 존재하는 이유는 필연적인 존재가 있기 때문이에요. 그러므로 그 자체로 필연적인 것이 있어야 하지요. 그것이 바로 신입니다.

넷째, 우리는 진(眞) · 선(善) · 미(美) 등의 기준을 통해 이 세상에 존재하는 것들의 정도를 서로 비교할 수 있습니다. 그러나 여러 분야에서 최고의 상태는 각각 다릅니다. 그래서 어떤 기준에 따르거나 어떤 분야를 비교할 때마다 반드시 최고로 받아들여지는 완전한 존재가 필요하지요. 그것이 바로 신입니다.

다섯째, 매우 작은 생명체나 생명이 없는 자연물도 어떤 목적을 향해 움직이고 있습니다. 이때 그것들이 일정한 목표를 향해 움직이도록 조종하는 어떤 지적(知的) 존재가 있어야 하지요. 그 존재가 바로 신입니다.

생각해 보세요

후기 스콜라 철학자에는 누가 있나요?

후기 스콜라 철학자들 가운데 가장 먼저 살펴볼 인물은 베이컨입니다. 그는 아퀴나스의 사상을 신봉하는 토미즘(토마스주의)에 격렬하게 반대했어요. 베이컨은 "원어(原語)를 전혀 이해하지 못하면서 아리스토텔레스에 대한 두툼한 책을 써낸 철학자"라며 아퀴나스를 비웃었습니다. 또한 성경 번역이 매우 불완전하기 때문에 히브리어와 그리스어, 아랍어 등 외국어를 철저하게 배워야 한다고 주장하기도 했어요. 둘째 인물은 던스스코터스입니다. 그는 "신학과 철학의 완전한 일치는 불가능하다."라고 주장했어요. 두 영역을 대립시키려는 것은 아니고 구별하려고 했던 것 같습니다. 던스스코터스는 유명론의 입장에 가까웠어요. 그는 신은 '아브라함의 신'이나 '야곱의 신'처럼 구체적으로 어떤 개인에게 나타났을 때 참된 것일 뿐, 철학자들이 생각해 낸 보편 개념으로서의 신은 진정한 신이 아니라고 본 것이지요. 마지막 인물은 오컴입니다. 그는 보편이란 설명이 필요한 추상적인 것이고, 개별자는 그 자체로 이미 현실성을 갖는다고 주장했어요. 오컴의 주장에 따르면 모든 지식은 오직 개별자에 대한 경험에서 나옵니다. 신에 대해 어떠한 경험도 할 수 없는 인간은 신에 대해 아무것도 알 수 없다는 것이에요. 이러한 생각은 "믿음은 불합리하다."라는 결론으로 이어졌습니다. 지식과 신앙을 엄격히 구별했던 것이지요.

영국의 스콜라 철학자 던스스코터스

3 근세 철학

함께 알아볼까요

중세에서 근세로 넘어가는 시기의 서양 철학에는 몇 가지 특징이 있습니다. 인격을 존중하고 개인의 자유를 중요시하는 개인주의, 신학적 배경이나 목적을 고려하지 않는 자유로운 토론, 인간의 이성이나 경험에 기초한 합리적인 학문 연구, 죽은 후를 중시하는 종교적 사고에서 벗어나 현세에 집중하는 경향 등이 나타났지요. 전반적으로 살펴보면 그리스도교적 색채가 희미해지고 있다는 점을 알 수 있답니다.

이러한 사상적 흐름이 생겨나게 된 데에는 르네상스와 인문주의, 자연 과학의 발달, 종교 개혁 등의 굵직굵직한 역사적 사건이 영향을 끼쳤습니다. 이 시기에는 마키아벨리나 홉스의 사상처럼 다소 도전적인 사상도 등장했어요. 아울러 인간의 선천적 인식 능력을 강조하는 합리론과 후천적 경험을 중시하는 경험론이 나오게 되었는데, 이것들을 종합한 사람이 그 유명한 칸트입니다. 칸트를 시작으로 헤겔에 이르는 시기는 독일 관념론의 시대라고 할 수 있어요. 독일 관념론자들의 최대 관심사는 "주관과 객관, 의식과 대상, 자아와 자연 사이의 괴리를 어떻게 극복할 것인가?"라는 것이었습니다.

르네상스의 중심지

밀라노
베네치아 공화국
베네치아
베네치아 공화국
사보이 공국
밀라노 공국
제노바 공화국
피렌체
피렌체 공화국
시에나 공화국
교황령
코르시카 섬
로마
지중해
나폴리 왕국
나폴리
사르데냐 섬

1 근세 철학의 배경 | 르네상스 시대

철학에는 그 무렵의 시대상이 반영되어 있습니다. 어떤 철학자든 시대적 한계를 뛰어넘을 수는 없기 때문이에요. 근세 철학이 생겨난 때에는 어떤 사건들이 있었을까요? 모든 관심이 신에게로 쏠렸던 중세에서 인간의 존엄성과 개성이 강조되는 근세로 넘어가는 때에는 인류 역사를 뒤흔든 여러 사건이 있었습니다. 인간의 지적 · 창조적 힘을 믿은 르네상스 시대의 인문주의(人文主義)와 이 세계를 움직이는 주체가 신이 아니라는 것을 보여 준 자연 과학, 권위와 형식에 치우친 그리스도교는 변화해야 한다는 문제의식에서 시작된 종교 개혁 등을 포함해 사회 전반에 반(反)중세적 경향이 나타났어요.

- 르네상스 시대의 인문주의, 자연 과학의 발전, 종교 개혁 등은 근세 철학의 발전에 큰 영향을 끼쳤다.
- 신에게 모든 관심을 쏟았던 중세 철학자들과 달리, 근세 철학자들은 인간의 능력에 주목했다.
- 에라스뮈스는 『우신 예찬』에서 철학자와 신학자의 쓸데없는 논쟁과 성직자들의 위선, 교회의 부패를 날카롭게 꼬집었다.
- 칼뱅은 이른바 '돌연한 회심'을 통해 프로테스탄티즘을 주장했다.

1 인간성을 회복하라 – 인문주의

단테(1265~1321)
이탈리아 피렌체의 산타 크로체 광장에 위치한 단테의 동상이다. 그는 이탈리아의 가장 위대한 시인이자 서유럽 문학의 거장으로 추앙받는다.

인간적인 것이 봇물처럼 터져 나오다

르네상스 시대의 인문주의는 신을 중심으로 하는 세계관을 깨고 인간의 존엄성을 회복하고자 한 사상적 흐름입니다. 그리스 · 로마의 고전 문화에 대한 연구를 통해 인간성을 발견하고자 했지요. 인문주의자들은 수사학, 시학, 역사학, 윤리학 등 인간적인 학문을 연구하고 발전시키는 데 힘썼습니다. 그 결과 신에게 가려졌던 '인간적인 것'들이 봇물처럼 터져 나왔어요. 이 시기의 대표적인 인문주의자들로는 『신곡』을 쓴 **단테**와 『칸초니에레』를 쓴 페트라르카, 『데카메론』을 쓴 보카치오 등을 꼽을 수 있습니다. 페트라르카와 보카치오는 신학적 색채에서 벗어나 순수하게 인간적인 것을 추구하고자 했답니다.

아비뇽의 교황청에서 성직자로 근무하던 페트라르카는 라우라라는 여자를 사랑하게 되어 사랑의 서정시를 쓰기 시작했어요. 그리고 평생 동안 서정시를 통해 그녀의 모습을 노래했다고 합니다. 페트라르카가 쓴 『칸초니에레』는 그의 감정이 고스란히 담긴 시집으로, 단테의 『신곡』과 더불어 최고의 작품으로 평가받고 있답니다. 페트라르카의 제자인 보카치오는 단테의 『신곡』과 견

데카메론
『데카메론』을 모티브로 그려진 그림이다. 『데카메론』의 등장인물들은 자기가 이야기를 할 차례가 되면 왕 또는 여왕의 호칭으로 불렸다.

주어 '인곡(人曲)'이라고도 불리는 단편 소설집 **『데카메론』**을 썼어요. 이 작품을 최초의 근대 소설로 보지요. 『데카메론』은 페스트라는 전염병을 피해 피렌체 교외의 한 별장에 모인 숙녀 7명, 신사 3명이 10일 동안 머물며 나무 그늘에 앉아 나눈 대화를 적고 있습니다. 이들은 한 사람이 한 가지씩, 하루에 열 가지의 이야기를 나눈 후 다음날 진행할 이야기의 주제를 정하고 헤어져요. 저녁 식사 후에는 노래를 부르고 잠자리에 듭니다. 『데카메론』의 주제는 사랑과 지혜로 요약할 수 있어요. 보카치오는 『데카메론』에서 인간의 억누를 수 없는 욕망, 무뢰한(無賴漢, 예의와 염치를 모르고 불량한 짓을 하며 돌아다니는 사람)의 빈틈없는 교활함, 기사(騎士)의 고상한 재치 등을 다루었답니다.

페트라르카(1304~1374)
이탈리아 피렌체의 우피치 궁전에 위치한 페트라르카의 동상이다. 그가 남긴 『칸초니에레』는 소네트(14행으로 된 짧은 서양의 시가) 가운데 가장 아름다운 작품으로 꼽힌다.

르네상스 시대의 사상가들

인문주의는 문학 외에 사상적 영역으로도 확산되어 갔어요. 이 시기의 대표적 사상가로는 에라스뮈스와 후텐을 꼽을 수 있습니다. 에라스뮈스의 작품으로는 당시의 세상을 풍자한 『우신 예찬』이 유명해요. 이 책에서 그는 철학자와 신학자들의 쓸데없는 논쟁과 성직자들의 위선, 교회의 부패를 날카롭게 꼬집고 있습니다. 후텐 역시 당시 교회와 로마 교황, 성직자의 타락을 격렬하게 공격했어요.

이 시기에 위대한 철학자들도 등장했는데, 그들의 철학에서도 시대상을 읽을 수 있지요. 프랑스 출신인 **몽테뉴** 역시 르네상스 시대의 정신을 대표합니다. 아버지의 뒤를 이어 몽테뉴 영주가 된 그는 법관으로 일하다가 앙리 4세의 시종이 되었어요. 그 후 보르도 시장을 지내다가 물러나 몽테뉴 성으로 돌아온 그는 『수상록』을 완성했습니다. 『수상록』을 통해 몽테뉴는 프랑스에 모럴리스트(moralist, 16~18세기에 인간성을 탐구해 수필이나 격언으로 표현한 프랑스 작가들을 일컫는 말)의 전통을 세웠을 뿐만 아니라 유럽 여러 나라의 문학에도 커다란 영향을 끼쳤어요.

몽테뉴는 모든 편견을 버리고 사물을 바라보고자 했으며 세계와 인간에 대한 새로운 성찰을 시도했습니다. 교회의 속박에서 벗어나 세속적 정신을 유감없이 발휘했지요. 몽테뉴 사상의 중심에는 항상 인간이 있었습니다.

이탈리아의 철학자 브루노는 "신이란 초월적 위

영주(領主)
중세 시대에 유럽에서 영지(領地)와 거기에 사는 사람들에게 영주권을 행사하던 사람이다. 영지의 질서를 유지하는 역할을 했다. 부역(賦役)과 공납(貢納)을 부과하고 재판권과 경찰권을 행사했다.

몽테뉴(1533~1592)
인간을 중심으로 자신의 사상을 전개한 철학자다. 그는 지동설이 제기되고 신대륙이 발견되는 등 당시의 상식이 붕괴되자 충격을 받은 나머지 인간 이성의 한계를 주장하기도 했다.

재판받는 브루노
이탈리아 조각가인 에토레 페라리의 청동 부조 작품이다. 로마의 종교 재판소에서 브루노가 재판받는 장면을 담았다. 이 작품은 실제로 브루노가 화형당한 장소인 캄포 데이 피오리에 위치해 있다.

치에서 세계를 지배하고 있는 것이 아니라 세계 속에서 활력을 불어넣는 원리로 작용한다."라고 주장했어요. 이 같은 반(反)교회적인 주장을 펼친 브루노는 교회와 마찰을 빚을 수밖에 없었지요. 결국 그는 자신의 철학을 끝까지 포기하지 않다가 7년 동안 감옥 생활을 거친 뒤 로마의 한 광장에서 화형(火刑)을 당했어요. 이 같은 브루노의 일생은 그 시대의 분위기 속에서만 이해될 수 있을 것입니다.

근세 초기의 인문주의자들은 그리스 · 로마 시대에 꽃피었던 사상을 되살리려고 했습니다. 그리스 · 로마 시대의 고전 문화에 인간 중심적 사고가 모범적으로 드러나 있다고 보았기 때문이에요. 이는 인간이 자기 긍정을 시작한 것으로 볼 수 있습니다. 인간성에 대한 존경과 애착은 자아 사상으로 발전했어요.

몽테뉴의 성

은퇴한 몽테뉴는 보르도 근처의 고향으로 돌아와 몽테뉴 성에 틀어박혔다. 성 안의 탑을 서재로 사용했는데, 이곳에 소장된 만 권의 책에 파묻혀 1572년경부터 『수상록』을 집필하기 시작했다. 1580년에 완성된 『수상록』에는 몽테뉴의 인간 정신에 대한 회의주의적 성찰과 라틴 고전에 대한 해박한 교양이 담겨 있다.

2 신을 위협하다 – 자연 과학의 발달

코페르니쿠스와 케플러, 새로운 우주관을 펼치다

세계 역사에 큰 영향을 끼친 세 가지 위대한 발명이 있어요. 바로 나침반과 화약, 인쇄술이랍니다. 첫째, 나침반을 통한 먼 거리 항해가 가능해지면서 발견 시대가 열렸어요. 콜럼버스는 신대륙을 발견했고, 바스쿠 다가마는 인도 항로를 개척했으며, 마젤란은 처음으로 태평양, 대서양, 인도양을 한 바퀴 도는 데 성공했습니다. 둘째, 화약이 발명되자 기사 계급이 몰락하면서 신분 제도 전체가 흔들렸어요. 셋째, 인쇄술의 발달로 새로운 사상이 빠른 속도로 멀리까지 퍼질 수 있었답니다.

근세에 이르러서는 자연 과학 분야에서 새로운 주장이 나타났습니

〈신과 대화하는 천문학자 코페르니쿠스〉
폴란드 화가인 얀 마테이코의 작품이다. 코페르니쿠스가 지동설을 주장한 것은 천문학에 대전환을 일으킨 사건이었다. 칸트는 자신의 인식론을 이전의 철학과 비교하며 '코페르니쿠스적 전환'이라고 표현하기도 했다.
야기에우워 대학교 박물관 소장

다. 그 대표적인 것이 코페르니쿠스의 지동설(地動說)이에요. "지구는 태양의 주위를 돌고 있는 많은 별들 가운데 하나에 불과하다."라는 주장은 당시에는 혁명에 가까운 새로운 우주관이었어요. 그러나 그리스도교 성직자들은 지동설을 받아들일 수 없었습니다. 성경은 천동설에 입각해 기록되었기 때문이지요.

케플러(1571~1630)
케플러는 유년 시절에 천연두를 앓아 손에 장애가 생기고 시력도 좋지 않았다. 그러나 평생 동안 열정적으로 천문학을 연구해 17세기 천문학 혁명의 핵심 인물이 되었다.

독일의 천문학자인 케플러는 우주에 통일적 법칙이 있다고 확신했습니다. 그는 화성이 태양을 중심으로 타원 운동을 한다는 사실을 확인하고 혹성의 운동에 관한 케플러의 법칙을 발견하는 등 과학 발전에 크게 이바지했어요. 뿐만 아니라 르네상스 시대의 과학자들이 내세운 새로운 이론은 철학자들에게도 큰 자극제가 되었습니다.

갈릴레이, "그래도 지구는 돈다!"

갈릴레이는 대학교에 다닐 때 우연히 성당에 걸려 있는 램프가 흔들리는 모습을 보고 진자(振子, 고정된 축이나 점의 주위를 일정한 주기로 진동하는 물체)의 등시성을 발견했다고 합니다. 갈릴레이는 네덜란드 사람이 망원경을 발명했다는 소식을 듣고 손수 망원경을 만들어 천체를 관측할 때 사용하기도 했어요. 그는 "우주는 수학 문자로 쓰인 책이다."라는 유명한 말을 남기기도 했지요.

등시성(等時性)
주기 운동의 주기가 진폭과 상관없이 일정한 성질을 말한다. 진폭이 크면 등시성이 성립하지 않고 진폭이 작은 경우에만 성립한다.

어느 날, 갈릴레이는 가까운 사람들에게 성경이 지동설에 모순된다는 내용의 편지를 써 보냈습니다. 로마의 종교 재판소는 이 일을 문제 삼아 갈릴레이에 대한 결석 재판(缺席裁判, 피고인이 법정에 출석하지 않

갈릴레이(1564~1642)
갈릴레이는 아버지의 뜻에 따라 피사 대학교에서 의학을 공부하던 중 수학에 매료되어 본격적으로 수학을 공부했다.

은 상태에서 진행되는 재판)을 열었어요.

제1차 재판에서 갈릴레이는 "앞으로 지동설에 대해 절대 말하지 마라."라는 경고를 받았습니다. 그런데도 갈릴레이는 지동설을 굳게 믿었기 때문에 이번에는 종교 재판소로 불려 가 제2차 재판을 받게 되었어요. 여기서 그는 자신이 위법 행위를 했다고 인정하고 다시는 그런 일을 벌이지 않겠다고 서약했습니다. 그 후 금고형이 선고되었지만 교황의 배려로 감형되어 죽을 때까지 피렌체의 집에 연금(軟禁, 외부와의 접촉을 감시하고 외출을 허락하지 않지만 일정한 장소 내에서는 신체의 자유를 허락하는 비교적 가벼운 감금)되었어요.

갈릴레이는 시력을 잃어 가는 상태에서도 사랑하는 큰딸과 함께 책을 쓰는 데 열중했습니다. 그리고 어느 정도 자유가 허용된 네덜란드에서 책을 내고 속편을 쓰던 중 안타깝게도 세상을 떠났답니다. 갈릴레이를 위해 무덤을 만들어 주려던 사람도 있었지만 종교 재판소에서 허락하지 않았다고 해요.

갈릴레이가 종교 재판소를 나서면서 "그래도 지구는 돈다!"라고 말했다는 이야기는 다소 과장된 것일 수 있습니다. 마찬가지로 그가 **피사의 사탑**에서 자유 낙하 실험을 했다는 말도 의심스러워요. 갈릴레이는 무게가 다른 공 두 개를 떨어뜨려 본 후 "물체의 낙하 시간은 질량에 비례하지 않는다."라는 사실을 증명했다고 하지요. 하지만 이 실험은 1586년에 네덜란드의 수학자이자 물리학자인 스테빈이 했답니다.

피사의 사탑(斜塔)

이탈리아의 피사 대성당에 있는 중세의 종탑이다. 기단이 가라앉아 수직면에서 5.2m 기울어진 것으로 유명하다. 기울어지는 현상을 멈추기 위해 10년 동안 보수 작업을 거쳐 일반에 다시 공개했으나 보존을 위해 입장객의 수를 제한하고 있다.

3 성경으로 돌아가라 – 종교 개혁

루터, 고양이 목에 방울을 달다

그리스도교가 서양 사회를 이끌면서 많은 문제점이 나타나기 시작했습니다. 성직자들은 타락하고 예배는 형식적으로 이루어졌어요. 교회는 독단적으로 운영되었고 교황청이 권력을 휘두르기 시작했지요. 사람들은 이 같은 현상을 바라보며 교회가 변화해야 한다는 데에 모두가 공감하고 있었어요. 하지만 과연 누가 고양이 목에 방울을 달 수 있었을까요?

비텐베르크
독일의 작센안할트 주에 있는 항구 도시다. 루터가 살던 곳으로, 종교 개혁의 진원지다. 루터의 집과 묘지, 95개조의 반박문을 써 붙인 성교회(城敎會), 루터가 설교했던 교회, 루터가 살았던 수도원 등이 남아 있다.

엄청난 용기가 필요한 이 일을 해낸 인물이 바로 독일의 종교 개혁자인 루터입니다. 그는 교회의 독선에 반대하고 사제들만이 아니라 신도들 누구나 하나님을 만날 수 있다고 주장했어요. 이는 종교 분야에서 일어난 또 하나의 인간 해방이라고 해석할 수 있답니다.

루터(1483~1546)
루터는 자신이 행한 일은 하나님에게 이끌려 어쩔 수 없이 한 일이었기 때문에 개혁이 아니라고 생각했다.

종교 개혁은 로마 교황청의 면죄부 판매가 도화선이 되어 일어났습니다. 부패한 생활과 산피에트로 대성당의 건축으로 재정적 어려움을 겪던 교황청이 면죄부를 판 것이에요. 성직자들은 "누구든지 뉘우치고 기부금을 내면 죄를 용서받을 수 있습니다. 돈이 이 상자 속에 짤랑하고 들어가면 지옥의 불길 속에서 나오게 됩니다."라고 설교했어요. 말도 안 되는 소리였지요.

루터는 1517년 10월 31일에 비텐베르크 교

회의 정문에 라틴어로 된 **95개조의 반박문**을 내걸었어요. 반박문을 통해 루터는 "말씀으로 돌아가라!"라고 외쳤습니다. 인간은 성경에 기록된 하나님의 말씀에 따라야만 구제받을 수 있다는 뜻이지요. 로마 교황청을 비롯한 종교계의 반발은 엄청났습니다. 루터는 가톨릭교회에서 파문(破門, 신도로서의 자격을 빼앗고 내쫓음)당하고 제국에서 추방당했지요. 그러나 그는 자신의 뜻을 굽히지 않았습니다. 루터는 성경의 권위를 선언하고 성경을 독일어로 번역하면서 투쟁의 고삐를 늦추지 않았어요.

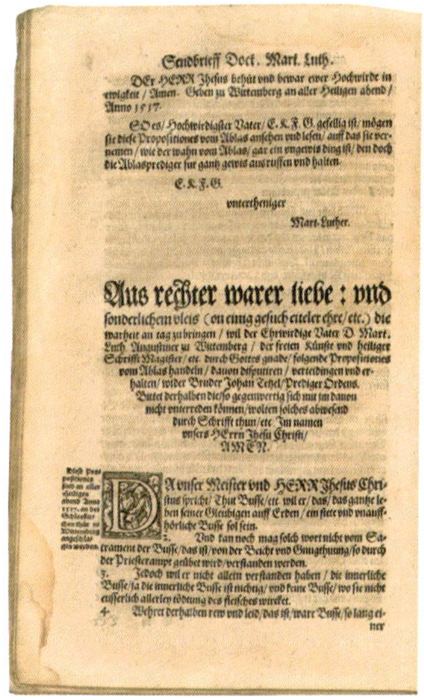

Sendbrieff Doct. Mart. Luth.

DEr HERR Jhesus behüt vnd bewar ewer Hochwirde in ewigkeit / Amen. Geben zu Wittemberg an aller Heiligen abend / Anno 1517.

SO es / Hochwirdigster Vater / E. K. F. G. gefellig ist / mögen sie diese Propositiones vom Ablas ansehen vnd lesen / auff das sie vernemen / wie der wahn vom Ablas / gar ein vngewis ding ist / den doch die Ablasprediger fur gantz gewis aus ruffen vnd halten.

E. K. F. G.

vntertheniger

Mart. Luther.

Aus rechter warer liebe : vnd sonderlichem vleis (on einig gesuch eiteler ehre / etc.) die warheit an tag zu bringen / wil der Ehrwirdige Vater D. Mart. Luth. Augustiner zu Wittenberg / der freien Künste vnd heiliger Schrifft Magister / etc. durch Gottes gnade / folgende Propositiones vom Ablas handeln / dauon disputiren / verteidingen vnd erhalten / wider Bruder Johan Tetzel / Prediger Ordens. Bittet derhalben die / so gegenwertig sich mit im dauon nicht vnterreden können / wolten solches abwesend durch Schrifft thun / etc. Im namen vnsers HErrn Jhesu Christi / AMEN.

DA vnser Meister vnd HERR Jhesus Christus spricht / Thut Busse / etc. wil er / das / das gantze leben seiner Gleubigen auff Erden / ein stete vnd vnauffhörliche Busse sol sein.

2. Vnd kan noch mag solch wort nicht vom Sacrament der Busse / das ist / von der Beicht vnd Gnugthuung / so durch der Priesterampt geübet wird / verstanden werden.

3. Jedoch wil er nicht allein verstanden haben / die innerliche Busse / ja die innerliche Busse ist nichtig / vnd keine Busse / wo sie nicht eusserlich allerley tödtung des fleisches wircket.

4. Wehret derhalben rew vnd leid / das ist / ware Busse / so lang einer

95개조의 반박문
처음에 대자보 형식으로 내걸었던 반박문은 루터가 직접 손으로 쓴 것이었다. 이후 인쇄본이 만들어져 사람들에게 널리 읽혔다. 사진은 독일어로 인쇄된 95개조의 반박문이다.

츠빙글리와 칼뱅, 스위스 종교 개혁의 중심에 서다

스위스의 종교 개혁자인 츠빙글리는 성경을 새롭게 해석하면서 유명해지기 시작했어요. 그는 단식 계율을 어기고 친구들과 만찬에 참석하기도 하고, 아내를 가진 사제들의 결혼을 허락해 달라는 문서를 주교에게 제출하기도 했습니다. 그 역시 자녀 셋을 둔 과부와 동거하고 있었다고 해요. 츠빙글리는 십자가와 제단, 오르간을 폐지하자는 의견을 내다가 마침내 교황청의 면죄부 판매를 공격했습니다. 종교 개혁의 씨앗을 뿌린 것이지요. 츠빙글리는 루터와 마찬가지로 가톨릭교회에서 파문당했습니다. 그 후 신학 이론을 두고 루터와 의견 차이를 보여 정치적으로 고립되고 말았어요. 그는 종군 목사로 전쟁에 참여했다가 죽음을 맞았습니다.

프랑스 출신인 칼뱅은 프로테스탄트(Protestant, 로마 가톨릭교회에서 떨어져 나와 성립된 종교 단체) 복음주의 운동을 펴다가 스위스로 망명

츠빙글리의 죽음

츠빙글리는 취리히를 중심으로 종교 개혁 운동을 펼쳤다. 급기야 취리히 남쪽의 카펠에서 신 · 구 교도들의 무력 충돌이 벌어졌다. 이 전투에 종군 목사로 참여한 츠빙글리가 전사하면서 스위스의 종교 개혁 운동은 일시적으로 중단되었다.

츠빙글리 기념비

츠빙글리의 출생지인 스위스 토겐부르크 지방의 빌트하우스에 위치한 츠빙글리의 기념비다. 그의 이름 위에 새겨진 'REFORMATOR'라는 말은 개혁가를 뜻하는 단어다.

한 신학자예요. 그는 프랑스에서 에라스뮈스와 루터의 말을 인용해 강의록을 썼다는 혐의를 받자 몸을 숨겼습니다. 숨어 지내는 동안 그는 로마 가톨릭교회와 결별을 선언했어요. 이른바 '돌연한 회심'을 통해 프로테스탄티즘을 주장하게 된 것이에요. 프랑스 국왕의 박해를 받은 칼뱅은 신변의 위험을 느껴 스위스의 바젤로 피신했습니다. 이 무렵 종교 개혁자인 파렐이 칼뱅에게 제네바의 종교 개혁을 위해 함께 일하자고 요청했어요. 이에 응한 칼뱅은 파렐과 함께 추방되어 프랑스의 스트라스부르로 갔습니다. 3년 후 상황이 변해 제네바로 초빙된 칼뱅은 제네바의 일반 시민도 엄격한 신앙생활을 하라고 요구했어요. 제네바는 그 후 종교 개혁의 중심지가 되었지요.

츠빙글리와 칼뱅의 투쟁에 힘입어 프로테스탄티즘이 성립되었습니다. 프로테스탄티즘을 주장한 사람들은 교회의 독선과 전횡을 타파하

프로테스탄티즘
(Protestantism)
16세기에 루터, 칼뱅 등이 가톨릭교회에 반대하면서 주장한 종교 개혁의 중심 사상이다. '항의하다'라는 뜻의 프로테스트(protest)에서 유래한 말이다.

제네바의 종교 개혁 기념비 부조
제네바의 바스티옹 공원에 위치한 종교 개혁 기념비 부조다. 왼쪽부터 파렐, 칼뱅, 칼뱅의 후계자인 베자, 스코틀랜드에 장로교를 전한 녹스 등 네 명의 종교 개혁가들이 조각되어 있다. 칼뱅 탄생 400주년 기념으로 제작되었다.

성상을 파괴하는 칼뱅주의자

칼뱅주의자란 칼뱅의 사상을 추종하는 사람을 일컫는 말이다. 당시의 칼뱅주의자들은 성화와 조각 등으로 교회를 장식하는 일을 우상 숭배라고 여겨 그것들을 부수는 성상 파괴 운동을 벌였다.

는 데 결정적인 공헌을 했어요. 교회로부터 교육 기관을 빼앗아 사회로 돌려주는 일도 했지요. 칼뱅은 "인간의 구제 여부는 하나님의 의지로 이미 결정되어 있다."라는 예정설을 주장했습니다. 그는 교회의 의식을 간소화하고 장로 제도를 도입해 신도들이 자율적으로 교회를 운영하도록 했어요. 또한 현실 세계와 자유롭게 접촉하는 것을 허용하고 인간관계의 소중함을 강조했지요. 전통적인 가톨릭 사상과는 달랐던 칼뱅주의는 근대 자본주의를 형성하는 데 결정적인 역할을 했답니다.

생각해 보세요

? 누가 저를 보고 '햄릿형'이라고 해요.

르네상스를 거치면서 서양 문학과 미술이 크게 발전했습니다. 이 시기에 지금까지도 널리 사랑받는 작품들이 쏟아져 나왔지요. 그 가운데 하나가 영국의 극작가 셰익스피어가 쓴 『햄릿』이에요. 흔히 사람의 성격을 놓고 햄릿형이니 돈키호테형이니 하는 말을 합니다. 어떤 성격을 햄릿형이라고 하는 걸까요? 햄릿형은 사색적이고 우유부단한 성격 유형을 의미합니다. "사느냐 죽느냐, 그것이 문제로다."라는 햄릿의 유명한 대사는 그의 성격을 말할 때 곧잘 인용되곤 하지요. 이쯤에서 소설 속에 등장하는 햄릿을 만나 볼까요? 덴마크의 왕자 햄릿은 아버지가 죽은 뒤 어머니가 작은아버지와 결혼하자 크게 슬퍼합니다. 그런데 어느 날, 아버지의 영혼이 나타나 작은아버지가 자신을 독살했으니 복수해 달라고 했어요. 복수심에 눈이 먼 햄릿은 애인 오필리어의 아버지인 폴로니어스를 작은아버지로 잘못 알고 죽였습니다. 이에 충격을 받은 오필리어는 스스로 목숨을 끊었지요. 오필리어의 오빠인 레어티스는 프랑스에서 돌아와 아버지와 여동생의 복수를 준비했습니다. 그는 왕과 왕비 앞에서 햄릿과 펜싱 시합을 벌여 독을 묻힌 검으로 햄릿에게 치명상을 입혔어요. 그런 와중에도 햄릿은 아버지를 살해한 왕을 찔러 죽였습니다. 햄릿의 어머니이자 왕비인 거트루드는 햄릿을 독살하기 위해 왕이 준비한 독주(毒酒)를 마시고 죽음을 맞이했어요. 그리고 햄릿 역시 숨을 거두었답니다.

아버지의 영혼을 보게 된 햄릿

2 중세를 도발하다 | 새로운 철학

중세 봉건 사회에서는 농업이 중심이었습니다. 중세의 농업은 농노가 봉건 영주의 토지를 경작하는 형식이었어요. 그러나 초기 자본주의가 싹트면서 중세의 농업은 서서히 막을 내렸습니다. 이 시기에는 지식과 경제력을 갖춘 부르주아지라는 새로운 계급이 등장해 이들을 중심으로 경제가 발전했답니다. 경제를 원활하게 다스리려면 국가의 권력이 필요했고 그에 따라 왕의 권한이 커지기 시작했어요. 또한 왕권이 강화되는 과정에서 민족의식이 싹텄습니다. 그 결과 유럽 전체를 '그리스도교적 세계 제국'이라고 여기던 유럽 국가들의 결속력이 약화되었지요. 이러한 변화는 지금까지 없었던 법 이론과 국가 이론이 생겨나는 배경이 되었답니다.

• 마키아벨리즘이란 국가의 유지와 발전이라는 목적을 달성하기 위해서는 어떠한 수단도 허용된다는 정치사상이다.
• 베이컨의 우상론에서 우상이란 올바른 판단을 방해하는 선입견과 편견을 뜻한다.
• 베이컨은 자연의 원리를 발견하기 위해서는 관찰하고 실험해야 한다고 주장했다.
• 홉스는 자연 상태를 만인의 만인에 대한 투쟁 상태라고 보았다.

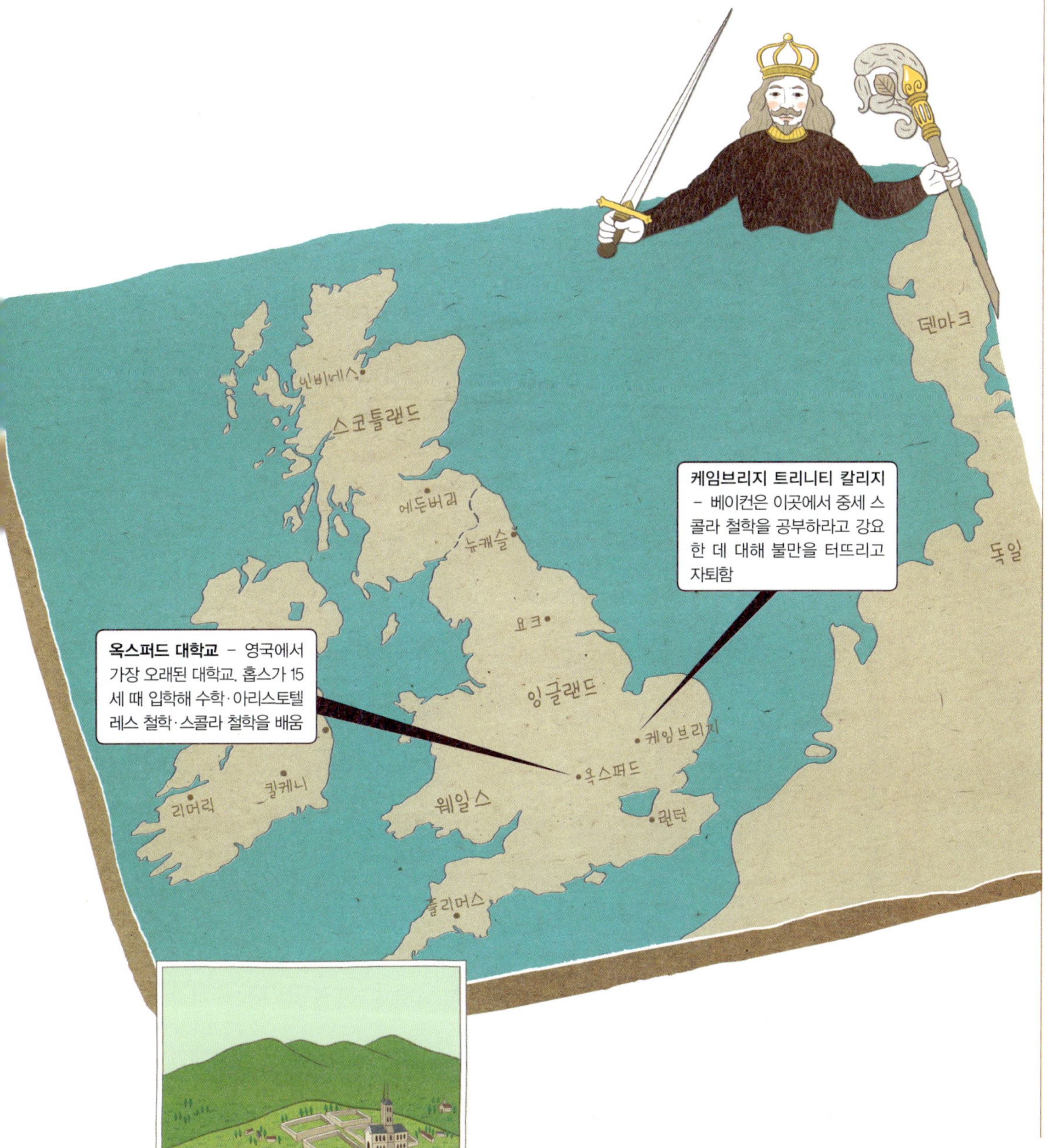

1 냉철하게 현실을 분석하다 – 마키아벨리

모든 인간은 악하다

이탈리아의 정치 사상가인 마키아벨리는 도덕규범과 현실 정치를 구분한 인물이라고 평가할 수 있습니다. 그는 『군주론』을 비롯한 여러 책을 통해 모든 정치 행위의 목적은 국가의 자기 보존과 권력 장악이라고 주장했어요.

다소 부정적인 뉘앙스의 '마키아벨리즘'이라는 용어는 마키아벨리의 이름에서 유래했습니다. 마키아벨리즘이란 국가의 유지와 발전이라는 목적을 달성하기 위해서는 어떠한 수단도 허용된다는 정치 사상이에요. 마키아벨리가 『군주론』에서 처음 주장했지요. 이러한 주장이 나오게 된 철학적 배경은 무엇일까요?

마키아벨리는 "모든 인간이 악하다."라고 보았습니다. 그가 보기에 인간은 은혜를 모르는 존재입니다. 인간은 과거에 받았던 은혜를 쉽게 잊어버릴 뿐만 아니라 기억하고 있더라도 갚으려고 노력하지 않는다고 보았지요. 또한 지배자를 통해 이익을 얻을 수 있는 경우에만 충성을 다하고 자신에게 위험이 닥칠 때는 재빨리 물러서서 배반한다고 생각했습니다. 간혹 선을 행하기도 하지만 대부분 부득이하게 어쩔 수 없는 경우에만 선을 행하는 존재라고 여겼어요. 그에게 인간은

마키아벨리(1469~1527)
이탈리아 피렌체의 우피치 공원에 위치한 마키아벨리의 석상이다. 그는 훌륭한 역사가였으며 정치 사상가이자 극작가이기도 했다.

〈천지 창조〉 일부

이탈리아 화가인 미켈란젤로의 〈천지 창조〉 가운데 일부다. 아담과 하와가 에덴동산에서 추방되는 장면을 묘사했다. 인간의 본성이 근본적으로 악하다는 것을 보여 주는 작품이다.

시스티나 성당 소장

기회만 주어지면 언제든지 보복하려고 하는 악한 존재였던 것이지요.

마키아벨리는 악하고 이기적인 인간을 지배하려면 무엇보다 힘이 필요하다고 했습니다. 그는 억세게 대드는 자만이 승리할 수 있다고 했어요. 몸가짐이나 행동을 삼가기보다는 무분별하게 행동해야 하고, 여러 가지 일에 대해 앞뒤를 생각하지 않고 덤벼야 하며, 마지막에 승리하려면 오직 기만, 간계, 배신, 폭력 등의 수단을 써야 한다고 보았지요.

마키아벨리는 국제 사회에서도 마찬가지라고 말했습니다. 최후의 승리는 도덕이나 정당성이 아니라 군사력과 정치상의 책략에 의해 결정된다고 했어요. 국가 간의 조약이나 평화 협정이 제대로 지켜졌다면 그 많은 전쟁이 있었을 리 없다는 점에서 마키아벨리의 말에도 일리는 있습니다. 평화는 팽팽한 힘이 서로 마주하고 있을 때만 유지되지요. 국가 간의 힘이 균형을 잃었을 때 언제나 강대국이 약소국을 침략해 왔고 이런 일은 오늘날에도 계속되고 있습니다.

군주여, 나라를 지키려면 주저 없이 사악해져라

마키아벨리는 군주가 갖추어야 할 능력에 대해 날카롭게 충고했습니다. "군주는, 특히 새롭게 군주가 된 자는 미덕만 행하면 나라를 지키기 어렵다는 사실을 명심해야 한다. 나라를 지키려면 때로는 배신을 해야 하고 때로는 잔인해져야 한다. 인간성을 포기해야 할 때도 있고 신앙심을 잊어야 할 때도 있다. 군주는 상황이 달라졌을 때 그 상황에 맞게 적절히 대응할 줄 아는 자세가 필요하다. 되도록 착해져라. 하지만 필요할 때는 주저 없이 사악해져라. 군주에게 가장 중요한 일이 무엇인가? 나라를 지키고 번영시키는 일이다. 일단 그렇게만 하면 무슨 짓을 하건 칭송받게 되고 위대한 군주로 받들어질 것이다."

서재에 앉아 있는 마키아벨리
마키아벨리는 외교 문서를 쓰는 데 뛰어난 소질이 있었을 뿐만 아니라 상황을 간단하고 명료하게 보고하는 데 탁월한 능력이 있었다고 한다.

군주는 국민의 믿음을 얻어야 합니다. 정권의 안정을 이루기 위해서지요. 신뢰받지 못한 정권은 위태롭기 때문에 어떤 방법을 쓰더라도 구성원들의 믿음을 얻어 내야 해요. 마키아벨리는 그 방법이 기만이어도 상관없고, 다만 기만했다는 사실을 숨길 수만 있으면 된다고 합니다. 군주가 아부하는 사람을 멀리하고 누군가 옳은 말을 하더라도 싫어하지 않는다는 점을 국민에게 일부러 보여 주어야 한다는 것이 마키아벨리의 주장이었어요.

그는 왜 이처럼 냉혹한 사상을 주장했을까요? 마키아벨리는 고향인 피렌체를 중심으로 조국이 통일되어 위대한 국력을 되찾을 수 있기를 열망했습니다. 하지만 현실은 정반대였어요. 대내적으로는 이탈리아가 쪼개지고, 대외적으로는 유럽의 강대국들이 이탈리아를 나누어 가지려고 심하게 다투었지요. 풍전등화(風前燈火, 바람 앞의 등불이라는 뜻으로, 매우 위태로운 처지에 놓여 있음을 비유적으로 이르는 말)와 같은 조국의 운명 앞에서 그는 분노하고 절망했습니다. 마키아벨리는 철학자로서 조국을 위해 할 수 있는 일을 궁리했어요. 그래서 그는 당시의 냉혹한 현실을 바로 보고 그것을 자신의 철학에 담아내는 일을 하게 된 것이랍니다. 후세의 학자들은 마키아벨리가 현실에 대해 냉철하게 관찰하고 분석한 점, 자신의 주장을 거침없이 표현한 점에 대해 높이 평가하고 있지요.

『피렌체사』
마키아벨리가 메디치가 사람의 부탁을 받고 쓴 책이다. 피렌체의 정치사가 생생하게 묘사되어 있다. 『피렌체사』는 1525년에 교황이었던 줄리오 데 메디치에게 헌정되었다.

자연 과학자가 모든 선입관과 편견을 버리고 있는 그대로의 자연 현상을 관찰하듯, 마키아벨리는 모든 도덕적 선입관을 배제하고 유럽의 정치를 관찰했어요. 특히 귀납(歸納, 특수한 사실로부터 일반적이고 보편적인 명제를 도출하는 일)의 방법으로 통치자의 처세술에 대한 법칙을 알아내려고 했습니다. 이런 연구가 가능했던 것은 그가 수많은 권력자와 만날 수 있었기 때문이에요. 마키아벨리는 메디치가(Medici 家)가 권력을 잃고 쫓겨난 시기에 피렌체 공화국에서 서기를 맡았습니다. 4년 후에는 서기장으로 승진해 로마 교황, 각국의 왕과 고위 관리들을 접할 수 있었지요.

〈동방 박사들의 행렬〉
이탈리아 화가인 고촐리가 메디치가가 소유했던 궁전 안에 그린 작품이다. 이 작품에 등장하는 인물들은 모두 메디치가 사람들의 얼굴을 본뜬 모습으로 그려졌다.
메디치 리카르디 궁전 소장

그렇다고 마키아벨리가 권모술수(權謀術數)를 써서 남의 이목을 집중시킨 일은 없었습니다. 사실상 그럴 만한 지위에 있었던 것도 아니에요. 오히려 겁이 많았던 그가 당시 막강했던 메디치가의 신임을 얻기 위해 『군주론』을 썼다는 이야기도 전하지요. 메디치가는 르네상스 시대에 이탈리아에서 명망이 높았던 가문입니다. 1400년부터 약 300여 년 동안 피렌체를 실질적으로 통치했어요. 레오나르도 다빈치, 미켈란젤로 등 천재 화가들을 후원하고 학문과 예술을 장려해 르네상스에 크게 이바지했다는 평가를 받는 가문이지요.

2 네 가지 우상을 버려라! – 베이컨

롤러코스터 같은 인생을 살다

베이컨은 "아는 것이 힘이다!"라고 외쳤던 영국의 철학자입니다. 데카르트와 함께 근세 철학을 개척한 학자로 알려져 있지요.

베이컨은 12세 때 케임브리지 대학교의 트리니티 칼리지에 입학하지만 자퇴하고 말았어요. 중세 스콜라 철학을 공부하라고 강요한 데 대해 불만을 터뜨린 것입니다. 그 후 영국 대사의 수행원 자격으로 프랑스 파리에 가서 3년 동안 머무르며 문학과 과학을 공부했어요. 이 기간에 아버지가 갑자기 세상을 떠났습니다. 집에 돌아와 보니 유산은 이미 큰어머니의 세 자녀와 형들에게 상속되어 막내인 그에게 돌아올 몫은 없었지요. 공무원이 되려고 당시 총리인 큰아버지를 비롯해 가까운 친척들에게 취직을 부탁했지만 돌아오는 반응은 차갑기만 했습니다. 21세 때 변호사가 된 베이컨은 2년 뒤 영국 톤턴 시의 하원 의원으로 당선되었고 이후의 선거 때마다 승리했어요. 베이컨은 당시 엘리자베스 1세의 애인이라고 소문난 에식스 백작에게 접근해 신임을 얻게 되었습니다. 반란을 추진하다가 체포된 에식스를 끈질기게 변호해 가석방(假釋放)되도록 도와주기도 했지요. 그러나 에식스는 또다시 반란을 이끌어 체포되었어요. 당시 검사국에 근무하던 베이컨은 그에게 반역죄를 적용했고 결국 에식스는 처형되고 말았답니다.

베이컨(1561~1626)
명예욕이 강하고 활동적이었던 베이컨은 학계와 정계를 오가며 끊임없이 고민했다. 그는 바른 지식을 갖기 위해서는 경험과 관찰이 중요하다고 생각했다.

책에 대한 베이컨의 생각
뉴욕 라이브러리 워크에 위치한 동판으로, 베이컨의 명언이 새겨져 있다. "맛만 보면 되는 책이 있는가 하면 어떤 책은 삼켜야 한다. 그리고 어떤 소수의 책은 잘 씹어 소화시켜야 한다."

베이컨은 45세가 되어서야 시(市) 참사 의원의 딸과 결혼했습니다. 그런데 사치스러운 결혼 생활을 누리다가 몇 년 가지 못해 부인이 가지고 온 지참금까지 모두 써 버리고 빚에 쪼들려 채권자들을 피해 다녀야 했어요. 하지만 엘리자베스 1세가 죽고 제임스 1세가 왕이 되자 그는 또다시 출세 가도를 달렸습니다. 검찰 총장을 거쳐 대법관까지 초고속으로 승진했지요. 그러나 대법관이 된 지 3년 만에 재판 결과에 불만을 품은 소송인이 그를 뇌물 수수 혐의로 고소했습니다. 그는 유죄 판정을 받아 공직을 빼앗기고 런던 탑에 갇히게 되었어요. 그러나 4일 후 왕의 사면(赦免)으로 석방되고 4만 파운드의 벌금도 면제받게 되었어요. 그 후 베이컨은 고향으로 내려가 조용히 연구와 저술에 몰두했습니다.

우상을 깨부수라! 관찰하고 실험하라!

베이컨은 인간이 자연을 정복하려면 두 가지가 필요하다고 주장했어요. 첫째는 모든 편견과 오류에서 벗어나 사고를 올바르게 갖는 일이고 둘째는 올바른 연구 방법을 터득하는 일이었습니다. 그는 첫째 문제를 해결하기 위해 우상론을 제시했고, 둘째 문제를 풀기 위해서는 귀납법을 제시했어요. 이 가운데 먼저 우상론에 대해 알아볼까요?

우상(偶像)은 올바른 판단을 방해하는 선입관과 편견을 뜻합니다. 베이컨은 우상을 네 가지로 나누어 설명했어요. 첫째는 '종족의 우상'입니다. 모든 사물을 인간 중심으로 해석하기 때문에 생기는 편견을 뜻해요. 동식물 또는 자연물에게 종교적 능력이 있다고 보는 토테미즘이나 모든 존재는 살아 있고 의식이 있다고 믿는 애니미즘, 모든 존재를 인격화하는 의인관 등이 여기에 속한답니다.

둘째는 '동굴의 우상'입니다. 개개인마다 서로 다른 기질과 교육 정도, 관점, 처지에서 비롯되는 편견을 뜻해요. 각 개인은 마치 자기만의 동굴에 갇힌 것과 같은 상태이기 때문에 편견을 가질 수밖에 없다는 것이지요.

셋째는 '시장의 우상'입니다. 사람들이 언어 등을 통해 소통하면서 생기는 편견을 뜻해요. 용(龍)이나 봉황처럼 상상 속에만 존재하는 동물이 자주 언어로 표현되다 보면 마치 실제로 존재하는 것처럼 여겨지는 법이지요.

마지막은 '극장의 우상'입니다. 무대 위에 꾸며진 모습을 보고 환호하는 관객처럼, 전통이나 권위를 등에 업은 주장을 아무런 비판 없이 받아들이는 데서 생기는 편견을

『노붐 오르가눔』
베이컨은 이 책에서 우상론과 귀납법을 주장했다. 『노붐 오르가눔』이라는 제목에는 아리스토텔레스의 '오르가논'에 대항한다는 의미가 담겨 있다.

〈아리스토텔레스〉

스페인 화가인 리베라의 작품이다. '오르가논'은 고대 그리스 철학자인 아리스토텔레스의 논리학 저서와 업적을 통틀어 일컫는 말이다. 아리스토텔레스의 논리학은 오늘날 형식 논리학이 발전하는 데 큰 영향을 끼쳤다. 아리스토텔레스의 논리학 저서들은 논리학 연구의 기초로 여겨졌다. 그러나 베이컨은 『노붐 오르가눔』을 통해 아리스토텔레스의 논리학에 도전했다. 인디애나폴리스 미술관 소장

베이컨의 실험 장소
런던의 하이게이트 폰드 스퀘어다. 이곳은 베이컨이 닭 실험을 했던 장소라고 한다. 베이컨이 죽은 뒤 이 부근에서 유령 닭이 출몰한다는 괴소문이 떠돌기도 했다.

뜻하지요. 베이컨은 네 가지 우상에서 벗어나 머릿속을 깨끗이 해야 한다고 주장했습니다.

이번에는 귀납법에 대해 알아볼까요? 베이컨은 자연의 원리를 발견하기 위해서는 관찰하고 실험해야 한다고 보았습니다. 베이컨은 귀납법을 확립한 학자답게 죽음을 맞이했어요. 어느 날, 베이컨은 "고기를 눈 속에 묻어 두면 얼마 동안 썩지 않을까?"라는 궁금증에 사로잡혔습니다. 그는 즉시 한 농가에 들어가 닭 한 마리를 사서 배를 가른 후 털을 뽑아 눈 속에 묻었어요. 그러는 동안 온몸에 피로와 오한이 몰려들었지요. 가까운 애런들 백작의 저택으로 옮겨졌지만 65세의 베이컨은 그곳에서 영영 일어나지 못했습니다. 그는 죽어 가면서도 "실험은 훌륭하게 성공했다."라고 기록했다고 합니다.

홉스(1588~1679)
자연 상태를 만인의 만인에 대한 투쟁 상태라고 상정한 그는 최초의 민주적 사회 계약론자로 알려져 있다.

3 만인의 만인에 대한 투쟁 – 홉스

모두의 안전을 보장하기 위해 법을 만든다

홉스의 아버지는 찢어지게 가난한 이름 없는 목사였습니다. 그는 성격이 이상했다고 해요. 토요일 밤에 늦게까지 트럼프 놀이를 하고, 다음 날 설교단 위에서 졸다가 엉뚱한 고함을 지르는 바람에 신도들을 놀라게 한 일도 있었어요. 결국 그는 다른 목사와 싸운 일로 쫓겨난 뒤 사라져 버리고 말았습니다. 버려진 부인과 자식 셋은 가난 속에 살았지요. 어려운 환경 속에서도 홉스는 유달리 재주가 뛰어난 아이로 자랐습니다. 4세 때 이미 글을 읽고 쓸 줄 알았고 6세 때는 그리스어와 라틴어를 익혔어요. 그는 15세 때 영국의 명문인 **옥스퍼드 대학교**에 입학했답니다. 홉스는 갈릴레이의 수학적 연구 방법을 자세히 알고 있었어요. 그는 처음으로 이 방법을 사회 이론 연구에 도입했습니다. 윤리학과 정치 이론을 연구할 때 신학적 관점을 배제하고 경험에만 의존했지요. 홉스는 인간은 본래 이기적인 동물이라고 주장했습니다. 사람은 먹고사는 데 만족하지 않고 '가능한 한 많은' 물질을 얻고자 한

옥스퍼드 대학교
설립 시기가 확실하지 않지만 영어권에서 가장 오래된 대학이다. 다양한 부문에서 많은 저명인사를 배출하고 있다.

다고 보았던 것이지요. 그는 모든 인간이 이기적 본능에 따라 행동한다면 결국 '만인(萬人, 모든 사람)의 만인에 대한 투쟁' 상태가 되어 버린다고 했어요. 이 같은 홉스의 견해는 인간이 본래 천국과 같은 상태를 누리다가 추방되었다는 성경의 내용과 정면으로 어긋납니다. 이런 면에서 보면 그가 스콜라 철학을 심하게 비판했고 무신론자로 낙인찍혔다는 사실이 그리 놀라운 일만은 아니에요.

홉스가 말한 '만인의 만인에 대한 투쟁' 상태에서는 힘센 자만이 살아남습니다. 이처럼 비참한 상태를 막기 위해 인간은 법을 만들어요. 서로의 안전을 보장하기 위해서지요. 법이 지켜지려면 각 개인의 힘을 훨씬 뛰어넘는 강력한 힘이 있어야 합니다. 바로 국가 권력이지요. 국가는 합의된 법에 따라 경찰과 검찰, 법원, 교도소를 만들어 법을 어기는 자들을 처벌합니다. 그래야만 모두가 안전하게 살아갈 수 있답니다.

『시민론』
홉스의 저작인 『시민론』 첫머리에는 "인간은 인간에 대해 악명 높은 늑대이기도 하지만 신이기도 하다."라는 문장이 쓰여 있다.

「리바이어던」
리바이어던은 인간의 힘을 뛰어넘는 매우 강한 동물을 뜻한다. 홉스는 국가라는 거대한 창조물을 리바이어던에 비유해 책 제목으로 사용했다.

국가를 리바이어던에 비유하다

홉스는 국가 권력을 지나치게 강조했습니다. 심지어 성경에 전해 오는 리바이어던(Leviathan)이라는 괴물 이름을 국가에 빗대어 책의 제목으로 사용했어요. 「욥기」에 나오는 리바이어던은 이 땅에서 가장 크고 강한 동물입니다. 홉스는 『리바이어던』에서 국가를 생겨나고 사라지는 유기체로 보고 이 괴물에 비유했지요. 그는 무엇이 정당한지를 결정하는 것도 국가이고, 무엇이 부당한지를 판단하는 것도 국가라고 했습니다. 국가가 허용하는 것이 정의요, 금지하는 것은 불의라는 것이에요. 국가의 허락을 받은 것은 종교고 그렇지 못한 것은 미신이라고 합니다. 인륜 또한 태어날 때부터 있는 것이 아니라 국가라는 사회 공동체 안에서 규정되는 것이라고 보았어요.

홉스는 군주제를 최선의 정부 형태로 보았지만 공리주의적 견해도 갖고 있었습니다. 그래서 왕당파의 의심을 샀지요. 홉스는 공화주의자나 왕당파, 그 어느 쪽에서도 환영받지 못했어요. 고독과 피해 의식으로 고통스럽게 살던 그는 91세 때 답답하고도 기나긴 일생을 마감했습니다.

생각해 보세요

저를 보고 돈키호테형이래요.

2과에서는 햄릿형에 대해 알아보았지요. 그렇다면 햄릿형과 짝을 이루는 돈키호테형은 어떤 성격을 말하는 걸까요? 돈키호테형은 현실을 무시하고 저돌적으로 달려드는 공상가 스타일을 의미합니다. 이번에는 소설 속에 등장하는 돈키호테를 만나 볼까요? 돈키호테는 스페인의 한 시골 마을에 사는 늙은 귀족입니다. 밤낮으로 기사도 이야기를 읽다가 정신이 이상해진 돈키호테는 상상 속에서 기사가 되곤 했어요. 그러고는 마침내 녹슨 갑옷을 입고 로시난테라는 볼품없는 말을 타고 길을 떠난답니다. 이웃에 사는 농부의 딸을 자신이 목숨을 바쳐 지켜야 하는 공주로 대하는가 하면 길을 가다 들른 여관을 성(城)으로, 여관 주인을 성주(城主)로 착각합니다. 그의 정신 나간 행동을 견디다 못한 여관 주인이 그를 정식 기사로 임명해 주자 매우 기뻐하기까지 하지요. 고향에 돌아온 돈키호테는 어수룩한 농부인 산초 판사를 꾀어내 하인으로 삼아 다시 길을 떠납니다. 도중에 풍차를 거인이 둔갑한 것으로 착각해 싸우려다 크게 다치는가 하면 수도사들에게 공주를 납치해 간 마법사라며 싸움을 걸기도 해요. 다시 고향에 돌아온 돈키호테는 한 달이 채 안 되어 또 길을 떠납니다. 이번에는 물레방아를 성으로 착각하고 사자와 싸우기도 하지요. 돈키호테는 죽기 전에야 정신을 차립니다. 그리고 비석에 자신의 이름을 적지 말라는 유언을 남겼답니다.

프랑스의 화가 도미에가 그린 〈돈키호테〉

3 근세 철학의 두 물줄기 | 합리론과 경험론

근세 철학은 두 가지 큰 물줄기를 이루며 흘러갔습니다. 바로 합리론과 경험론이지요. 합리론에서는 이성을 선천적인 인식 능력이라고 믿고 연역법을 사용합니다. 연역법이란 일반적 원리를 전제로 놓고 개별적 명제를 이끌어 내는 추리 방법이에요. 경험론에서는 모든 인식이 후천적 경험을 통해서만 생겨난다고 주장하고 귀납법을 사용합니다. 귀납법이란 개별적 사례들을 종합해 일반적 원리를 이끌어 내는 추리 방법이에요. 합리론자들은 신과 영혼의 존재, 인간의 존엄성과 도덕성 등 전통적으로 내려오는 가치를 받아들이며 다소 보수적인 경향을 보였어요. 반면 경험론자들은 "인간은 기본적으로 동물이다."라는 전제 아래 전혀 새로운 철학을 세우려고 했습니다. 이러한 시도가 사람들에게 거부감을 준 것은 사실이지만 결과적으로는 과학 발달에 어느 정도 공헌했다고 볼 수 있지요.

- 데카르트는 정신과 물체를 서로 독립된 두 가지 실체로 보았다.
- 스피노자는 정신과 물체는 신의 두 가지 속성일 뿐, 하나의 실체라고 보았다.
- 라이프니츠는 모나드가 우주의 기본 단위이고 무엇으로도 나눌 수 없는 궁극적인 실체라고 생각했다.
- 모든 인식의 바탕에 경험이 있다고 보고, 경험을 통해 모든 인식을 이끌어 내려 한 철학 이론을 경험론이라고 한다.

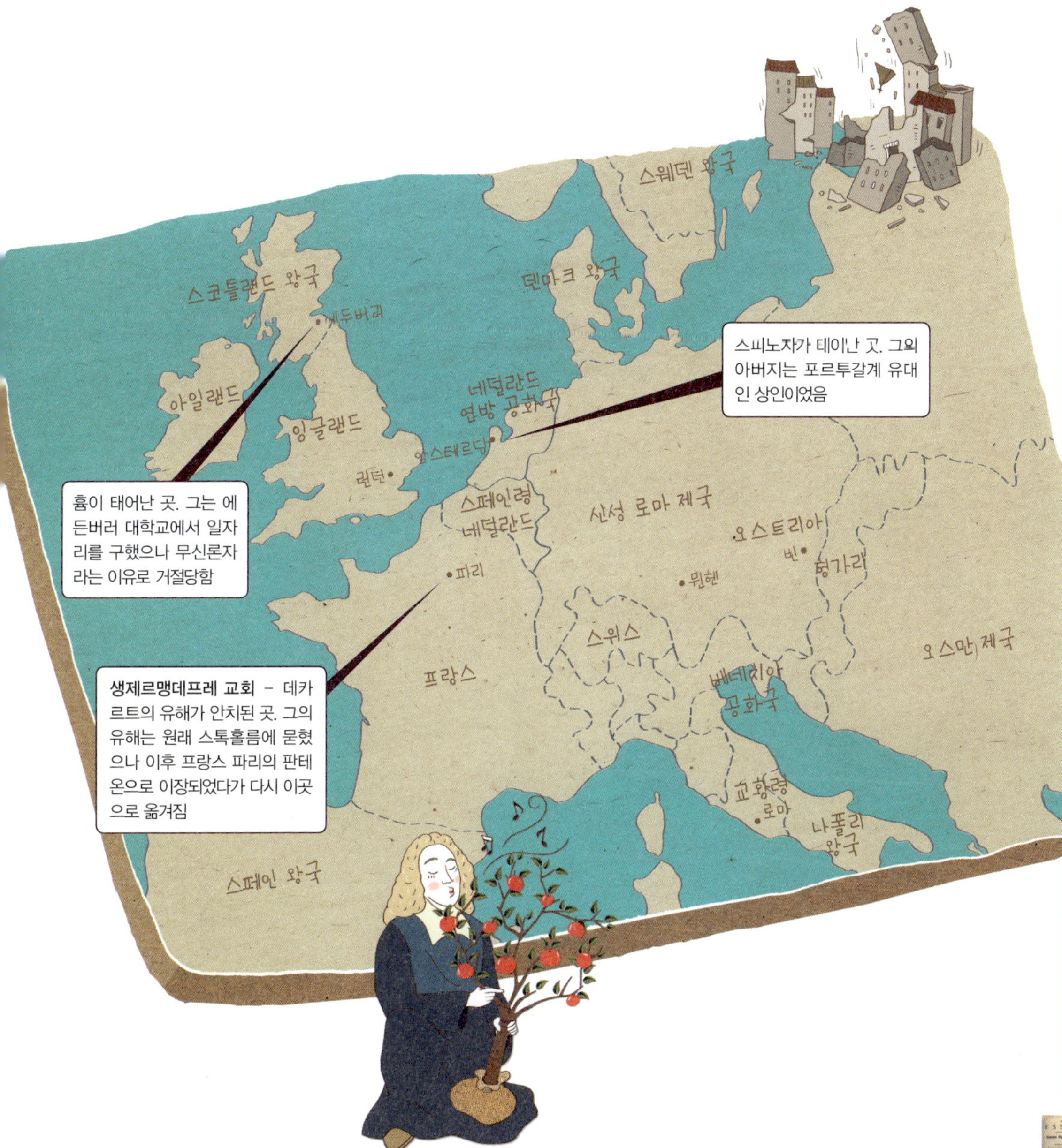

1 대륙의 합리론

데카르트, "나는 생각한다. 고로 존재한다."

합리론은 독일과 프랑스 등 유럽 대륙을 중심으로 등장했습니다. 합리론은 어떤 흐름 속에서 생겨났을까요? 인간의 이성이 철학의 중심 원리로 여겨지고 수학이 보편타당성을 지닌 학문으로 받아들여진 것과 관련이 있어요. 프랑스의 데카르트와 네덜란드의 스피노자, 독일의 라이프니츠가 합리론의 대표적인 철학자입니다.

데카르트는 프랑스의 귀족 가문 출신이에요. 어린 시절에 그가 다니던 학교에서는 그가 잠자리에서 일어나고 싶을 때까지 자는 것을 허락했다고 합니다. 그 후로 늦게 일어나는 것이 데카르트의 버릇이 되었는데 이 버릇은 그가 공부하는 데 큰 도움을 주었습니다. 데카르트의 전기(傳記)를 쓴 작가는 "철학과 수학 분야에서 데카르트가 남긴 중요한 업적은 그의 아침 잠자리에서 이루어졌다."라고 말했어요. 그렇다면 학교에서는 그에게 왜 늦잠을 허락했을까요? 데카르트는 태어날 때부터 몸이 몹시 약했기 때문입니다. 그를 낳은 지 13개월 만에 어머니마저 세상을 떠나자 의사들은 아이가 오래 살지 못할 것이라고 했어요. 그러나 유모가 정성을 다해 건강을 돌본 덕분에 정상적인 생활을 할 수 있었지요. 이런 사정으로 데카르트는 평생 침대에 누워 사색하는 습관을 가지게 된 것이랍니다.

데카르트(1596~1650)
데카르트는 학문 가운데 수학만이 확실한 것이라고 생각했다. 그는 철학 역시 수학과 같이 분명하고 명확히 드러나는 진리를 출발점으로 해야 한다고 생각했다.

데카르트는 최대한 사람들과 만나는 일을 줄이고 하루에 열 시간씩 충분히 자면서 사색하고 글 쓰는 데만 열중했습니다. 자신을 찾아오는 사람을 피하기 위해

데카르트, 근대 철학의 아버지가 되다

데카르트는 근대 철학의 기본 틀을 처음으로 확립한 철학자라고 평가받는다. 그는 이성을 통해 세계를 이해해야 한다고 강조하며 합리주의 철학의 길을 열었다. 데카르트는 철학뿐만 아니라 물리학, 생리학, 기하학에도 능통했다.

데카르트의 생가

데카르트는 프랑스 투렌 지방의 소도시 라에에서 태어났다. 현재 이 도시의 명칭은 그의 이름을 따 데카르트라고 변경되었다. 데카르트는 주변 사물에 대한 호기심이 강해 어려서부터 조용한 곳에서 골똘히 생각에 잠기는 버릇이 있었다. 그래서 아버지가 그에게 '꼬마 철학가'라는 별명을 붙여 주었다고 한다.

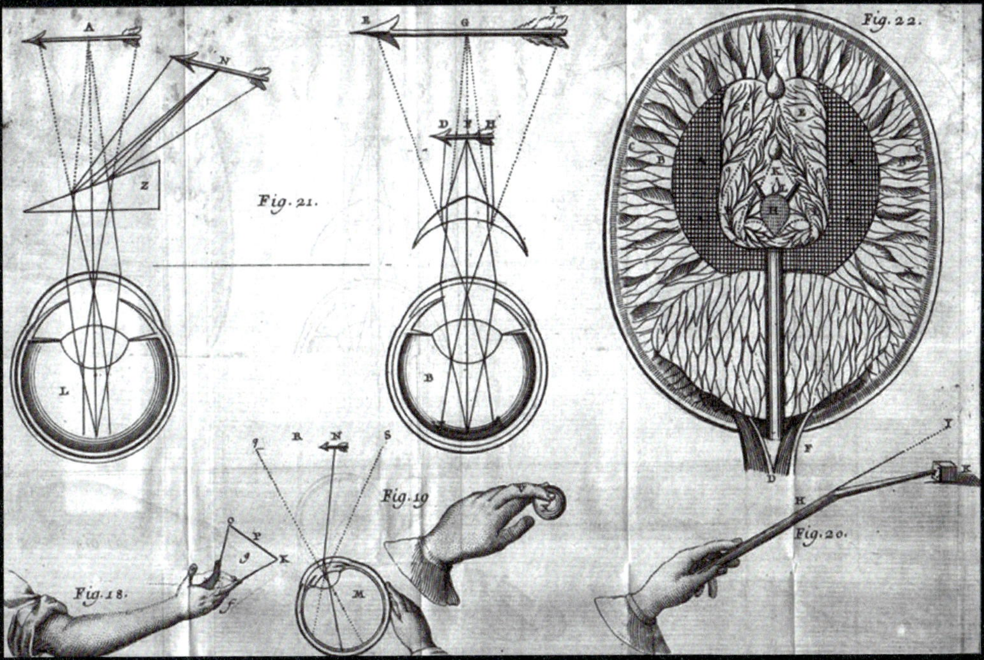

데카르트의 생리학 일러스트

데카르트는 근대 생리학의 아버지라고도 불릴 만큼 생리학 분야에서도 큰 업적을 남겼다. 다양한 동물의 머리를 해부해 상상력과 기억을 담당하는 곳을 찾기 위해 연구했다. 네덜란드에 머무는 동안에는 많은 시간을 들여 인체를 해부하기도 했다고 한다.

20년 동안 열세 번이나 집을 옮겼고 아주 친한 친구들 외에는 주소를 가르쳐 주지 않았다고 해요. 편지로 토론을 할 때도 신중을 기하기 위해 가명으로 수신인을 적었다고 합니다. 데카르트는 광학 실험을 위해 자신의 안경알을 직접 갈기도 하고 생리학 실험을 위해 도살장에서 송아지를 사 와서 해부하기도 했어요. 어떤 사람이 그에게 서재를 구경시켜 달라고 하자 반쯤 해부된 송아지를 가리키며 "저것이 내 책입니다."라고 말했다고 합니다.

데카르트는 수학을 연구할 때와 마찬가지로 철학을 연구할 때도 엄밀한 연역적 방법을 거쳐야 한다고 보았습니다. 모든 것을 하나의 근본 개념에서 이끌어 내고자 했던 것이에요.

데카르트는 논의가 확고한 기초 위에서 시작되는가를 따져 보기 위해 모든 것을 의심해 보아야 한다고 주장했습니다. 그런데 모든 것을 의심할 수는 있어도 도저히 의심할 수 없는 한 가지가 있다고 했어요. 바로 "지금 내가 의심하고 있다."라는 사실이지요. 데카르트는 이와 관련해 "나는 생각한다. 고로 존재한다."라는 유명한 말을 남겼어요. 그리고 '나의 존재'를 철학의 출발점으로 삼아 신과 세계에 대한 주장을 이끌어 냈습니다.

『방법 서설』
데카르트는 『방법 서설』에서 존재론과 인식론의 문제를 다루었다. "나는 생각한다. 고로 존재한다."라는 유명한 말이 실린 책이기도 하다.

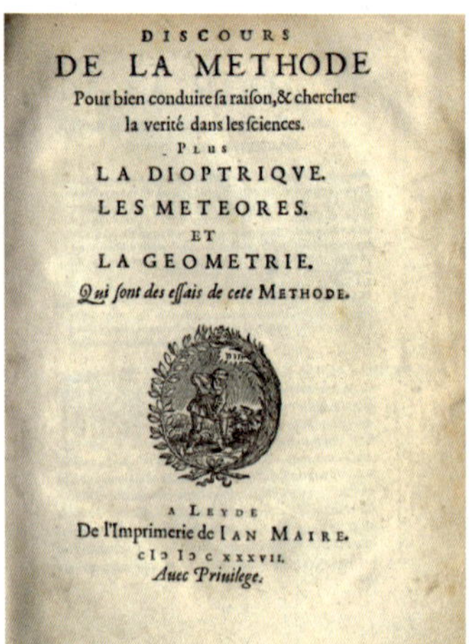
DISCOURS
DE LA METHODE
Pour bien conduire sa raison, & chercher
la verité dans les sciences.
PLUS
LA DIOPTRIQVE.
LES METEORES.
ET
LA GEOMETRIE.
Qui sont des essais de cete METHODE.
A LEYDE
De l'Imprimerie de IAN MAIRE.
CIƆ IƆ C XXXVII.
Auec Priuilege.

데카르트는 정신과 물체를 서로 독립된 두 가지 실체로 보았어요. 이 둘은 마치 폭풍 속에서도 태양 광선이 흔들리지 않는 것처럼 서로 접촉하지 않는다고 했습니다. 하지만 이와 같은 이원론으로는 인간의 심신(心身)에 관한 문제를 설명할 수 없어요. 예를 들어 손을 움직이려고 마음먹고 손을 움직였다면 정신 작용이 신체 운동의 원인이 된 것입니다. 또 날

아가는 새를 눈으로 본 후 '새'라는 관념을 갖게 되었다면 감각 작용이 사유 작용을 일으킨 것이 됩니다.

크리스티나 여왕과 데카르트
데카르트가 스웨덴의 여왕 크리스티나에게 기하학을 설명하는 모습을 묘사한 작품이다. 오른쪽 테이블에 앉아 있는 여성이 크리스티나 여왕이고, 여왕의 오른쪽에 서 있는 남성이 데카르트다.

데카르트는 스웨덴 여왕의 초청을 받고 스톡홀름에 갔습니다. 여왕에게 아카데미 설립에 관한 계획서를 바치고 돌아온 뒤 그는 감기에 걸렸어요. 점점 열이 오르더니 폐렴으로 발전했지요. 그런데도 데카르트는 치료를 거부했습니다. 여왕이 보낸 의사들이 피를 뽑겠다고 하자 그는 "여러분! 프랑스인의 피를 아끼시오."라고 대답했다고 합니다. 일주일 후 정신을 회복한 데카르트는 피를 뽑아도 좋다고 했지

데카르트의 무덤

파리의 생제르맹데프레 교회에 있는 데카르트의 무덤이다. 그의 묘비에는 "르네상스 이후 처음으로 인간 이성의 권리를 쟁취하고 확보한 사람이다."라고 새겨져 있다.

만 이미 때는 늦었지요. 가래를 뱉는 일조차 고통스러웠고 숨쉬기마저 힘든 상황이 되었던 것입니다. 그는 앓아누운 지 9일째에 평생 자신을 돌보아 온 유모에게 재산을 떼어 주라는 말을 남기고는 이런 말을 덧붙였습니다.

"내 영혼아, 네가 나의 포로가 된 지 오래구나. 이제 감옥에서 나와 몸의 질곡(桎梏, 몹시 속박당해 자유를 가질 수 없는 고통스러운 상태를 비유적으로 이르는 말)으로부터 해방될 순간이 왔다. 용기를 내어 영혼과 몸의 분리를 기쁘게 견디리라."

데카르트는 생전에 스웨덴 국적을 취득하라는 요청을 여러 차례 받았지만 단호히 거부했어요. 그의 유해는 스톡홀름에 묻혔다가 이후 프랑스 파리의 생제르맹데프레 교회로 옮겨졌습니다.

스피노자, 평생 안경알을 갈고 닦은 위대한 철학자

스피노자에 대한 평가는 극단적으로 엇갈려요. 그는 '신을 모독한 전형적인 유대인'이면서 '성령으로 가득 찬 심오한 철학자'입니다. 철학자들 가운데 가장 많은 비난을 받으면서도 숭배자들에게 열광적인 지지를 받는 스피노자는 과연 어떤 인물이었을까요?

스피노자는 네덜란드의 암스테르담에서 부유한 상인의 아들로 태어났습니다. 그의 아버지는 세 번 결혼해 세 아들과 두 딸을 낳았어요. 스피노자는 둘째 부인에게서 난 자식이지요. 그를 낳아 준 어머니는 그가 6세 때 폐병으로 세상을 떠났습니다.

스피노자는 유대교 목사가 되는 꿈을 꾸며 자랐어요. 그러던 어느 날, 유대교 신도들이 한 청년을 교회당 입구에 엎드리게 한 후 그를 짓밟고 들어가는 광경을 보게 되었습니다. 교리에 어긋나는 믿음을 가졌다는 이유로 교회에서 쫓겨난 그 청년은 집으로 돌아가자마자 자살했지요. 이 사건으로 스피노자는 큰 충격을 받았습니다. 그 후 얼마 지나지 않아 스승의 딸을 사랑하게 되었지만 그녀에게 거절당한 뒤로 평생 결혼하지 않은 채 고독한 생애를 보냈어요.

24세 때 스피노자는 교회에 불려 간 적이 있었습니다. 교회에서는 그에게 신학에 대해 침

스피노자(1632~1677)
네덜란드 암스테르담에 세워진 스피노자의 동상이다. 망토에 새겨진 앵무새는 암스테르담을 상징하는 새다.

〈암스테르담에 있는 포르투갈인들의 유대교 회당 내부〉

네덜란드 화가인 에마누엘 데 비테의 작품이다. 17세기경 암스테르담에 있었던 포르투갈인들의 유대교 회당 실내 모습이 생생하게 묘사되어 있다. 그 무렵 유럽에서는 유대인들을 박해했다. 많은 유대인이 네덜란드로 이주했는데, 스피노자의 아버지 역시 포르투갈에서 네덜란드로 이주한 유대인이었다.

암스테르담 국립 미술관 소장

묵을 지키면 연금을 주겠다고 제안했지요. 스피노자가 단호히 거절하자 그때부터 누군가가 그를 몰래 살피고 조사하는가 하면 죽이려고까지 했어요. 그런데도 뜻을 굽히지 않았던 스피노자는 온갖 저주를 받으며 추방당하고 말았습니다. 주위 사람은 물론 친구들까지 그를 피했고 셋방조차 빌릴 수가 없었어요. 다행히 착한 사람을 만나 다락방에 살게 되었는데 그는 3개월 동안 한 번도 그 방에서 나간 적이 없었다고 합니다.

스피노자는 안경알을 갈고 닦는 일로 생계를 유지해 나갔어요. 틈틈이 책을 썼지만 판매가 금지되었답니다. 그러나 그의 책은 표지만 바꿔어 여러 곳에서 팔려 나갔고, 독자들이 곳곳에서 격려의 편지와 생활비를 보내왔답니다.

어느 부유한 상인은 스피노자에게 1,000달러를 기부했지만 스피노자는 거절했습니다. 그러자 상인은 자신의 모든 재산을 스피노자에게 물려주겠다고 했지요. 스피노자는 할 수 없이 연금 150달러만 받기로 하고 재산은 상인의 동생에게 물려주라고 설득했어요. 프랑스의 왕인 루이 14세는 스피노자가 쓸 책을 자기에게 바치면 거액의 연금을 주겠다고 제안하기도 했답니다. 스피노자는 왕의 제안도 거절했지요. 한 영주는 독일에 있는 하이델베르크 대학교의 철학과 정교수 자리를 제안해 왔습니다. 그러나 교수직을 맡으면 철학을 자유롭게 연구할 수 없다고 여긴 스피노자는 안경알을 갈고 닦는 일을 계속했어요. 성공할 수 있는 많은 기회를 스스로 거절한

습격을 받는 스피노자

스피노자는 유대교를 비판하고 신을 모독했다는 이유로 가혹한 탄압을 받고 추방당했다. 그러나 그는 운명에 굴하지 않고 철학적 진리를 구하는 일에 매진했다.

스피노자는 어려운 생활을 이어 나가야 했어요. 돕겠다는 친구들에게도 꼭 필요한 정도의 도움만 받았답니다.

먼지투성이인 작업장에서 안경알을 손질하던 스피노자는 폐병에 걸려 죽었습니다. 외롭고 고요했던 45년의 짧은 일생이었지요. 그가 남긴 주요 저서로는 **『에티카』**를 꼽을 수 있어요. 원래의 제목은 '기하학적 순서로 증명된 윤리학'이라고 합니다. 스피노자는 『에티카』의 원고를 일생의 마지막 순간까지도 책상 서랍에 꼭꼭 숨겨 두었다고 해요. 자신이 죽은 후에 원고가 분실되지 않을까 하는 불안에 사로잡혀 있었기 때문이에요. 스피노자의 친구들은 그가 죽은 해에 『에티카』를 출간했습니다. 『에티카』 외에도 스피노자의 중요한 저서들이 잇따라 세상의 빛을 보게 되었지요.

스피노자는 정신과 물체는 신의 두 가지 속성일 뿐, 하나의 실체라고 보았어요. 그의 주장에 따르면 신은 사유와 연장이라는 두 가지 성질을 모두 지니고 있습니다. 연장(延長)이란 공간의 일정한 부분을 차지하면서 공간 속에 위치하는 물체의 성질을 의미해요. 스피노자는 신과 마찬가지로 인간 역시 육체와 정신이라는 두 가지 실체로 이루어진 것이 아니라 인간이라는 존재 가운데 두 가지 성질이 모두 나타날 뿐이라고 주장했습니다.

스피노자는 "신은 곧 자연이다."라는 범신론을 주장했어요. 신은 모든 사물의 밑바탕에 자리하면서 모든 존재를 포함하므로 곧 자연이라는 것이지요. 정통 그리스도교에서는 범신론을 받아들일 수 없었습니다. 뿐만 아니라 스피노자는 "신은 육체를 가지고 있을지도 모른다. 천사는 환상일지도

범신론(汎神論)
자연이 곧 신이며 신은 곧 자연이라는 생각이다. 자연과 신의 대립을 인정하지 않는 입장으로, 그리스도교적 입장과 구별된다.

『에티카』
스피노자는 『에티카』에서 데카르트의 정신 · 육체 이원론에 반대했다. 『에티카』의 뒷부분에는 "모든 고귀한 것은 어렵고도 드물다."라고 쓰여 있다.

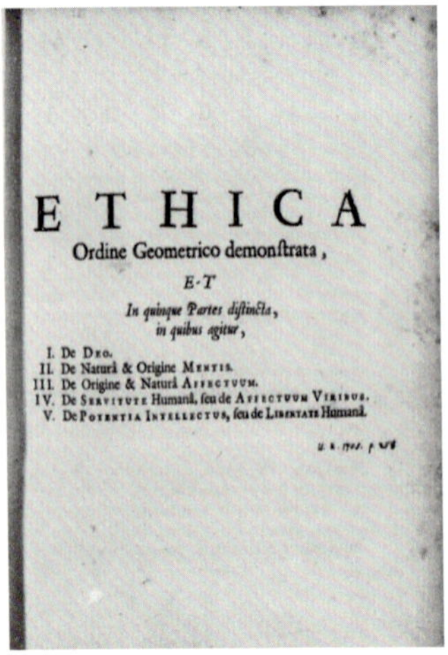
ETHICA
Ordine Geometrico demonſtrata,
ET
In quinque Partes diſtincta,
in quibus agitur,
I. De Deo.
II. De Naturâ & Origine Mentis.
III. De Origine & Naturâ Affectuum.
IV. De Servitute Humanâ, ſeu de Affectuum Viribus.
V. De Potentia Intellectus, ſeu de Libertate Humanâ.

모른다. 영혼은 다만 생명일지도 모른다. 『구약 성경』에서는 영생(永生)에 대해 아무 말도 하지 않는다."라고 중얼거리고 다녔어요. 스피노자가 유대교 교단에서 파문을 당한 이유가 바로 이런 도발적인 생각 때문이 아니었을까요?

스피노자가 남긴 "내일 지구의 종말이 올지언정, 나는 사과나무 한 그루를 심겠다."라는 말 때문에 흔히 그가 낙천적이었을 거라고 생각합니다. 하지만 오히려 그의 철학에는 정해진 운명을 받아들여야 한다는 체념이 담겨 있답니다.

〈뮌스터 조약 비준〉
네덜란드 화가인 테르보르흐의 작품이다. 뮌스터 조약과 오스나브뤼크 조약을 통틀어 베스트팔렌 조약이라고 부른다. 네덜란드는 베스트팔렌 조약에 의거해 스페인으로부터 독립한다. 이후 네덜란드는 자유를 상징하는 국가가 되었는데, 스피노자는 이러한 국가 분위기 속에서 학문을 닦을 수 있었다.
암스테르담 국립 미술관 소장

라이프니츠, 두 시계가 들어맞는 까닭은?

1618년에서 1648년까지 유럽의 여러 나라 사이에는 '30년 전쟁'이라는 종교 전쟁이 일어났습니다. 이 전쟁의 후유증을 겪던 독일에 혜성처럼 나타난 철학자가 바로 라이프니츠예요. 17세 때 대학교를 졸업한 그는 21세 때 이미 대학 교수직을 제안받았지만 거절했어요. 무언가에 얽매이고 싶지 않았던 그는 이후에도 대학교에 몸담지는 않았답니다. 라이프니츠는 평생을 혼자 살면서 매일 같은 음식점에서 같은 음식을 시켜 먹었다고 해요. 그리고 오랫동안 의자에 앉아 연구에 몰두했다고 하는데, 너무도 열중한 나머지 다리 신경에 이상이 생길 정도였다고 합니다. 하노버에서 궁정 도서관장직을 맡을 때는 책을 빌리려는 사람에게 몹시 화를 냈다는 이야기도 전해집니다.

정치에도 몸담았던 라이프니츠는 프랑스 파리로 가서 정세를 바꾸려는 시도를 했습니다. 당시 루이 14세는 네덜란드와 독일을 위협하고 있었어요. 그러나 라이프니츠는 "그리스도교 세계가 하나로 뭉쳐 비(非)그리스도교 세계에 대항해야 한다."라며 프랑스가 이집트를 공략해야 한다고 주장했습니다. 그의 주장은 당시에는 아무런 반응도 얻지 못했지만 나중에 나폴레옹에 의해 실현되었지요. 파리에 머무는 동안 그는 데카르트나 스피노자가 쓴 윤리학의 초고를 읽었습니다. 귀국하는 길에는 스피노자를 방문하기도 했답니다.

라이프니츠가 모시던 왕후가 세력을 잃고 물러나는 바람에 그는 고독하기 짝이 없는 죽음을 맞

〈카이로에서 이집트 반군을 용서하는 나폴레옹〉
프랑스 화가인 게랭의 작품이다. 라이프니츠의 이집트를 공략하자는 주장은 그가 죽은지 82년 만인 1798년에 실현되었다. 나폴레옹은 카이로에 입성해 피라미드 전투를 승리로 이끌었다.
베르사유 궁전 소장

라이프니츠(1646~1716)
독일의 하노버 공공 도서관에 소장되어 있는 라이프니츠의 초상화다. 독일의 라이프치히에서 도덕 철학 교수의 아들로 태어난 그는 어릴 때부터 천재라고 불렸다.

레이우엔훅이 만든 현미경의 복제품
네덜란드 박물학자인 레이우엔훅이 제작한 현미경을 복제한 것이다. 철학자이자 수학자, 물리학자이기도 했던 라이프니츠는 레이우엔훅과 스피노자를 직접 만나기도 했다고 한다.

이했어요. 그가 세상을 떠난 뒤 프랑스 학술원이 '세계에 빛을, 독일에 영광을 가져다준 영혼'이라는 짤막한 추도사를 발표했을 뿐이었지요.

라이프니츠는 모나드(monad)가 우주의 기본 단위이고 무엇으로도 나눌 수 없는 궁극적인 실체라고 생각했습니다. 그렇다면 모나드란 무엇일까요? 첫째, 모나드는 점(點)입니다. 존재하는 것의 근원은 점과 같아서 연속적이지 않아요. 라이프니츠는 물체를 무수한 점의 집합으로 보았습니다. 때마침 발명된 현미경이 그에게 커다란 영향을 끼쳤으리라고 짐작되고 있어요. 둘째, 모나드는 힘인 동시에 힘의 중심체입니다. 물체란 힘의 중심점으로 이루어진 복합체라는 것이지요. 셋째, 모나드는 정신입니다. 가장 하위에 있는 모나드는 몽상과 같은 혼미한 상태에 있고, 인간의 정신과 같은 모나드는 의식을 소유하고 있으며, 가장 높은 층에 있는 신과 같은 모나드는 무한한 의식, 즉 전지전능한 힘을 지니고 있지요. 넷째, 모나드는 개체이기도 합니다. 모든 모나드는 각기 독특한 방법으로 전체 우주를 반영하고 있는 거울이라고 볼 수 있어요. 각자의 위치를 차지하고 있으므로 똑같은 모나드란 없답니다. 또한 모든 모나드는 외부로부터 완전히 단절되어 있는 한, 창이 없는 개체이기도 합니다.

외부와 어떤 소통도 없는 모나드들이 어떻게 서로 협력하듯 세계의 조화를 이루어 낼 수 있을까요? 라이프니츠는 '시계의 비유'를 들어 이것을 설명했습니다. 그는 두 시계의 바늘이 똑같이 움직이는 것은 시계를 만든 사람에 의해 미리 정교하게 가공되었기 때문이라고 했어요. 이것이 이른바 '예정 조화론'의 핵심 내용입니다. 즉 모나드들이 각각의 법칙을 지키되 전체적으로는 완전한 일치에 도달하도록 신이

미리 설계해 놓았다는 것이지요. 인간도 마찬가지입니다. 영혼은 영혼의 원리에 따라 작용하고 육체는 육체대로 법칙에 따라 움직이지만 서로 영향을 주고받듯이 조화를 이루어요. 인간의 정신은 목적론적 법칙을, 육체는 기계론적 법칙을 따르고 있지만 양자는 완전히 조화를 이루지요. 라이프니츠는 '예정 조화론'을 통해 데카르트의 이원론적 난점(難點)과 스피노자의 범신론적 세계관을 극복하고 전지전능한 신의 존재를 확신하는 그리스도교적 세계관을 주장했습니다.

라이프니츠의 주장대로 이 세계가 신이 만든 가장 완전한 것이라면 왜 수많은 악(惡)이 들끓고 있을까요? 이 문제를 설명하기 위해 라이프니츠는 변신론을 주장했습니다. 변신론(辯神論)이란 세상에 존재하는 악에 대한 책임을 신이 져야 한다는 주장에 대해 "악이 존재하는 것은 창조주인 신의 의지에 반(反)하는 것이 아니다."라며 신을 변호

빅 벤
영국 국회 의사당의 동쪽 끝에 위치한 탑시계를 말한다. 1869년에 설치된 이후 114년 동안 고장 없이 작동해 정확한 시계의 대명사로 불렸다. 두 시계의 바늘이 같은 시간을 가리키는 모습이 라이프니츠의 '시계의 비유'를 떠올리게 한다.

하는 이론이에요. 라이프니츠는 변신론을 주장하기 위해 세계 안의 악을 형이상학적 · 육체적 · 도덕적인 것으로 구분했습니다. 그는 형이상학적 의미의 악은 모든 피조물이 불완전하기 때문에 생기며 모든 다른 악에 앞서 있다고 보았어요. 하나님이 전지전능한 신들만 만들어 낼 수는 없으므로 피조물은 불완전할 수밖에 없고, 불완전한 것에는 언제나 한계가 있게 마련이라는 것이지요.

라이프니츠의 주장에 따르면 형이상학적인 악 때문에 육체적 악이 필연적으로 생깁니다. 불완전한 피조물은 감각 역시 완전하지 못하므로 불쾌감이나 고통 등을 느낄 수밖에 없어요. 많은 사람들은 육체적 악을 가장 괴로워하고 이를 참다못해 하나님을 비난하기도 해요. 하나님은 악을 꼭 원하지는 않지만 보다 더 큰 악을 막거나 보다 더 큰 선을 이루기 위해 악을 원한다고 라이프니츠는 주장했습니다. 벌은 인간을 착하게 만들고 위협하는 데 쓸모가 있고, 악은 선이 한층 더 크게 나타나는 데 이바지한다고 여긴 것이지요. 또한 라이프니츠는 우주가 형성되고 조화를 이루기 위해서는 악이 필요하다고 봅니다. 참된 진리의 영역은 모든 가능성을 포괄해야 하므로 악도 그 가운데 포함되어야 한다는 것이에요.

〈아벨을 죽이는 카인〉
벨기에 화가인 루벤스의 작품이다. 카인과 아벨은 「창세기」에 나오는 아담과 하와의 두 아들이다. 카인은 동생인 아벨을 죽였다. 변신론의 입장에서 이 이야기를 해석해 보면 카인은 불완전한 피조물이기 때문에 형이상학적 의미의 악을 저지른 것이다.
코톨드 미술 연구소 소장

마지막으로 도덕적인 악은 죄 속에서 성립합니다. 가장 선한 것을 선택하는 하나님은 인간을 자유로운 존재로 창조했어요. 하나님은 인간에게 자유를 주면서 '악을 행하는 자

유'도 허용해야만 했지요. 그렇다면 악에 대해 책임을 져야 하는 쪽은 하나님이 아닙니다. 선을 행하라고 준 자유를 악용한 인간이 책임져야 하지요. 또한 라이프니츠는 악은 언제나 실제보다 과장되게 마련이라고 주장합니다. 사람들은 좋은 것에는 감사할 줄 모르다가 어쩌다 닥친 불행은 심각하게 받아들이기 때문이에요. 곰곰이 생각해 보면 이 세상에는 악보다 선이 많답니다.

들판에서 일하는 아담
라이프니츠의 견해에 따르면 벌을 주는 것은 인간을 위협하는 데 효과적인 방법이다. 성경에 따르면 하나님은 인류에게 벌을 주었다. 아담은 고되게 일을 해야 했고, 하와는 고통스럽게 아이를 낳아야 했다.

2 영국의 경험론

로크, 태어날 때 인간의 의식은 백지다

모든 인식의 바탕에 경험이 있다고 보고, 경험을 통해 모든 인식을 이끌어 내려고 한 철학 이론을 경험론이라고 해요. 유럽 대륙의 철학자들이 합리론을 발전시켰다면 경험론은 영국의 철학자들이 이끌었습니다. 영국의 로크와 버클리, 흄을 경험론의 대표적인 철학자로 꼽을 수 있지요.

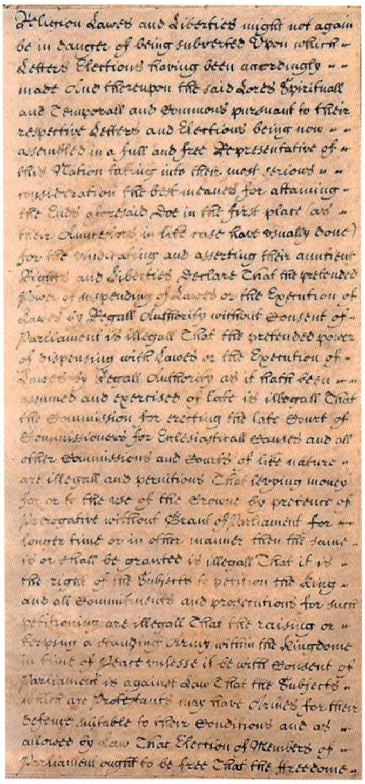

「권리 장전」
「권리 장전」의 중간 부분을 근접 촬영한 사진이다. 「권리 장전」은 1689년에 제정된 영국의 법률이다. 명예혁명의 결과로 이루어진 권리 선언으로, 영국 헌정사상 중요한 의미를 가지는 의회 제정법이다.

시골에서 변호사의 아들로 태어난 로크는 철학과 수학, 자연 과학 등을 연구하고 의학을 공부해 의사 자격증까지 얻었습니다. 후원자인 섀프츠베리가 권해 한때 정치에 몸담았고 **「권리 장전」**을 작성하는 일도 함께했지요. 버클리와 흄이 로크의 철학을 계승했고 프랑스의 정치 철학자인 몽테스키외는 그의 정치사상을 발전시켜 미국 헌법에도 영향을 끼쳤습니다. 루소는 로크의 자유주의적 교육 사상을 유럽 대륙으로 옮겨가 계몽주의자들의 찬사를 받았답니다.

로크는 **『인간 오성론』**에서 "인간의 오성(悟性, 생각하는 주체적 능력)이 과연 세계를 이해할 수 있는가?"라는 물음을 제기했습니다. 사유의 범위를 진지하게 검토한 최초의 비판 철학자라고 할 수 있지요.

로크는 본유 관념(本有觀念, 태어나면서부터 가지고 있는 선천적 관념)은 결코 존재하지 않는다고 주장했습니다. 어린아이나 야만족에게서 보편타당한 관념을 찾아볼 수는 없기 때문이에요. 그러므로 모든 의식은 밖에서 받아들인 것일 수밖에 없다고 로크는 주장했습니다. 우리의 의식은 '경험에 앞선 것'을 전혀 포함하지 않는, 즉 아무 글도 쓰이지 않은 백지와 같다는 것이지요. 로크는 흰 종이에 글씨를 써 내려가듯 무(無)의 상태인 의식에 후천적인 경험을 보태면 관념이 생겨난다고 보았어요.

경험론의 역사는 데카르트가 말한 정신과 물체라는 두 가지 실체 개념을 없애 가는 과정이라고 말할 수 있습니다. 로크는 물체의 실체 개념을 2분의 1만큼 제거했습니다. 여기서 그 과정을 한번 살펴볼까요? 로크는 어떤 관념을 불러일으키는 힘을 실체의 '성질'이라고 보고 이를 둘로 구분했습니다. 주변 환경이 어떠한가에 관계없이 사물 자체에 갖추어져 있는 객관적 성질이 제1성질이에요. 운동과 정지, 밀도, 수(數) 따위의 성질이지요. 제2성질은 주어지는 환경이나 물체를 대하는 사람에 따라 달라지는 주관적 성질입니다. 색과 맛, 냄새, 온도 따위의 성질이지요. 로크는 불변의 성질인 제1성질은 외부의 물체에 실재한다고 보았지만 제2성질은 그렇지 않다고 보았어요. 즉 제2성질을 물체의 실체 개념에서 제거한 것입니다.

로크가 생각하는 이상적인 교육은 학생들이 놀면서 배우도록 하는 것이었습니다. 그래서 규칙에 따르라고 강제하는 공립 학교의 교육보다 개인 교사를 통한 교육이 더 낫다고 보았어요. 로크의 교육론은 매우 진보적이었답니다. 그의 주장에 따르면 배우는 사람들에게 어떤 틀을 강요해서는 안 되고 그들이 스스로 발전해 나가도록 도와주어야 합니다. 학생들을 보호하거나 간섭하려 들지 말고 자기 일을 스스로 처리하도록 만들어 주어야 한다는 것이지요.

『인간 오성론』
로크의 『인간 오성론』 초판 표지다. 그는 사람들이 종교나 도덕 문제를 놓고 싸우는 것을 보고 관념이나 언어, 지식이 생겨나는 이치를 밝히고자 했다.

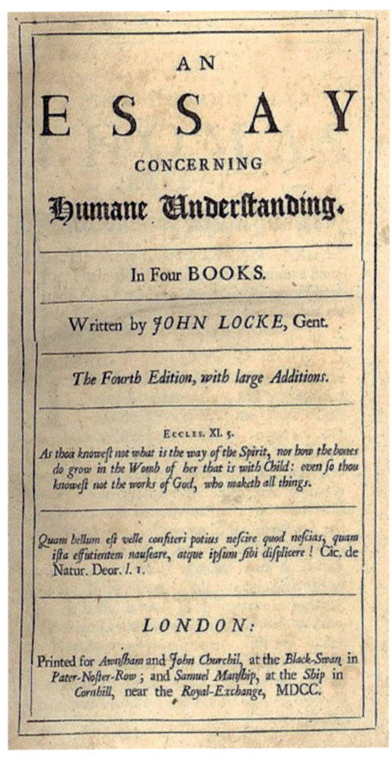
AN

ESSAY

CONCERNING

Humane Understanding.

In Four BOOKS.

Written by *JOHN LOCKE*, Gent.

The Fourth Edition, with large Additions.

ECCLES. XI. 5.

As thou knowest not what is the way of the Spirit, nor how the bones do grow in the Womb of her that is with Child: even so thou knowest not the works of God, who maketh all things.

Quam bellum est velle confiteri potius nescire quod nescias, quam ista effutientem nauseare, atque ipsum sibi displicere! Cic. de Natur. Deor. *l.* 1.

LONDON:

Printed for *Awnsham* and *John Churchil*, at the *Black-Swan* in *Pater-Noster-Row*; and *Samuel Manship*, at the *Ship* in *Cornhill*, near the *Royal-Exchange*, MDCC.

〈팔츠의 왕자 찰스 루이스와 개인 교사〉
네덜란드 화가인 얀 리번스의 작품이다. 독일 팔츠 지방의 왕자 찰스 루이스가 개인 교습을 받는 모습이 묘사되어 있다. 중세 이후 유럽에서는 상류층 자녀들이 학교를 가지 않고 가정 교사에게 배우는 것이 일반적이었다.
폴 게티 미술관 소장

버클리, 존재란 지각된 것이다

버클리(1685~1753)
인간이 세상을 어떻게 지각하는지에 관심을 가졌던 철학자다. 인간이 지각하는 것만이 실체라는 버클리의 주장은 극단적인 경험론에 속한다.

아일랜드 섬에서 태어난 영국의 철학자 버클리는 시칠리아의 토인들에게 문명과 그리스도교를 전했어요. 그는 아메리카 원주민에게 예수의 가르침을 전하기 위해 로드아일랜드 주로 건너갔습니다. 버뮤다 제도에 그리스도교적 이상 사회를 건설하려는 꿈도 있었지요. 버뮤다 제도는 북대서양에 위치한 영국령(領) 자치 식민지예요. 7개의 큰 섬과 180여 개의 작은 섬으로 이루어져 있으며 미국 해안에서 약 965km 떨어져 있습니다. 버뮤다 제도와 플로리다 주, 푸에르토리코를 잇는 삼각 지대는 비행기나 배의 사고가 잦아 '마(魔)의 바다'라고 불리며 세계의 미스터리로 꼽히기도 해요.

꿈을 실현하지 못하고 아메리카에서 돌아온 버클리는 아일랜드의 클로인에서 18년 동안 주교로 생활했고 옥스퍼드에서 죽었어요. 그의 주요 저서는 25세에 발표한 『인간 지식의 원리』입니다.

로크가 색과 맛, 냄새, 온도 등 감각적인 제2성질만을 주관적인 것으로 본 것과 달리 버클리는 운동과 정지, 밀도, 수(數) 등 이른바 제1성질도 주관적인 것이라고 주장했어요. 그의 주장에 따르면 인간의 모든 관념은 의식 현상, 즉 정신적 상태로 이해되어야 합니다. 즉 사물이 존재한다는 것은 인간이 그것을 지각(知覺)했다는 뜻이지요. 우리가 공기 중에 떠다니는 미세한 먼지나 그 속에 들어 있는 세균, 박테리아를 의식하지 않았을 때 그것들은 우리에게는 존재하지 않는 것이나 마찬가지예요. 우리가 그것들을 의식할 때 비로소 존재하는 것입니다. 버클리는 제1성질이 외부의 물체에 실재한다는 로크의 입장을 부정했어요. 이로써 데카르트가 말한 두 가지의 실체, 즉 정신과 물체 가운데 물체의 실체 개념은 완전히 제거됩니다.

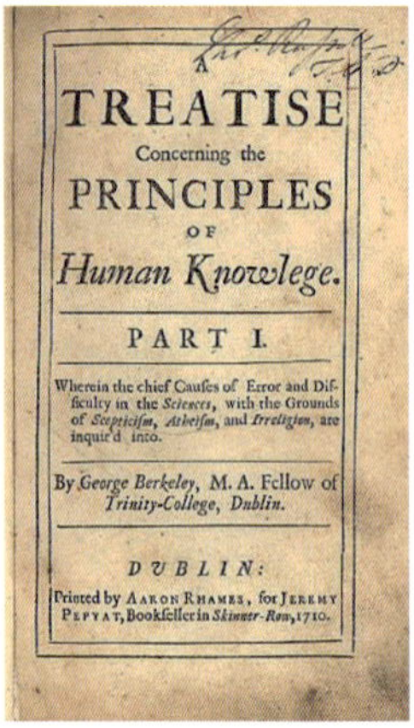

A TREATISE
Concerning the
PRINCIPLES
OF
Human Knowlege.

PART I.

Wherein the chief Causes of Error and Difficulty in the Sciences, with the Grounds of Scepticism, Atheism, and Irreligion, are inquir'd into.

By George Berkeley, M. A. Fellow of Trinity-College, Dublin.

DUBLIN:
Printed by AARON RHAMES, for JEREMY PEPYAT, Bookseller in Skinner-Row, 1710.

『인간 지식의 원리』
버클리의 저작 가운데 오늘날에도 가장 널리 읽히는 『인간 지식의 원리』의 초판 표지다. 그는 이 책에 인간의 지각과 실체에 대한 자신의 주장을 담았다.

흄, 당구공에 숨겨진 비밀

흄은 살이 많이 찐 편이었고 얼굴은 둥글넓적했어요. 눈은 멍하니 생기가 없어 보였고 큰 입은 우직한 느낌을 주었습니다. 회의론자(懷疑論者)라는 이미지와는 다른 모습이었지요. 교양 있는 철학자보다는 거북 요리를 먹고 있는 시의원을 떠올리게 하는 모습이랄까요?

스코틀랜드 출신의 철학자인 흄은 대학교 교수가 되려고 했지만 무신론자라는 이유로 임용되지 못했습니다. 그 후 에든버러 변호사 협회의 도서관 사서(司書)로 일하면서 『영국사』를 썼지요. 이 책으로 그는 명예와 부를 한번에 거머쥐게 되었습니다. 그 후 흄은 프랑스 주재 영국 대사관에서 서기관으로 근무했고 1년 동안 외무 차관을 지내기도 했어요. 파리에서 루소 같은 명사들과 친분을 맺기도 했지요. 흄은 못생겼지만 부인들 사이에서 인기가 높았다고 해요. 하지만 평생 결혼은 하지 않았어요. 흄은 죽는 순간까지도 회의주의를 버리라는 사람들의 권유를 뿌리쳤다고 합니다.

앞서 버클리는 어떤 사물에 대한 지각을 아무리 결합시켜도 그 밑바탕에 있는 물질적 실체를 끄집어낼 수는 없다고 주장했어요. 이것이 그가 물체의 실체 개념을 부정한 논리지요. 이와 마찬가지로 흄은 우리 속에서 일어나는 인식, 감정, 의욕을 아무리 일정하게 결합시켜도 그 밑받침이 되는 정신적 실체, 즉 영혼이 존재한다고 말할 수는 없다고 주장했습니다. 이를테면 분필에 대해 '하얗다, 맛이 없다, 부드럽다' 등으로 나타나는 여러 지각을 아무리 잘 결합해도 분필이라는 물질적 실체를 이끌어 낼 수 없듯이 무엇을 알거나 느끼거나 욕망하는 움직임이 우리 속에 있다고 하더라도 영혼이라는 실체가 존재한다고 주장할 근거는 어디에도 없다는 것이지요. 흄에 이르러 데카르트가 가정했던 두 가지 실체 가운데 정신의 실체 개념까지 모두 제거됩니다.

흄은 더욱 놀라운 주장을 폈어요. 원인과 결과의 관계는 필연적인 것이 아니라 경험을 통해서 인식된다는 주장이었지요. 예를 들어 내

에든버러 대학교
흄이 졸업한 대학교로, 영국 스코틀랜드에 위치한다. 그는 이곳에서 법학을 공부했다. 1744년에 이곳에서 일자리를 구했으나 무신론자라는 이유로 거절당했다.

흄(1711~1776)
흄은 『인성론』과 『인간 오성에 관한 철학 논집』에서 인과 관계의 문제를 다루었다. 그는 인과성 뿐만 아니라 인식론, 도덕, 종교 등을 논의할 때도 항상 회의적이었다.

가 친 A라는 당구공에 B라는 당구공이 맞아 움직였다고 가정해 봅시다. 이때 우리는 움직이지 않던 공 B가 A로부터 충격을 받아 움직이게 되었다고 판단하지요. 우리는 이것을 보고 "A는 B의 원인이고 B는 A의 결과다."라고 말하며 인과성을 인정합니다. 그러나 엄밀히 현상만 보면 A가 움직이고 나서 B가 움직였다는 사실만 관찰할 수 있을 뿐 A가 B의 원인이라는 사실은 어디에서도 관찰할 수 없어요. 즉 우리는 선후(先後) 현상이 잇따라 일어나는 것만 관찰할 수 있을 뿐 두 공 사이에 필연적인 인과 관계가 있다는 것은 관찰할 수 없습니다. 그런데도 우리가 두 현상 사이에 인과 관계가 있다고 인식하는 것은 생각하지도 알지도 못하는 사이에 경험한 습관에서 비롯된 것이랍니다.

흄이 엉뚱한 주장을 내세워 건전한 상식을 깨뜨리려고 하지는 않았을 거예요. 오히려 인간이 알 수 없는 경지마저도 알려고 달려든 독단적 형이상학자들에게 주의를 주고 싶었던 게 아닐까요? 칸트가 흄의 회의주의 덕분에 비로소 '독단의 잠'에서 깨어날 수 있었다고 고백한 것처럼 말입니다.

생각해 보세요

? 정신과 신체의 상호 작용에 대해 설명해 주세요.

데카르트는 정신과 물체가 서로 독립적으로 아무런 영향을 주고받지 않으면서 존재할 수 있다고 주장했습니다. 이러한 이원론은 심각한 결과를 가져왔어요. 사유하는 능력이 없는 동물은 단순한 기계와 다를 바가 없게 된 것이지요. 예를 들어 어떤 동물이 매질을 당하며 신음 소리를 냈다고 합시다. 이원론에 따르면 이 신음 소리는 감정을 나타낸 것이기보다는 마치 오르간 건반을 두드렸을 때 울리는 소리처럼 기계적인 것에 불과합니다. 과연 그럴까요? 우리는 동물이 아니기 때문에 그들의 정확한 상태를 파악할 수는 없습니다. 하지만 그 동물의 일그러진 얼굴과 애절한 눈동자, 비틀리는 손과 발을 마음 편히 바라볼 수 있을까요? 따지고 보면 인간 역시 동물일 뿐입니다. 우리 자신을 돌이켜 볼 때 정신과 신체 사이에 아무런 관계가 없다고 판단할 수 있을까요? 그렇지 않다면 일상생활에서 우리가 경험하는 정신과 신체의 상호 작용을 어떻게 이해해야 할까요? 결국 데카르트는 적어도 인간은 몸과 마음, 신체와 정신이 결합해 서로 작용한다고 인정하지 않을 수 없었습니다. 이 두 가지는 뇌의 솔방울샘을 통해 서로 만나 밖의 물리적 자극이 마음속에 감각을 일으키기도 하고, 반대로 마음속에서 일어난 결정이 신체에 전달되기도 한다는 것이지요.

채찍질을 당하는 말

4 이성과 자유와 진보를 위해! | 프랑스의 계몽주의

계몽주의란 좀 더 이성적으로 인간과 세계를 이해하고자 한 혁신적 사상입니다. 계몽주의자들은 인간 생활의 진보와 개선을 꾀하려고 했지요. 계몽주의자들은 구시대의 제도와 사상에 반대했기 때문에 기존의 특권 계층과 대립할 수밖에 없었어요. 계몽주의 시대에는 구시대를 지배하던 것들에 맞선 자연, 인간과 인권, 이성과 과학, 휴머니즘과 자유 같은 용어가 등장합니다. 프랑스의 절대 군주인 루이 14세가 죽자 계몽주의는 고삐 풀린 망아지처럼 매우 급진적으로 전개되었어요. 그리스도교를 개선하려고 하기보다는 아예 없애 버리려는 움직임이 일었고, 정치를 점진적으로 바로잡으려 하기보다는 혁명을 통해 새롭게 나아가려고 했지요. 모든 일은 '이성과 자유와 진보를 위해!'라는 표어 아래 진행되었답니다.

• 백과전서파에 속한 계몽주의자들은 인간의 이성을 강조하고 종교를 강하게 비판했다.
• 『백과전서』는 프랑스 혁명의 사상적 배경이 되었다.
• 루소는 『사회 계약론』에서 권력이 정당하려면 구성원들의 자유로운 동의가 기초가 되어야 한다고 주장했다.
• 루소는 역사적 · 문화적 성과를 비판하며 자연으로 돌아가라고 주장했다.

1 이성이라는 무기를 들고 투쟁하다 – 계몽주의자

프랑스 혁명이 일어나기 전, 당시의 계몽적이고 진보적인 집필자들이 여러 학문을 집대성해 『백과전서』를 출간했습니다. 이 책의 출간에 참여한 184명의 계몽주의자 집단을 '백과전서파'라고 불러요. 몽테스키외와 볼테르, 루소 등 당시 프랑스의 대표적인 지성인들이 속해 있었지요. 『백과전서』는 프랑스 혁명의 사상적 배경이 되었어요. 프랑스 혁명기의 정치가인 로베스피에르는 "백과전서파의 영향을 무시하는 사람은 우리 혁명의 서곡에 대해 이해할 수 없을 것이다."라고 말했답니다. 백과전서파에 속한 계몽주의자들은 인간의 이성을 강조하고 종교를 강하게 비판했기 때문에 당국의 탄압을 받기도 했어요. 물론 백과전서파가 모든 종교를 비판한 것은 아니었습니다. 다만 이성이라는 무기를 들고 보다 자유롭고 행복한 시대를 맞이하기 위해 투쟁한 거예요.

『백과전서』의 첫머리에 실린 삽화

계몽주의 정신을 담고 있는 삽화다. 베일을 쓴 여신은 진리를, 그녀의 베일을 벗기려는 무사(Mousa)는 당대의 이성을, 여신의 아래서 빛을 피하는 무사는 신학을 상징한다.

프랑스의 철학자 달랑베르는 "모든 독단적 교리에서 벗어나 예수가 가르친 대로 인간을 사랑하고 하나님을 공경해야 한다."라고 주장했어요. 이보다 더 격렬하게 종교를 비판한 사람들이 프랑스의 유물론자들입니다. 프랑스의 철학자 라메트리는 "하나님을 가정할 필요가 없다. 영혼이 있다고 가정할 필요도 없

다. 왜냐하면 정신 작용이나 사유 역시 신체적 활동일 뿐이기 때문이다."라고 주장했어요. 그는 영혼을 육체적 성장의 산물이라고 보고 "발이 걷는 근육을 갖고 있는 것처럼 뇌는 생각하는 근육을 갖고 있다."라고 말했답니다. 유물론자들은 "형이상학이란 꾸며 낸 환상에 지나지 않는다."라고 주장했습니다. 종교 역시 거짓을 말하는 종교 지도자들의 장난에 지나지 않는다고 보았지요. 그들은 인류를 편견에서 벗어나게 하고 좀 더 행복한 시대에 살게 하기 위해 올바른 의미의 계몽이 필요하다고 주장했습니다.

〈민중을 이끄는 자유의 여신〉
프랑스 화가인 들라크루아의 작품이다. 7월 혁명을 기념하기 위해 1830년에 그린 그림이다. 가운데에 그려진 여성은 자유를 상징하며 한 손에는 프랑스 국기를, 다른 손에는 총검을 들고 있다.
루브르 박물관 소장

조프랭 부인의 살롱

계몽주의가 유행하던 18세기에 이름이 나 있던 살롱이다. 『백과전서』의 일부가 이곳에서 작성되었다. 조프랭 부인은 『백과전서』가 판금 도서가 되자 출판사에 익명으로 20만 프랑을 보내기도 했다.

2 자연으로 돌아가라 – 루소

루소는 젊은 시절에 그리 모범적이지 않았습니다. 무위도식(無爲徒食, 하는 일 없이 놀고먹음)하고 도둑질과 사기를 일삼았어요. 근거 없는 말로 얌전한 여자를 헐뜯고 분별없이 삼류 소설책을 읽기도 했지요. 직업을 수없이 바꾸며 방황하던 루소가 유명한 문필가의 대열에 끼게 된 것은 언제일까요? 프랑스에 위치한 디종 시의 학술원에서 '학문과 예술의 진보가 풍속의 파괴나 고양에 이바지할 수 있는가?'라는 주제로 논문을 현상 공모했을 때였답니다. 여기에 루소의 「학문과 예술론」이 당선된 것이지요. 이 논문에서 그는 학문과 예술이 인간의 행복을 증진시켰다는 주장에 대해 부정적인 입장을 취했습니다.

「고백록」
루소가 살아온 인생을 낱낱이 서술한 『고백록』에는 사과를 훔치는 어린 루소가 그려져 있다. 루소의 모든 것이 담긴 이 작품은 아우구스티누스, 톨스토이의 작품과 함께 세계 3대 고백 문학으로 꼽힌다.

같은 학술원에서 또 다시 논문을 현상 공모했을 때 루소가 제출한 글이 그 유명한 「인간 불평등 기원론」이에요. 그는 이 논문에서 모든 불평등의 근본 원인을 밝혔습니다. 재산이 생겨 부자와 빈자로 갈라진 것, 주종 관계가 생겨 지배자와 피지배자가 구분된 것, 주인과 노예를 제도적으로 대립시켜 놓은 것이 화근이 되어 불평등이 생겨났다고 주장했지요. 루소의 견해에 따르면 불평등이 생겨나면서 어린아이가 어른에게 명령을 내리고, 미련한 자가 현명한 자를 다스리는 세상이 되었어요. 대중은 최소한의 생활 여건도 갖추지 못하는데 극소수의 부자는 지나친 풍요를 누리게 되었지요. 결과적으로 인류는 자연 상태와는 너무나 다른 상태를 만들고 말았어요.

그렇다면 서로 간에 평등한 상태로 돌아가려면 어떻게 해야 할까요? 이에 대해 루소는 새로운 사회를 적극적으로 구상했습니다. 그는 『사회 계약론』에서 권력이 정당하려면 전체의 합의, 즉 구성원들의 자유로운 동의가 기초가 되어야 한다고 주장했어요. 이 합의가 바로 '사회 계약'입니다. 각 구성원은 자신의 인격과 자기가 가진 모든 권능을 일반 의지(一般意志, 개인적인 이기심을 버리고 사회 계약의 당사자가 되는 공적 주체로서의 국민의 의지)에 종속시켜야 합니다. 이렇게 해서 공적 주체로서의 국민이 생겨나지요. 이 국민만이 유일한 주권자가 됩니다.

『신엘로이즈』
루소가 쓴 서간체 연애 소설 『신엘로이즈』에 수록된 삽화다. 신분 차이 때문에 이루어질 수 없는 사랑 이야기를 담은 이 작품에는 그의 사상이 잘 녹아 있다.

그렇다면 일반 의지가 무엇인지 어떻게 알아낼까요? 우리는 투표를 통해 일반 의지를 찾아낼 수 있습니다. 투표를 거치면 다수의 의견이 채택되고 소수의 의견은 채택되지 못하지요. 자기의 뜻에 어긋난 법률이 채택되더라도 구성원 개개인은 다수의 의견을 받아들여야 해요. 왜냐하면 모든 구성원의 변하지 않는 의지가 곧 일반 의지이고 이것

루소(1712~1778)
루소의 사상은 철학 · 정치 · 교육 · 문학 등의 분야에 방대한 영향을 끼쳤다. 후대의 철학자 칸트는 평생 루소의 초상화를 서재에 걸어 놓고 그를 흠모했다고 한다.

을 바탕으로 해야만 모든 구성원이 국민으로서 자유로울 수 있기 때문입니다. 그러므로 의회에서 국회의원 각각이 어떤 법률에 찬성하느냐 반대하느냐가 문제가 아니라 그 법률이 일반 의지와 일치하는가가 중요합니다. 각각의 의원은 투표권을 행사하고 그 표수로 일반 의지를 확인하지요. 내 의사와 반대되는 견해가 표를 많이 받았다면 내가 그동안 착각했다는 뜻입니다. 즉 내가 일반 의지라고 생각했던 것이 사실은 일반 의지가 아니었다는 것이지요.

루소는 역사적 · 문화적 성과를 비판하며 자연으로 돌아가라고 주장했습니다. 그러나 그 무렵 대부분의 사람들은 '이성의 빛'으로 이룬 진보를 기리고 있었어요. 프랑스 계몽주의 시대의 사상가인 볼테르 또한 마찬가지였지요. 그는 루소의 숙적이라고 불릴 만큼 루소와 견해를 달리했습니다. 「학문과 예술론」과 「인간 불평등 기원론」을 읽은 볼테르는 루소를 조롱했어요. 인간을 짐승으로 묘사한 저작을 읽고 나니 네 발로 걷고 싶을 정도라며 비아냥거렸지요. 기질이나 사상이 정반대였던 두 사람이 지금은 프랑스 파리의 판테온에 나란히 묻혀 있답니다.

생각해 보세요

여러 사람에게 영향을 끼친 루소의 교육론에 대해 알고 싶어요.

루소는 자신의 교육론을 『에밀』에 담았습니다. 『에밀』에서 그는 이렇게 주장했어요. "어린아이는 외부의 어떠한 강제도 없이 자유롭게, 오직 자기의 소질에 따라, 항상 자기의 감정에 충실하게, 그리고 완전히 자연스럽게 성장해야 한다. 이를 위해 모든 반(反)자연적인 것, 이를테면 관습과 규칙 등은 거부해도 좋다. 그리스도교의 원죄설마저 거부할 수 있다. 교육은 소극적인 역할을 하는 데 그쳐야 한다." 다섯 명의 자녀를 모두 고아원에 보낸 그가 교육론을 펼 자격이 있는지는 모르겠지만 루이 16세의 왕비 마리 앙투아네트가 『에밀』을 읽은 후 농사를 짓고 우유 짜는 부인의 흉내를 냈다는 일화에서 루소의 영향력을 짐작할 수 있습니다. 뿐만 아니라 스위스의 교육학자인 페스탈로치는 루소의 영향을 받아 아동 교육에 생애를 바쳤어요. '고아의 아버지'라고 불리는 페스탈로치는 프랑스 혁명의 남은 영향이 스위스로 밀려왔을 때 고아원을 세워 고아들을 헌신적으로 돌보았습니다. 그는 지능 · 신체 · 도덕을 조화롭게 발달시키는 교육을 실천했고 어려운 상황에서도 교사로서의 뜻을 굽히지 않았어요. 페스탈로치의 생애를 한 마디로 요약한 듯 그의 묘비에는 "모든 것은 남을 위해 했으며 나 자신을 위해서는 아무것도 하지 않았다."라고 새겨져 있답니다.

〈슈탄스에서 고아들과 함께 있는 페스탈로치〉

5 철학은 칸트 이전과 이후로 나뉜다 | 칸트의 비판 철학

독일의 철학자 칸트를 시작으로 해서 철학자들은 통일적인 체계 안에서 존재 전체를 이해하려고 노력합니다. 이를 위해 칸트와 독일 관념론자들이 맨 먼저 했던 일은 경험론, 회의주의, 공리주의, 유물론의 학자들이 부정하거나 비판한 진리, 윤리, 종교 등 여러 가치를 다시 세우는 일이었어요. 칸트의 철학은 경험론과 연결되지만 신, 영혼, 윤리, 예지계 등과도 연결됩니다. 칸트의 저서로는 인식의 과정을 연구한 『순수 이성 비판』이 가장 유명해요. 이 밖에 윤리의 문제를 다룬 『실천 이성 비판』과 예술 분야를 살펴본 『판단력 비판』, 종교와 관련된 『단순한 이성의 한계 안에서의 종교』도 있답니다.

- 칸트의 주장에 따르면 참다운 인식은 감성의 수용성과 오성의 자발성이 결합되어 이루어진다.
- 칸트는 무조건적으로 선하다고 볼 수 있는 것은 오직 선의지뿐이라고 말했다.
- 칸트는 '이론 이성'에 대한 '실천 이성'의 우위를 주장했다.
- 칸트의 도덕 법칙은 "너는 ~하지 않으면 안 된다."라는 정언 명령으로 나타난다.

1 매일 아침 정각 5시에 일어나다

칸트는 동(東)프로이센의 항구 도시인 쾨니히스베르크에서 태어났습니다. 쾨니히스베르크는 러시아 연방 서부에 위치한 칼리닌그라드의 옛 이름이에요. 이곳은 원래 독일의 영토였지만 제2차 세계 대전 후에 소련의 영토가 되었습니다. 1945년에 소련령이 된 것을 기념해 당시 지도자였던 칼리닌의 이름을 따 칼리닌그라드라고 개명했다고 해요. 이러한 역사적 배경 탓에 지금도 이곳의 반환 문제가 독일과 러시아 사이의 외교 안건이랍니다.

칸트의 아버지는 말을 타거나 부리는 데 쓰는 기구를 만드는 사람이었어요. 칸트는 9년 동안 가정 교사로, 15년 동안 시간 강사로 일한 끝에 46세가 되어서야 교수가 되었습니다. 그는 매우 충실하고 유쾌하게 강의했어요. 하지만 성격상 까다로운 구석이 있어서 이상한 복장을 하고 있는 학생을 보면 불안해했다고 합니다. 칸트는 1781년에 발표한 『순수 이성 비판』으로 갑자기 유명인이 되었답니다.

칸트의 집
쾨니히스베르크에 있었던 칸트의 집이다. 칸트의 고향인 이곳은 당시 동프로이센의 수도였다. 칸트는 태어나 숨을 거둘 때까지 약 80년 동안 쾨니히스베르크를 벗어난 적이 거의 없었다.

칸트는 키가 160cm도 되지 않았고 기형적인 가슴을 가진 허약한 체질이었어요. 그런데도 칸트가 건강을 유지할 수 있었던 것은 규칙적으로 생활했기 때문이랍니다. 이웃 사람들이 칸트의 움직임을 보고 시계 바늘을 맞출 정도였다고 해요. 노인이 된 칸트는 여름이고 겨울이고 매일 아침 정각 5시에 일어났습니다. 칸트의 하인은 정확히 4시 45분에 그를 깨웠어요. 하

인은 주인이 일어나기 전에는 절대로 침대를 떠나지 않았답니다. 칸트가 자기를 좀 놓아두라고 부탁할 때도 반드시 깨워야 한다고 명령했기 때문이에요. 잠자리에서 일어난 후에는 서재에서 공부를 했고 아침 7시부터 9시까지는 강의를 했답니다. 9시부터 오후 1시까지는 논문을 작성하는 등 주로 연구 시간으로 활용했어요. 점심 식사 때는 언제나 손님을 맞았답니다. 칸트는 손님과 철학 외의 다양한 주제로 많은 이야기를 나누었어요. 그 후에는 어김없이 산책을 했지요. 산책을 마치고 돌아온 칸트는 다시 연구에 몰두하다가 밤 10시에 정확하게 잠자리에 들었다고 합니다.

칸트가 루소의 『에밀』을 읽다가 시계 바늘처럼 어김없던 일과를 어기고 말았다는 에피소드는 너무나 유명합니다. "나는 무식한 천민(賤

칸트와 친구들

칸트는 다정다감하고 재미있는 사람이었다. "밥을 혼자 먹는 것은 불행한 일이다."라고 말하며 사람들과 식사하는 것을 즐겼다. 매일 식사 때 먹을 소스를 직접 만들기도 했는데, 칸트는 절대로 그 소스를 먹지 않았다고 한다.

쾨니히스베르크 대학교
칸트는 쾨니히스베르크 대학교를 졸업한 후 왕립 도서관에서 사서로 일했다. 이후 모교인 쾨니히스베르크 대학교의 철학 교수가 되었다. 제2차 세계 대전이 끝난 후 교명이 '칼리닌그라드 대학교'로 변경되었다가 2005년에 '칸트 대학교'로 다시 바뀌었다.

民)을 경멸했다. 루소가 이런 나를 바로잡아 주었다. …… 나는 그에게서 인간을 존경하는 법을 배웠다."라는 칸트의 고백을 통해 그가 매우 겸손했다는 것을 알 수 있어요.

칸트는 결혼하지 않고 평생 혼자 살았습니다. 일생 동안 검소하게 생활한 덕분에 상당히 많은 유산을 물려줄 수 있었어요. 80세에 그가 숨을 거두자 장례식이 성대하게 치러졌어요. 칸트의 유해는 그가 평생 근무한 **쾨니히스베르크 대학교** 캠퍼스 안에 안장되었습니다.

칸트가 철학에 끼친 영향은 이루 말할 수 없을 정도입니다. 19세기 철학의 대부분이 칸트 사상의 수용과 전파 또는 반론과 변형이었다고 해도 지나치지 않지요. 칸트가 남긴 주요 저서에는 『순수 이성 비판』, 『도덕 형이상학 원론』, 『실천 이성 비판』, 『판단력 비판』, 『단순한 이성의 한계 내에서의 종교』, 『영구 평화론』 등이 있습니다.

2 인간의 인식 능력을 논하다 –『순수 이성 비판』

칸트는『순수 이성 비판』에서 인간의 인식을 다루었어요.『순수 이성 비판』은 선험적 감성론과 선험적 분석론, 선험적 변증론으로 나누어집니다. 선험적 감성론에서는 감성(感性) 능력을, 선험적 분석론에서는 오성(悟性) 능력을, 선험적 변증론에서는 이성(理性) 능력을 다루고 있지요.

감성이란 외부 대상이 일으키는 인간의 어떤 능력을 말합니다. 눈앞에 분필이 하나 있다고 생각해 보세요. 이 분필은 우리 눈을 자극해 시각을 일으킵니다. 분필을 만질 때는 손을 자극해 촉각을 일으키지요. 이때 시각과 촉각이 일어나게 하는 인간의 능력, 그것이 바로 감성입니다. 그래서 감성을 보통 수용성(受容性), 즉 받아들이는 능력이라고 한답니다.

그런데 우리가 어떤 대상을 받아들이기 위해서는 시간과 공간이라는 조건이 필요해요. '지금'이라는 시간과 '이곳'이라는 공간 속에서 경험이 생기지요. 즉 인간의 경험적 직관이 성립되려면 시간과 공간이라는 형식이 반드시 필요합니다. 하지만 이것만으로는 부족해요. 시간 속에서 전개되는 사건과 공간적으로 존재하는 사물, 즉 질료(質料)가 있어야 합니다. 우리의 주관적인 감성이 밖에 있는 질료를 경험할 때 비로소 구체적인 직관이 성립하지요.

인간에게는 감성 말고도 오성이라는 인식 능력이 있습니다. 인간은 감성을 통해 대상을 받아들이고

칸트(1724~1804)
칸트가 지인들과 주고받은 편지를 통해 그의 삶과 철학적 사상의 발전 과정을 엿볼 수 있다. 칸트에 대한 정보는 동료들의 진술을 바탕으로 기록된 전기를 통해서도 알 수 있다.

오성을 통해 대상을 생각해요. 인간은 감성을 통해 인식의 재료를 받아들이지만 참다운 인식이 성립되려면 반드시 오성을 통해 사고해야 합니다.

칸트의 주장에 따르면 참다운 인식은 감성의 수용성과 오성의 자발성이 결합되어 이루어집니다. 예를 들어 우리가 분필을 인식하려면 분필이라는 대상을 눈으로 보고 손으로 만져야 합니다. 감성을 통해 분필을 받아들이는 것이지요. 여기서 끝나는 것이 아니라 이렇게 감각된 내용은 사고를 통해 정리해야 해요. 오성을 통해 개념을 형성하는 것이지요. 이러한 칸트의 주장이 잘 나타난 구절이 "내용 없는 사고는 공허하고, 개념 없는 직관은 맹목적이다."랍니다.

칸트 탄생 기념주화

1974년에 독일에서 발행된 칸트 탄생 기념주화다. 칸트의 장례식이 있던 날에는 쾨니히스베르크의 모든 상점이 문을 닫았고 수천 명의 사람이 운구 행렬의 뒤를 따라가며 위대한 철학자의 죽음을 애도했다고 한다.

우리의 인식이 언제나 감성과 오성의 결합으로 성립된다면 감성적 직관이 주어지지 않는 대상에 대해서는 어떻게 인식할 수 있을까요? 그것은 도무지 알 수 없습니다. 현실 세계에서 경험할 수 없는 형이상학적 개념을 인식하려고 시도하는 순간 한계에 부딪히게 되니까요. 그런데 그것을 기어코 알려고 할 때 선험적 가상(假象), 즉 착각이 생겨납니다. 예를 들어 우리는 영혼은 사라지지 않는 것인지, 세계는 무한한지, 신은 존재하는지 등을 알 수 없어요. 왜냐하면 그것을 경험할 수 없기 때문이지요. 하지만 사람들이 이런 문제에 대해 끝까지 알려고 하다 보니 문제가 생깁니다. 서로 모순되어 어느 쪽 손도 들어줄 수 없는, 이른바 이율배반(二律背反)에 빠지게 되는 것이지요. 이에 대한 해답은 실천적 · 도덕적 세계에서나 찾을 수 있습니다.

3 주요 저서에 담긴 칸트의 사상

좋은 의도로 행하라, 선의지

칸트는 "이 세계 안에서, 더 넓게는 이 세계 밖에서도 무조건적으로 선하다고 볼 수 있는 것은 오직 선의지(善意志, 선을 행하고자 하는 순수한 동기에서 나온 의지)뿐이다."라고 말합니다. 어떤 행위를 하려고 할 때 선의지가 있다면 결과와 상관없이 그 사람의 행위는 선해요. 반대로 선의지가 없었다면 침착성, 인내심과 같은 기질상의 장점이나 부, 명예, 권력 등 아무리 좋은 것을 가지게 될지라도 그것은 금방 악으로 변할 수 있습니다. 이를테면 침착한 도둑이 그렇지 않은 도둑보다 더

착한 사마리아인
강도를 당해 길에 쓰러진 유대인을 구해 준 사마리아인을 일컬어 '착한 사마리아인'이라고 한다. 착한 사마리아인의 이야기는 인간이 가진 선의지를 설명할 때 자주 인용되는 『신약 성경』 속 이야기다.

욱 가증스럽다는 것이나 권력을 악하게 사용하다가 패가망신(敗家亡身, 집안의 재산을 모두 쓰고 몸을 망침)하는 것과 같지요. 선의지는 그 자체로 보석처럼 빛나고 그 안에는 모든 가치를 담고 있습니다.

또한 칸트는 의무를 존중했습니다. 의무와 대립되는 것은 습관적인 감성적 욕망을 뜻하는 경향성(傾向性)이에요. 칸트는 그때그때의 기분에 휘둘리면 안 되고 어디까지나 의무에 따라 행동해야 한다고 주장하면서 이렇게 말했습니다.

"의무여, 숭고하고도 위대한 이름이여! 너는 사람들이 좋아할 만한 것을 아무것도 가지지 않았으면서 너에게 복종하기를 요구한다."

칸트 기념비

쾨니히스베르크에는 프레겔 강과 일곱 개의 다리가 있었다. 그 다리 가운데 하나에 칸트의 기념비가 자리하고 있다. 이 다리들은 수학자 오일러의 한붓그리기 이론의 유래가 되기도 했다.

도덕 법칙이 있다는 사실은 부정할 수 없다, 『실천 이성 비판』

칸트는 "생각하면 할수록 내 마음을 감탄과 외경(畏敬, 공경하면서 두려워함)으로 채우는 두 가지가 있다. 그것은 내 머리 위에 펼쳐진 별이 총총한 하늘과 내 마음 속의 도덕 법칙이다."라고 하면서 엄연한 이성의 사실로서 도덕 법칙이 존재한다고 전제했습니다. '사실'에는 매우 무서운 뜻이 담겼어요. 판사가 피의자에게 형을 선고할 때 지문이나 혈흔과 같은 '사실'을 들이대면 그 누구도 이의를 제기할 수 없지요. 그런데 눈앞에 벌어지는 '경험적 사실'을 부정할 수 없는 것과 마찬가지로 가슴에 손을 얹고 생각할 때 도저히 부정할 수 없는 '이성적 사실'이 있습니다. 그것이 바로 '양심'과 같은 뜻을 지니는 도덕 법칙이에요.

폴리네이케스 앞에 선 안티고네
그리스 신화에 등장하는 오이디푸스의 딸 안티고네는 크레온의 금지령을 어기고 오빠인 폴리네이케스의 시신을 땅에 묻는다. 그녀는 "죽은 혈족의 장례를 치러 주지 않으면 안 된다."라는 양심에 따라 행동한 것이다.

칸트의 도덕 법칙은 "너는 ~하지 않으면 안 된다."라는 정언 명령(定言命令)으로 나타납니다. 정언 명령은 특정한 조건에 좌우되지 않는다고 해서 무조건적인 명령이라고도 해요. "네 의지의 준칙이 언제나 동시에 보편적 입법의 원리로서 타당하도록 행동하라!"라는 것이지요. 여기서 준칙이란 주관적인 행위의 규칙을 말하고, 보편적 입법의 원리란 객관적인 행위의 규칙을 뜻합니다. 그러므로 정언 명령은 자신의 주관적인 행위의 규칙이 객관적인 행위의 규칙으로 받아들여질 수 있도록 행동해야 한다는 뜻입니다. 주관적으로 옳다고 다 옳은 것이 아니고 누구나 인정할 수 있어야만 옳은 것이라는 의미지요.

영혼은 사라지지 않고 신은 존재한다

이 세상에는 선한 사람이 불행을 겪고 악한 사람이 복을 누리는 경우가 많습니다. 이것을 어떻게 해석해야 할까요? 이를 설명하기 위해서는 영혼의 불멸과 신의 존재가 전제되어야 합니다.

먼저 영혼의 불멸이 전제되는 근거를 살펴볼까요? 우리는 최상선(最上善, 인간의 의지가 도덕 법칙과 완전히 일치하도록 하는 마음의 선)을 실현해야 해요. 이를 위해서는 도덕 법칙을 향한 무한한 의지가 있어야 합니다. 육체가 없어지더라도 의지의 주체인 영혼은 살아남아야 한다는 뜻이지요. 즉 영혼의 불멸을 전제해야 합니다. 영혼이 불멸하는지 알 수는 없지만 적어도 도덕 법칙을 향해 무한히 노력하기 위해서는 영혼이 불멸한다고 보아야 한다는 것이지요.

영혼의 불멸을 전제로 해서 최상선이 실현되더라도 인간의 힘으로는 이것을 행복과 연결시킬 수 없습니다. 인간의 힘만으로는 선한 사람이 복을 받고 악한 사람이 벌을 받도록 할 수 없다는 것이지요. 그러므로 우리는 덕이 곧 행복이 되도록 하는 전지전능한 존재, 즉 신(神)의 존재를 인정해야 해요. 인간이 도덕적으로 생활하도록 하기 위해서는 모든 개인의 마음속과 행동을 빠짐없이 살피고 그에 합당한 상벌을 내릴 수 있는 신이 존재해야 합니다. 신이 존재하는지 알 수는 없지만 인간의 도덕적 삶을 위해서는 신이 존재한다고 보아야 한다는 것이지요. 영혼의 불멸과 신의 존재는 인식하는 능력인 '이론 이성'이 아니라 도덕 법칙에 따르는 능력인 '실천 이성'에 의해 비로소 드러날 수 있어요. 이런 의미에서 칸트는 이론 이성에 대한 실천 이성의 우위(優位)를 주장했지요.

〈최후의 심판〉

이탈리아 화가인 미켈란젤로의 작품이다. 천상의 세계와 지옥의 세계가 차례로 묘사되어 있다. 가운데에 심판자인 예수가 있고 그 옆에는 마리아가 인류를 부드러운 눈빛으로 내려다 보고 있다. 이 둘의 주위를 성자들이 둘러싸고 있다. 주변에서는 죽은 자들이 살아나 천상으로 올라가거나 지옥으로 떨어진다.

국제 연합 총회 회의장
국제 연합 총회는 국제 연합의 모든 업무를 결정하는 최고 의사 결정 기관이다. 국제 연합 가입국의 대표로 구성된다. 평등의 원칙에 따라 한 국가당 한 표를 행사한다.

국제 연합(國際聯合)
1945년 10월 24일에 창설된 국제 평화 기구다. 평화 유지와 군비 축소, 국제 협력을 위해 활동한다. 2011년 기준으로 총 193개국이 가입했고 본부는 미국 뉴욕에 있다.

이후 칸트는 『영구 평화론』에서 세계 평화를 유지하기 위한 법 원리를 제시했습니다. "정규군을 점차로 폐지해 나가야 한다.", "어떤 국가도 폭력으로 다른 나라의 정치 체제에 개입해서는 안 된다."라고 주장했지요. 또한 그는 『영구 평화론』에서 "국제법은 자유로운 모든 국가의 연맹을 토대로 해야 한다."라고 주장했습니다. 국제 연맹이나 국제 연합과 같은 국제기구의 필요성에 대해 일찍이 힘주어 말한 것이지요.

생각해 보세요

칸트가 산책을 그렇게 좋아했다면서요?

"이웃 사람들은 회색 연미복을 걸친 칸트가 스페인제 스틱을 들고 대문을 나서 '철학자의 길'이라고 불리는 보리수가 늘어선 길을 산책하는 것을 보고 그때가 바로 오후 3시 30분이라는 사실을 분명히 알 수 있었다. 칸트는 사계절의 어느 때나 똑같은 산책로를 아래위로 여덟 번 거닐었다. 흐리거나 먹구름이 끼어 곧 비가 내릴 듯한 날에는 하인이 큰 우산을 팔 밑에 끼고 그의 뒤를 총총걸음으로 쫓아갔다." 칸트의 전기(傳記)를 쓴 작가가 그의 산책에 대해 묘사한 내용이에요. 칸트는 나이가 많아져 산책이 힘들 때까지 루소의 『에밀』을 읽는 며칠을 빼고는 한 번도 산책을 거른 적이 없었다고 합니다. 언젠가 한 귀족이 칸트를 마차 산책에 초대했어요. 그런데 이 산책이 너무 길어지는 바람에 밤 10시경에야 집으로 돌아올 수 있었답니다. 칸트는 이 경험을 하고 난 후 새로운 생활 규칙을 하나 정했대요. '어느 누구의 마차 산책에도 절대로 따라가지 않는다.'는 것이었지요. 아무리 좋아하는 일이더라도 규칙적인 생활에 방해가 될 정도로 과하게 하는 것은 좋아하지 않았던 모양입니다.

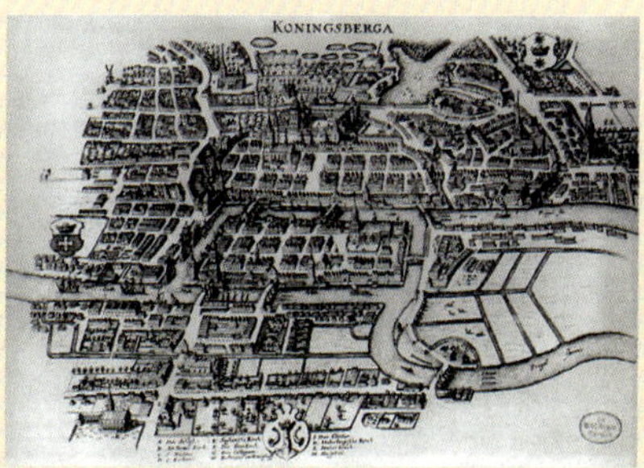

쾨니히스베르크의 옛 지도

6 칸트로부터 흘러 들어와 헤겔로 흘러 나가는 호수 | 독일 관념론

나와 밖에 있는 사물 가운데 어느 쪽이 중요할까요? 물론 나와 사물, 자아와 자연, 정신과 물질, 의식과 대상, 주관과 객관 모두 중요합니다. 이 둘 가운데 어느 쪽에 더 무게 중심을 둘 것인지의 문제지요. 둘 사이의 대립을 어떻게 조화시킬 것인가가 칸트 이후 서양 철학자들에게 맡겨진 과제였습니다. 이 가운데 전자에 속하는 나, 자아, 정신, 의식, 주관 쪽을 강조하는 사조를 관념론이라고 부르고 후자에 속하는 사물, 자연, 물질, 대상, 객관 쪽에 무게 중심을 두는 사조를 유물론이라고 부를 수 있어요. 피히테와 셸링, 헤겔 등 독일 관념론자들은 이 둘을 종합하려고 고심에 고심을 거듭했답니다.

- 피히테는 프랑스군에 점령당한 베를린에서 '독일 국민에게 고함'이라는 유명한 연설을 했다.
- 셸링의 사상은 일체의 자연은 곧 신이며 신은 곧 일체의 자연이라고 생각하는 범신론에 속한다.
- 헤겔 생전에 이미 헤겔 학파가 생겨났고 1930년에는 '국제 헤겔 연맹'이 조직되기도 했다.
- 헤겔은 정(正) · 반(反) · 합(合)이라는 세 단계를 거쳐 인식이 전개된다고 주장했다.

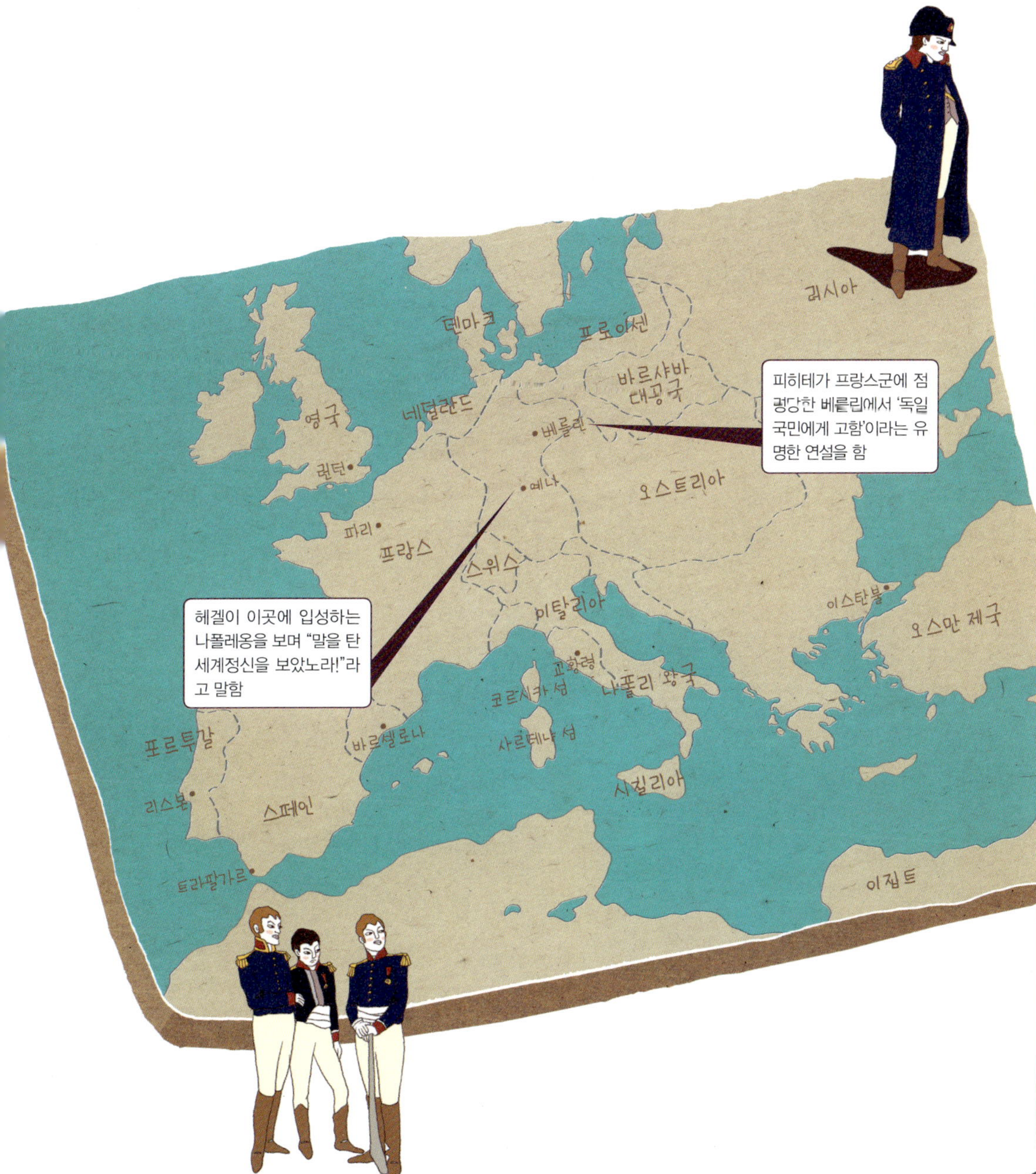

1 칸트라고 오해받은 익명의 저자 - 피히테

독일 관념론의 대표적 철학자인 피히테는 가난한 직공의 아들로 태어났습니다. 그는 어린 시절에 주일 설교를 듣지 못한 한 영주 앞에서 기가 막히게 목사의 설교를 흉내 내서 사람들을 놀라게 한 일이 있었습니다. 이때 피히테의 역량을 알아본 그 영주의 도움으로 고등학교까지 마칠 수 있었어요. 하지만 대학교에 다닐 무렵 후견인이었던 영주가 죽자 피히테는 다시 어려움에 빠지고 말았습니다. 경제적 어려움을 극복하기 위해 갖은 노력을 하던 그는 가정 교사 자리를 얻어 나머지 학업을 마칠 수 있었어요.

이후 평소 존경하던 칸트를 찾아갔지만 상대방은 말대꾸조차 제대로 해 주지 않았어요. 그는 칸트의 관심을 끌기 위해 고민 끝에 『모든 계시의 비판 시도』를 익명으로 출간했습니다. 그 무렵 칸트의 종교 철학책을 오랫동안 기다려 온 사람들은 칸트가 그 책을 썼다고 오해했어요. 칸트가 이 사실을 알고 모든 정황을 밝힌 후 피히테는 단번에 유명한 인물이 되었지요. 예나 대학교의 교수로 초빙되기까지 했답니다.

피히테(1762~1814)
피히테는 예나 대학교에서 교수로 재직하며 활발하게 논문을 썼다. 그러나 1798년에 쓴 논문 때문에 무신론 논쟁에 휩싸이게 되었다. 결국 그는 예나 대학교를 그만두고 베를린으로 이주했다.

피히테는 프랑스군에 점령당한 베를린에서 '독일 국민에게 고함'이라는 유명한 연설을 했습니다. 이 연설은 1807년 12월부터 다음 해 3월까지 매주 일요일 오후에 있었어요. 그는 독일을 재건하려면 국민정신을 떨쳐 일으켜야 한다고 강조했어요. 베를린을 빼앗긴 독일 국민들은 이 연설을 듣고 큰 힘을 얻었다고 합니다.

피히테는 유럽 전체를 정복하려 한 나폴레옹을 '모든 악의 화신'이라고 여겼어요. 프랑스에 대한 해방 전쟁이 시작되자 제자들을 군에 입대시켰고 자신도 정훈 장교(政訓將校, 군인을 대상으로 교양, 이념 교육 및 군사 선전, 대외 보도 등의 일을 맡아보는 장교)로 전쟁터에 나가려고 했습니다. 그러나 뜻을 이루지 못한 채 간호사인 아내가 걸린 발진 티푸스에 전염되어 죽었답니다.

티푸스에 걸린 사람
피히테를 사망에 이르게 한 발진 티푸스는 겨울에서 봄에 걸쳐 발생하는 급성 전염병이다. 발병하면 오한이 나고 고열이 지속되며 온몸에 작고 붉은 발진이 생긴다.

앞서 살펴본 대로 칸트는 사물 자체의 존재와 인간의 선천적인 자발성을 동시에 보장하려고 했습니다. 그 결과 칸트 이후의 철학자들은 사물 그 자체를 인정하는 독단론과 오직 주관적 표상만을 인정하는 관념론 가운데 어느 하나를 선택할 수밖에 없게 되었지요.

피히테는 관념론의 편에 섭니다. 그는 칸트를 계승해 자아(自我)를 유일하고 절대적인 원리로 삼았어요. 피히테는 주관적인 자아가 질료, 즉 밖의 대상까지 정립한다고 주장했습니다. 다만 칸트가 말한 오성이 플라톤 철학에서의 데미우르고스(해체되려는 성향을 지닌 물질을 질서를 지닌 존재자로 만들어 내는 우주의 창조신) 같은 것이라면 피히테가 말한 자아는 그리스도교의 성령처럼 무(無)에서 유(有)를 만들어 내는 것입니다. 자아가 비아(非我, 나 밖의 모든 세계와 자연)를 산출하는 것이지요. 피히테는 자아로부터 철학의 모든 체계를 통일적으로 이끌어 내는 '지식학'을 세우려고 했습니다.

피히테의 무덤

베를린에 있는 피히테와 그의 아내 요한나 마리아 란의 무덤이다. 종군 간호사였던 피히테의 아내는 군인 병원에서 병사들을 돌보던 중 발진 티푸스에 감염되었다. 피히테는 아내에게서 병이 전염되어 52년의 길지 않은 생을 마감했다. 그는 셸링, 헤겔과 더불어 독일 관념론을 대표하는 사상가로 꼽힌다. 칸트의 비판 철학의 계승자 또는 칸트에게서 헤겔로의 다리 역할을 한 철학자로 인정받고 있다.

2 자연과 정신은 동일하다 – 셸링

독일의 철학자 셸링은 피히테의 『지식학의 기초』가 발표되자 책에 담긴 근본 사상을 저자인 피히테보다도 더욱 날카롭게 분석해 발표했습니다. 셸링의 나이가 불과 20세밖에 되지 않았을 때의 일이었어요. 피히테는 셸링을 높게 평가했고 두 사람은 친분을 이어 가게 됩니다. 하지만 나중에 피히테가 셸링의 저작에 대해 비판하면서 두 사람은 서로 다른 입장에서 논쟁하게 되지요.

셸링은 괴테의 추천으로 23세 때 예나 대학교의 부교수가 되었습니다. 그는 여럿이 모이면 서툴게 행동하고 어색해 하는 자신의 모습에 절망을 느껴 자살을 생각하는 경우가 많았다고 해요. 한 제자는 셸링을 '12개의 팔과 12개의 발을 가진 아시아의 괴물'에 비유하기도 했지요. 초국가적인 공동체를 이상으로 삼은 셸링은 신성 로마 제국을 옹호하고 프랑스 혁명은 반대했습니다. 1841년에 독일의 **프리드리히 빌헬름 4세**는 나이가 많은 셸링을 베를린으로 초빙했어요. 왕은 당시 지식인 사회를 풍미하던 헤겔 학파에 견줄 만한 세력을 키우려고 그를 부른 것이에요. 하지만 기대했던 만큼 성과를 거두지는 못했습니다. 셸링은 잠시 강의를 하다가 공직에서 물러났어요.

프리드리히 빌헬름 4세
(1795~1861)
제6대 프로이센 국왕이다. 그리스도교 국가를 이상으로 삼았지만 정치적 수완이 부족했다고 한다. '왕좌의 낭만주의자'라는 평가를 받는다.

셸링의 주장에 따르면 자연이란 자아(自我)가 생산한 것 이상의 어떤 것입니다. 현실적으로 자아 이전에 미리 주어져 있는 것이지요. 자연은 그 내용이 매우 풍부하다는 점

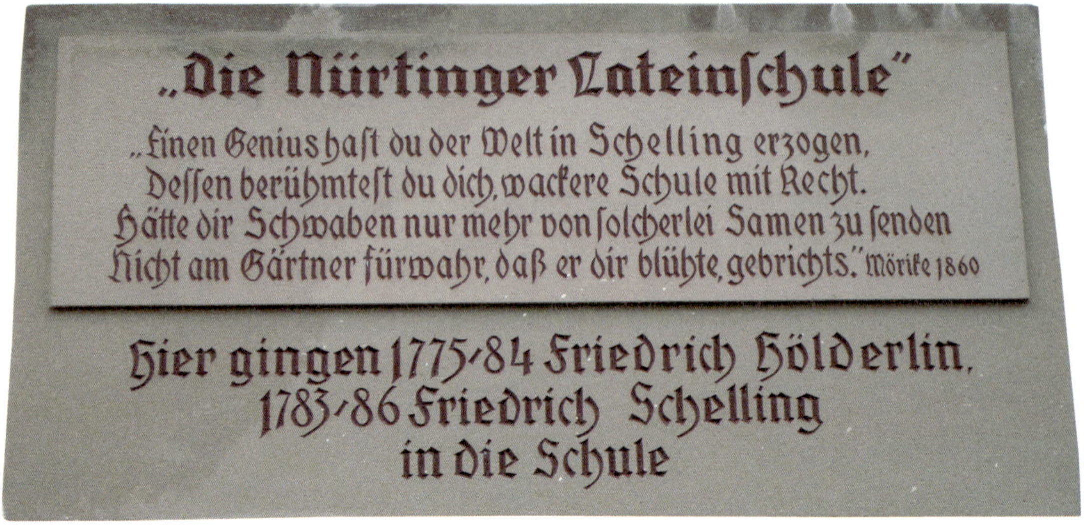

셸링이 다녔던 라틴어 학교의 기념비

셸링은 1783년에서 1786년까지 이 라틴어 학교에서 공부했다. 독일의 시인 횔덜린 또한 1775년에서 1784년까지 이 라틴어 학교를 다녔다. 셸링과 횔덜린은 튀빙겐 대학교를 나온 동창생이기도 하다.

에서 주관과는 구별됩니다. 첫째, 자연은 살아 있는 유기체입니다. 심지어 죽어 있는 무기물도 살아 있는 것으로 해석될 수 있어요. 왜냐하면 생명으로 나아가려는 충동을 항상 지니고 있기 때문이지요. 둘째, 생명으로서의 자연은 정신이기도 합니다. 인간에게는 정신이 깃들어 있고 동물이나 식물, 물, 흙, 돌 등의 무기물 역시 영혼을 소유하고 있지요. 이런 점에서 셸링은 자연과 정신이 동일하다는 동일 철학(同一哲學)을 주장합니다. 자연은 눈에 보이는 정신이요, 정신은 눈에 보이지 않는 자연이므로 본질적으로 이 둘은 하나라는 것이에요.

서로 간에 구별이 있는데도 언제나 하나인 것을 셸링은 절대자 또는 신(神)적인 것이라고 부릅니다. 하나의 절대자가 우리 눈앞에 나타날 때는 주관과 객관으로, 정신과 자연으로 나뉘어 나타난다는 것이에요. 이는 세계 그 자체가 신적이라는 사실을 말해 주고 있습니다. 이러한 셸링의 주장은 범신론에 속한답니다.

3 독일 관념론을 완성하다 – 헤겔

프로이센의 국가 철학자로 군림하다

"칸트 이전의 철학은 칸트에게로 흘러들어 독일 관념론이라는 호수에 고여 있다가 헤겔에게로 흘러 나가 이후 모든 사상의 원천이 되었다." 서양 철학사에서 헤겔 철학이 지니는 의의를 표현한 말이에요. 하지만 쇼펜하우어는 "천박하고 우둔하고 역겹고 매스껍고 무식한 사기꾼인 헤겔"이라고 표현하기도 했습니다.

헤겔은 하숙집 부인과 불륜 관계를 맺어 사생아를 낳았고 이 일 때문에 대학 교수직에서 쫓겨나는 신세가 되었습니다. 나중에 그는 명문 집안의 딸과 결혼해 아들 둘을 낳았어요. 그때 헤겔은 "직장과 아내를 얻었으므로 이 세상에서 할 일은 다한 셈이다."라고 말했다고 합니다.

헤겔(1770~1831)
헤겔은 독일 관념론을 계승해 완성시켰다는 평가를 받는다. 그와 같은 시기에 활동한 학자들은 헤겔의 철학에 대해 논쟁하곤 했다. 이러한 과정을 통해 그의 철학은 현대 철학에 큰 영향을 끼쳤다.

헤겔은 베를린 대학교로 옮겨 13년 동안 재직하며 전성기를 누렸어요. '프로이센의 국가 철학자'로 불리며 독일 철학계에서 군림했지요. 그의 제자들도 여러 대학교의 교수직에 임용되었습니다. 헤겔 생전에 이미 헤겔 학파가 생겨났고 1930년에는 '국제 헤겔 연맹'이 조직되기도 했어요. 헤겔 학파는 독일의 신학자이자 철학자인 슈트라우스가 『예수의 생애』를 출판한 일을 계기로 좌파와 우파로 나누어집니다. 그가 『예수의 생애』에서 복음서는 일종의 신화라고 비평하

자 이를 계기로 찬반 토론이 벌어졌던 것이에요. 좌파에는 실증주의자와 유물론자들이 속했고, 우파에는 역사학파와 낭만파가 속했습니다. 좌파가 진보적이고 급진적인 성향을 보였다면 우파는 기존의 정치와 종교 질서의 정당성을 주장하며 보수적 성향을 나타냈어요. 변증법적 유물론의 창시자인 마르크스와 엥겔스, 러시아의 무정부주의자들은 좌파에 속한다고 할 수 있겠지요.

헤겔은 1831년에 콜레라로 죽었어요. 그는 죽음을 맞이하며 "학생들 가운데 나를 완전히 이해한 사람은 한 사람도 없다."라고 중얼거렸다고 합니다. 헤겔은 그의 희망대로 베를린에 있는 피히테의 묘 옆에 잠들어 있답니다.

헤겔의 묘

베를린에 위치한 헤겔의 묘다. 헤겔은 그가 생전에 존경했던 피히테의 곁에 묻어 달라고 유언을 남겼다. 왼쪽부터 차례로 피히테의 아내, 피히테, 헤겔의 아내, 헤겔의 묘다.

모든 개인은 세계정신의 꼭두각시다

〈변증법〉
이탈리아 판화가인 코르넬리스 코르트의 작품이다. 헤겔은 플라톤의 변증법을 옹호하고 아리스토텔레스의 전통 논리학을 비판하며 변증법적 논리학을 세웠다. 변증법을 상징하는 이 작품에서는 한 여성이 아리스토텔레스라고 적혀 있는 책 무더기 위에 발을 올려 놓고 늙은 철학자와 이야기를 하고 있다.
대영 박물관 소장

헤겔의 주장에 따르면 인간의 인식은 세 단계를 거치며 발전합니다. 무조건 긍정으로서의 정립 단계와 부정으로서의 반(反)정립 단계를 거쳐 종합의 단계로 나아간다는 것이에요. 종합에 도달하는 즉시 그것은 새로운 정립이 되고, 이 정립은 반정립의 비판을 거쳐 다시 종합으로 나아갑니다. 이러한 발전이 무한히 계속된다는 것이 변증법의 원리예요.

헤겔은 변증법의 원리를 바탕으로 자신의 철학 체계를 세 단계로 나눕니다. 첫째 단계는 즉사(卽自)를 고찰하는 논리학입니다. 둘째 단계는 정신이 외화(外化)된 상태를 고찰하는 자연 철학이에요. 셋째 단계는 정신이 보다 풍성한 내용을 담고 자기 자신으로 돌아온 상태를 고찰하는 정신 철학입니다. 정신 철학은 다시 주관적인 정신을 다룬 인간학, 현상학, 심리학과 객관적인 정신을 다룬 법률, 도덕, 윤리, 그리고 절대적인 정신을 다룬 예술, 종교, 철학으로 나뉘어요. 헤겔은 예술과 종교의 한계를 극복하고 최고의 형태로 나타나는 것이 철학이라고 주장합니다.

헤겔은 2층 숙소에서 예나(Jena)에 입성하는 나폴레옹을 보며 "말을 탄 세계정신을 보았노라!"라고 말한 적이 있습니다. 그러면 여기서 헤겔이 역사 철학에서 사용한 세계정신이라는 개념에 대해 알아볼까요? 그는 세계사 속에 자기를 전개하고 실현하는 신적 이성으로서의 정신을 세계정신이라고 보았어요. 세계정신은 자기의 목적을 위해 개

〈베를린에 입성하는 나폴레옹〉
프랑스 화가인 샤를 메이니에의 작품이다. 헤겔은 1806년 10월에 나폴레옹을 처음으로 목격했다. 나폴레옹이 1806년 10월 14일에 벌어진 예나-아우어슈테트 전투에서 승리한 후 예나에 입성하는 순간을 본 것이다. 이 작품에는 같은 해 10월 27일에 베를린에 입성하는 나폴레옹과 그의 군대가 묘사되어 있다.
베르사유 궁전 소장

인을 도구로 사용합니다. 각 개인은 개인적 목적을 위해 행동한다고 생각하지만 사실은 세계정신에게 이용당하는 꼭두각시에 지나지 않아요. 절대 이성의 교활한 장난으로 말미암아 개인은 모든 정열을 바쳐 들러리를 서 주지요. 역사적으로는 열정, 용기, 선견지명(先見之明) 등을 갖춘 영웅들도 있습니다. 하지만 세계정신은 자기의 목적을 위해 보잘것없고 연약한 인간들도 얼마든지 역사 무대에 등장시켜 이용하곤 하지요.

모든 개인이나 민족이 맡은 일을 해내면 역사 저편으로 사라지고 세계정신은 새로운 전진을 시작합니다. 모든 개인이나 민족은 세계정신의 목적에 부합하는 방향으로 움직여요. 따라서 어떤 시점에서 벌어진 역사적 사건은 바로 그 순간을 지배하는 세계정신에 합치하는 합리적인 것으로 보아야 해요. 이런 의미에서 헤겔은 "이성적인 것은 현실적이요, 현실적인 것은 이성적이다."라고 말했답니다.

생각해 보세요

나폴레옹에 대해 알고 싶어요.

나폴레옹은 지중해의 작은 섬 코르시카에서 태어났어요. 10세 때 아버지를 따라 프랑스로 건너간 그는 유년 학교에 입학해 5년 동안 기숙사 생활을 했습니다. 파리 육군 사관 학교에 입학해 임관한 나폴레옹은 프랑스 혁명 때 고향으로 돌아와 코르시카 국민군 부사령관에 취임했어요. 그 후 프랑스로 옮겨 와 왕당파 반란을 성공적으로 토벌하고, 이탈리아 원정과 이집트 원정 등의 전쟁에서 여러 차례 공을 세웠지요. 군대를 동원해 500인회를 해산시킨 나폴레옹은 원로원으로부터 제1통령으로 임명되었습니다. 나폴레옹은 1800년에 알프스 산맥을 넘어 벌인 오스트리아와의 전쟁에서 또 다시 승리를 거머쥐었고, 1804년에는 국민 투표를 통해 나폴레옹 1세로 즉위해 황제가 되었어요. 1805년에 넬슨이 이끄는 영국 해군에 패배하지만 같은 해 12월에는 오스트리아군과 러시아군을 격파해 위엄을 떨쳤습니다. 그러나 1812년에 프랑스군이 러시아 원정에 실패하고 1814년에는 영국과 러시아, 프로이센, 오스트리아의 연합군이 파리를 점령하게 되었어요. 결국 나폴레옹은 엘바 섬으로 유배되었지요. 그는 이듬해 다시 파리로 들어가 황제가 되어 '100일 천하'를 누리지만 워털루 전투에서 패하고 대서양의 세인트헬레나 섬에 유배되었어요. 나폴레옹은 그곳에서 파란만장했던 일생을 마쳤답니다.

프랑스 화가인 다비드의
〈알프스 산맥을 넘는 나폴레옹〉

7 최대 다수의 최대 행복을 바라다 | 영국의 공리주의

공리주의란 19세기에 영국에서 일어난 윤리 학설입니다. 공리주의자들은 모든 가치 판단의 기준을 효용과 행복에 두고 최대 다수의 최대 행복 실현을 윤리적 행위의 목적으로 삼았어요. 공리주의는 "쾌락을 양으로 측정할 수 있다."라고 주장한 벤담의 양적(量的) 공리주의와 쾌락의 질적 차이를 인정한 밀의 질적(質的) 공리주의로 나눌 수 있습니다. 밀은 인간이 동물적인 본성 이상의 능력을 갖추고 있기 때문에 질적으로 높고 고상한 쾌락을 추구한다고 보았어요. 그는 "만족한 돼지보다는 불만족한 인간이, 배부른 돼지보다는 배고픈 소크라테스가 더 낫다."라는 유명한 말을 남겼답니다.

• 벤담은 인생의 목적을 쾌락이라고 보고 그것을 행복과 같은 의미로 해석했다.
• 벤담의 주요 저서인 『도덕과 입법의 원리 서설』이 번역되면서 유럽에 그의 이름이 널리 알려졌다.
• 밀은 쾌락의 양(量)을 중시한 벤담과 달리 그 질(質)을 중요시했다.
• 밀은 "만족한 돼지보다는 불만족한 인간이, 배부른 돼지보다는 배고픈 소크라테스가 더 낫다."라는 유명한 말을 남겼다.

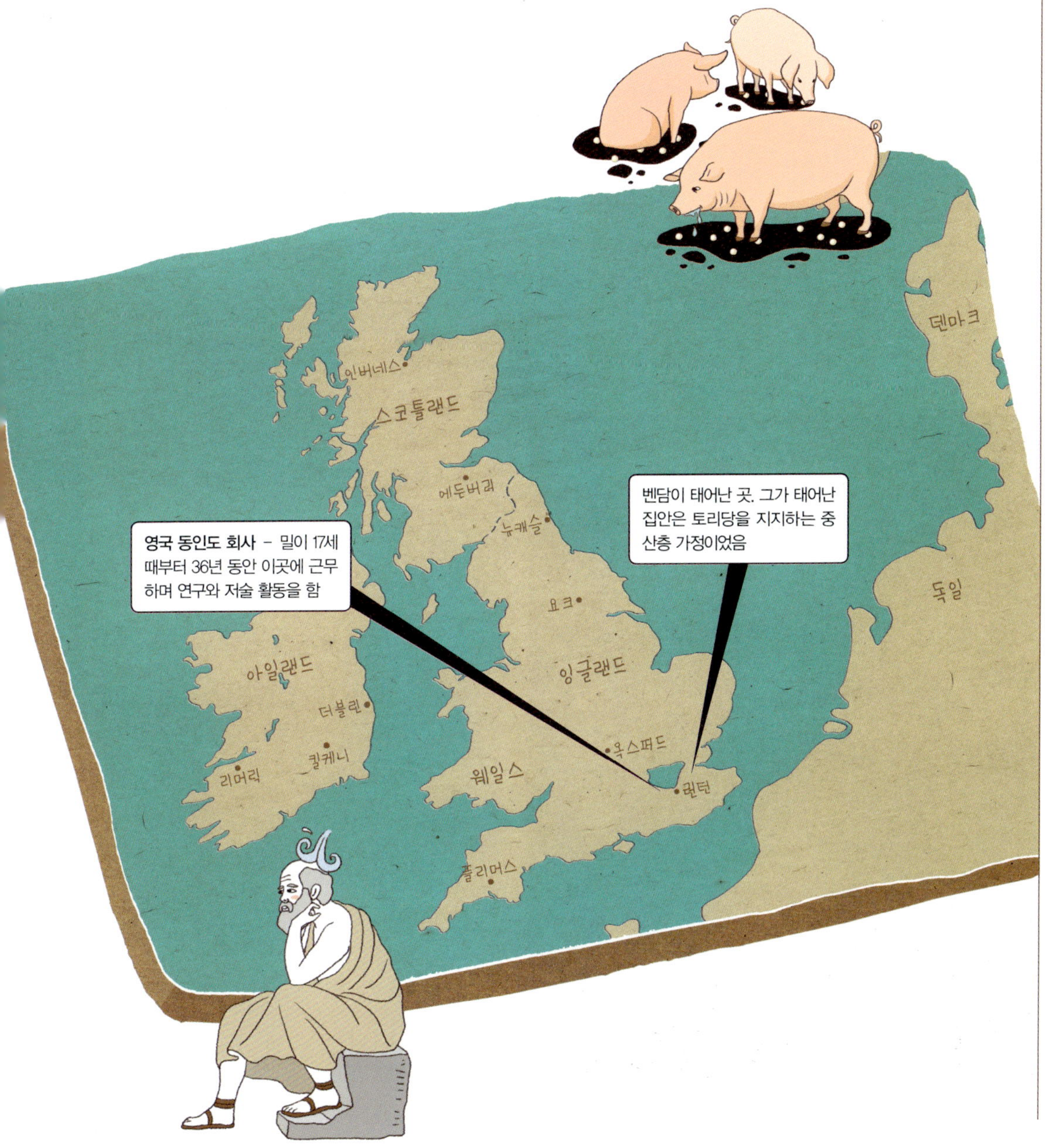

1 쾌락과 고통의 양이 중요하다 – 벤담

영국의 철학자 벤담은 인생의 목적을 쾌락이라고 보고 그것을 행복과 같은 의미로 해석했습니다. 다만 행복이 개인 차원에 머물러서는 안 되고 어디까지나 여러 사람의 것으로 승화되어야 한다고 생각했지요. 이런 의미에서 공리주의는 공중적(公衆的) 쾌락주의로 연결됩니다.

벤담은 "자연은 인류를 쾌락과 고통이라는 두 군주의 지배 아래 두었다. 우리는 이 두 가지를 기준으로 무엇을 해야 할 것인지를 결정해야 한다."라고 말했습니다. 벤담은 쾌락과 고통의 양(量)을 중요시하면서 양을 측정하는 일곱 가지 기준으로 강도(强度), 영속성, 확실성, 원근성(遠近性), 다산성(多産性), 순수성, 범주(範疇, 쾌락이나 고통이 미치는 사람의 수)를 꼽았어요.

벤담(1748~1832)
벤담은 사회 과학의 전 분야에 "최대 다수의 최대 행복"이라는 기준을 적용했다. 공리주의적 관점에 따라 전통적인 제도와 사상을 검토한 뒤 구체적 개혁안을 제시하기도 했다.

벤담은 영국 런던의 중산층 가정에서 태어났습니다. 그는 마음이 약한 아이였어요. 몸이 허약한 데다 감수성 또한 예민했지요. 식모에게 귀신 이야기를 들으면 무서워서 밖에 나가지도 못했답니다. 조금 자란 뒤에는 사냥이나 낚시를 하는 곳에 끌려다니기도 했지만 역시 재미를 붙이지 못했어요. 타고난 성격이 동물을 함부로 죽일 수 있을 만큼 잔인하지 못했기 때문이지요.

아버지가 원하는 대로 변호사가 된 벤담은 여러 가지 법 개혁안을 내놓았

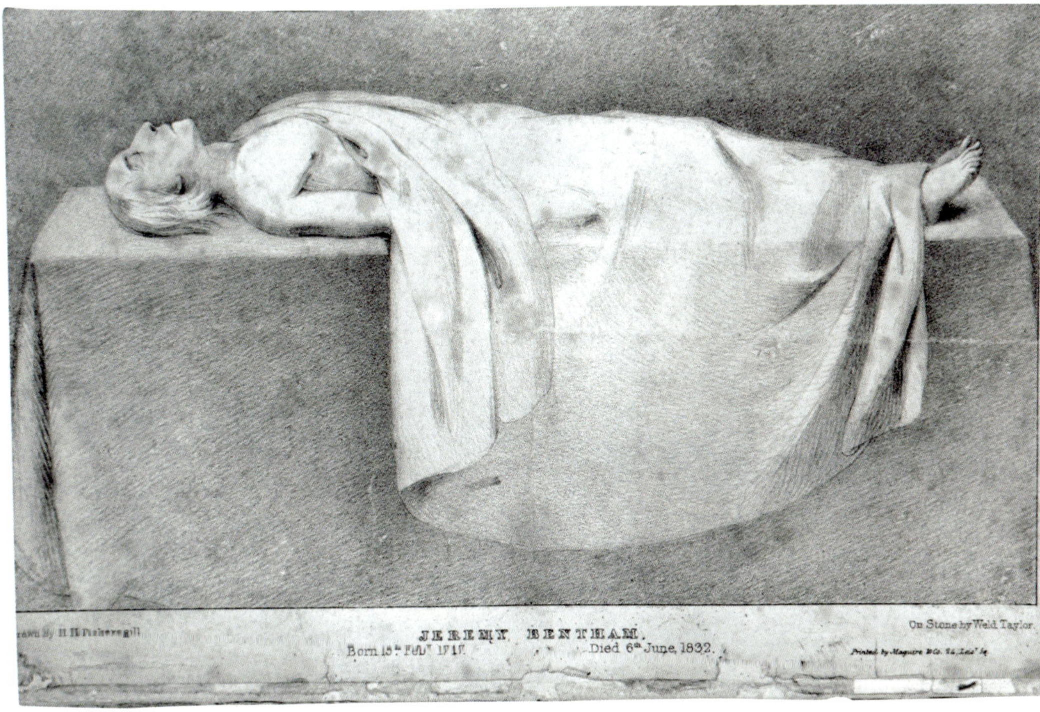

〈벤담의 시신〉
영국 화가인 헨리 홀 피커스길의 작품이다. 벤담은 자신의 시신을 해부 실습용으로 기증해 인류에게 이득을 주고자 했다. 죽어서도 공리주의를 실천한 것이다.
런던 웰컴 라이브러리 소장

습니다. 프랑스 사람인 뒤몽이 벤담의 주요 저서인 『도덕과 입법의 원리 서설』을 번역해 소개하면서 유럽에 벤담의 이름이 널리 알려졌어요. 이때 벤담을 찾아온 사람이 밀의 아버지인 제임스 밀입니다. 벤담은 가난한 밀의 가족을 집에 자주 초대했고 밀이 글을 쓰는 일도 거들어 주었어요. 이후 밀은 스승인 벤담의 이론을 계승해 공리주의를 한층 발전시켰지요.

한편 그 무렵 그리스에서는 오스만 제국으로부터 독립하려는 움직임이 일었고 오스만 제국에서는 이를 심하게 탄압했습니다. 벤담은 그리스 독립 전쟁을 지원하기 위해 재산의 일부를 기부했어요. "모든 고통은 악이다."라는 자신의 주장을 몸소 실천한 것이겠지요.

〈키오스 섬의 학살〉

프랑스 화가인 들라크루아의 작품이다. 그리스 독립 전쟁 때 터키인들이 키오스 섬 주민들을 학살한 사건에서 영감을 얻어 그린 작품이다. 섬 주민들이 약탈당하거나 죽임을 당하는 광경이 묘사되어 있다. 들라크루아는 이 잔인한 사건에 대한 경계심과 분노를 담아 그리스를 구원해야 한다는 사명감으로 이 그림을 완성했다고 한다.

루브르 박물관 소장

〈메솔롱기온의 폐허 위에 선 그리스〉

프랑스 화가인 들라크루아의 작품이다. 그리스 서부에 위치한 메솔롱기온은 1825년 당시 오스만 제국의 지배 아래 있었다. 이곳에서 오스만 제국에 대항하는 그리스인들의 독립 전쟁이 벌어졌다. 들라크루아는 이 작품을 통해 그리스 독립에 대한 지지와 민주주의, 자유의 이념을 표현하고자 했다.

보르도 미술관 소장

밀(1806~1873)
밀은 벤담의 양적 공리주의와 구분되는 질적 공리주의 사상을 발전시켰다. 자유주의와 사회 민주주의 정치사상의 발전에도 크게 기여했다.

2 배고픈 소크라테스를 흠모하다 – 밀

영국의 철학자이자 경제학자인 밀은 천재였다고 합니다. 그는 3세 때 그리스어를 배우고 『이솝 이야기』를 읽기 시작했다고 해요. 8세 때 라틴어를 배우기 시작해 4년 뒤에는 아주 잘하게 되었다고 합니다. 밀의 아버지는 아들이 자만하지 않도록 교육시켰고, 그래서 밀은 자신이 천재라고 생각한 적이 한 번도 없었어요. 밀은 아침에 아버지를 따라 소풍하며 전날 읽었던 책의 내용을 이야기하기도 했습니다. 그는 휴일도 없이 독서에 열중했기 때문에 친구들과 놀 수도 없었답니다. 주로 집안에서 아버지에게 교육을 받았기 때문에 정규 교육을 한 번도 받지 않았어요. 이런 일방적이고 단조로운 교육 탓에 밀은 정신적 위기를 겪게 되었습니다. 20세가 되자 "삶의 목적을 발견할 수 없다."라며 무력감에 빠진 것이지요. 정서적 능력 역시 중요하다는 것을 깨달은 밀은 그림과 음악을 감상하는가 하면 전원의 아름다움을 노래한 워즈워스의 시를 읽기 시작했답니다.

밀은 벤담의 사상을 이어받아 공리(utility)를 모든 가치의 원리로 보는 공리주의를 주장했어요. 밀의 주장에 따르면 인간의 본성은 쾌락을 구하고 고통을 피하기 때문에 행복을 가져다주는 행위는 바르고 그와 반대되는 행위는 그른 것이 됩니다. 다만 행복은 한낱 개인만 누려서는 안 되고 되도록 많은 사람이 누려야 한다고 보았지요. 밀은 쾌락의 양(量)을 중시한 벤담과 달리 그 질(質)을 중요시했습니다. 이러한 밀의 생각은 "만족한 돼지보다는 불만족한 인간이, 배부른 돼지보다는 배고픈 소크라테스가 더 낫다."라는 유명한 말에 담겨 있지요.

생각해 보세요

밀과 테일러 부인의 러브 스토리

밀은 24세 때 런던의 사업가인 존 테일러의 초대를 받았습니다. 정신적으로 무력감에 사로잡혀 있던 그는 그곳에서 테일러 부인을 만나 사랑에 빠지고 말았어요. 밀보다 한 살 아래였던 그녀는 이미 남편과의 사이에 두 아이를 두고 있었답니다. 테일러 부인은 남편에게 자초지종을 고백하고 밀을 단념하려고 했고, 존 테일러 역시 아내에게 단념하라고 설득했지요. 밀 또한 부인을 만나지 않으려고 했지만 소용이 없었습니다. 존 테일러가 세상을 떠나자 밀은 많은 유산을 물려받은 테일러 부인과 정식으로 결혼했어요. 1858년 겨울에 밀은 아내와 함께 프랑스의 아비뇽으로 여행을 떠났습니다. 그런데 그곳에서 아내가 감기에 걸려 갑자기 죽고 말았어요. 밀은 아내의 유해를 묻고 묘지 가까운 곳에 정착해 책을 썼습니다. 그의 가장 유명한 책 가운데 하나인 『자유론』을 써서 아내에게 헌정했지요. 아내가 세상을 떠난 뒤에는 아내의 큰딸인 헬렌 테일러가 밀을 돌보았어요. 아비뇽에서 『곤충기』의 저자인 파브르와 소풍을 나갔다가 병을 얻은 밀은 다시 일어나지 못했습니다. 그는 자신을 간호하던 헬렌을 향해 "나는 내 일을 다 끝마쳤다."라는 말을 남기고 눈을 감았어요. 밀의 유해는 아비뇽에 있는 아내의 묘 옆에 나란히 묻혔습니다.

해리엇 테일러(테일러 부인)의 초상화

4 현대 철학

함께 알아볼까요

헤겔이 죽자 독일 관념론자들과는 다른 새로운 철학자들이 등장했습니다. 이들은 헤겔 철학을 계승하거나 그의 철학에 대해 반기를 들었어요. 여기서 그들의 주장과 특징을 살펴보기로 해요. 첫째, 유물론자들은 전통적인 형이상학과 관념론에 반대했습니다. 이들은 물질을 우위에 두고 객관적인 법칙을 확고하게 믿었어요. 포이어바흐는 "정신이 육체를 규정하는 방향은 이미 무의식적으로 육체에 의해 규정되고 있는 바로 그 방향이다."라고 말했습니다. 마르크스는 "물구나무선 헤겔의 관념론을 유물론적 바탕 위에 바로 세웠다."라고 자부했지요. 둘째, 비합리주의적인 경향을 보인 철학자들은 "세계는 이성에 따라 움직인다."라는 헤겔식의 이성주의에 반대하고 비합리적이거나 반(反)이성적인 의지, 무의식 등을 강조했습니다. 쇼펜하우어는 맹목적 의지를 강조하고, 프로이트는 무의식과 리비도(libido)를 강조했어요. 셋째, 실존주의자들은 인간 개개인의 주체적 존재성을 강조했습니다. 키르케고르는 "헤겔이 말한 대립의 해소는 추상적인 관념의 세계에서나 가능한 일이다. 구체적인 삶 속에서는 오직 이것이냐 저것이냐 하는 냉혹한 결단만 요구된다."라고 주장했답니다.

19세기의 유럽

잉글랜드
네덜란드
벨기에
프로이센
러시아
오스트리아
프랑스
스위스
이탈리아
오스만 제국
투갈
스페인
코르시카 섬
사르데냐 섬
시칠리아 섬

1 모든 것을 물질로 환원하다 | 유물론

유물론에서는 근본 요소를 물질로 보고 정신적인 것마저도 모두 물질로 바꿀 수 있다고 주장합니다. "인간의 의식과 사고 역시 고도로 조직된 물질의 기능이며 육체를 떠난 정신은 존재하지 않는다."라는 것이지요. 유물론자는 고대 그리스의 자연 철학부터 영국 경험론에 이르기까지 거의 모든 형이상학적인 것에 반대했습니다. 프랑스의 유물론자들은 극단적인 주장을 펴기도 했어요. 예를 들어 라메트리는 "발이 걷는 근육을 가지고 있는 것처럼 뇌는 생각하는 근육을 가지고 있다."라고 주장했지요. 유물론은 기술과 산업이 발달하고 자본주의가 확산되는 등의 시대적 변화와 맞물려 어느새 사회에서 무시할 수 없는 자리를 차지하게 되었답니다.

• 포이어바흐는 정신은 육체에 의해 무의식적으로 규정된다고 말했다.
• 포이어바흐의 주장에 따르면 종교 역시 행복을 추구하는 인간의 본능 때문에 만들어진 것이다.
• 마르크스는 벨기에의 브뤼셀에서 '공산주의자 동맹'의 위임을 받아 『공산당 선언』을 완성했다.
• 마르크스는 엥겔스와 함께 마르크스주의라는 혁명적 사회주의 이론을 세웠다.

하이델베르크 대학교 – 포이어바흐가 신학을 공부한 곳. 이후 베를린 대학교에서 헤겔에게 철학을 배움

마르크스가 독일과 프랑스에서 추방당한 뒤 옮겨 간 곳. 이곳에서 『공산당 선언』을 완성함(1848년)

1 인간이 신을 창조했다 – 포이어바흐

어린 시절에 모범생이었던 독일의 철학자 포이어바흐는 대학교에 들어가 신학을 공부했습니다. 하지만 학과 공부가 기대했던 것과 달라 철학으로 전공을 바꾸었지요. 한때는 도자기 공장을 경영하는 아내 덕분에 경제적으로 안정된 생활을 했고, 『기독교의 본질』이라는 책을 써서 유명해지기도 했어요. 하지만 나중에 빈털터리가 되어 겨우 생계를 이어 나가는 신세가 되었습니다. 물질을 무엇보다 강조했던 유물론자가 물질 때문에 고통당하는 상황에 놓이게 된 것이에요. 포이어바흐는 발작을 일으켜 식물인간이 되었고 결국 쓸쓸하게 세상을 떠났답니다.

포이어바흐(1804~1872)
헤겔의 제자인 포이어바흐는 학창 시절 자신의 이론을 스승에게 보여 준 적이 있었다. 헤겔은 그 이론에 대해 부정적인 반응을 보였다고 한다.

포이어바흐는 헤겔에게 철학을 배웠으면서도 헤겔 철학을 신랄하게 비판했습니다. 헤겔을 극단적인 관념론자라고 선언해 버렸지요. 실제로는 모든 존재가 감각을 통해 이해되는데도 헤겔은 감각을 무시했다고 여겼어요. 포이어바흐는 정신이 삶에 영향을 끼친다는 사실을 인정했지만 정신만 보고 육체를 보지 못하면 안 된다고 주장했습니다. 심지어 정신은 육체에 의해 무의식적으로 규정된다고 말했지요. 이와 관련해 독일의 자연 과학자이자 철학자인 **포크트**는 "인간은 자신이 먹는 음식에 영향을 받는다. 사상과 뇌의 관계는 담즙(膽汁)과 간(肝)의 관계나, 오줌과 콩팥의 관계와 같다."라고 주장했습니다. 먹는 음식물이 피가 되고 심장과 뇌, 정신이 되어 사람의 생각과 행동을 결정한다는 것이에요.

포이어바흐의 주장에 따르면 종교 역시 행복을

추구하는 인간의 본능 때문에 만들어진 것입니다. 인간은 자기가 바라는 '전지전능하고 영원히 행복한 상태'를 신을 통해 실현하고자 했어요. 신이 인간을 창조한 것이 아니라 인간이 신을 창조했다는 것이지요. 그러므로 이제 철학은 신학이 아니라 인간학에 속해야 한다고 주장했습니다. 그는 인간학은 추상적인 관념론이 아니라 구체적인 유물론의 입장이어야 한다고 생각했어요. 그리스도교를 비판한 책을 쓴 포이어바흐는 강사로 일하던 에를랑겐 대학교에서 파면을 당하기도 했습니다. 헤겔 좌파에서 가장 급진적인 사상가였던 그는 마르크스와 엥겔스에게 많은 영향을 끼쳤답니다.

포크트(1817~1895)
관념론적 생리학자인 바그너와 유물론 논쟁을 벌인 속류 유물론자다. 속류 유물론자들은 의식 및 관념을 뇌의 분비물로 보았다. 마르크스는 『포크트 씨』라는 작품을 통해 그를 비난하기도 했다.

2 공산주의의 창시자 – 마르크스

브뤼셀로 추방당해 『공산당 선언』을 완성하다

마르크스는 '헤겔의 충실한 제자'라고 불릴 만큼 헤겔의 철학을 추종했는데, 그 가운데서도 특히 헤겔의 변증법을 잘 계승했습니다. 그러나 헤겔의 관념론적 경향에는 반대해 '물구나무 선' 헤겔의 관념론을 유물론적 바탕 위에 바로 세우려고 했지요.

마르크스는 학창 시절에 그다지 모범생이 아니었습니다. 싸우다가 다치기도 하고 큰 소리로 노래를 부르며 다니다가 대학교 안의 학생 감옥에 들어가기도 했답니다. 그런데 대학 안에 감옥이 있었다는 게 신기하지요? 1712년에서 1914년까지 독일의 대학교에서는 학생이 가벼운 죄를 저지른 경우에 학교 안에서 판결하고 처리했다고 합니다. 죄를 지은 학생들을 짧게는 2주 동안 가두었는데, 3일째까지는 빵과 물만 주고 외출도 금지했다고 해요. 하지만 그 이후에는 수업도 받게 하고 술과 음식을 들여오는 것도 허용했기 때문에 학생들은 그 일을 낭만적으로 받아들이며 즐겼다고 합니다. 마르크스는 본(Bonn) 대학교에서 법학을 공부할 때 하루 동안 감옥에 수감된 적이 있었어요. 대학교 박물관에 남아 있는 자료에는 감옥 안에서 그의 태도가 매우 얌전했다고 기록되어 있다고 합니다. 23세 때 철학 박사 학위를 받은 마르크스는 대학 교수가 되려고 했습니다. 하지만 헤겔 좌파적인 성향 때문에 실패하고 말았어요. 이후 그는 자유 기고가로서 좌익으로 치우친 민주주의를 주장하다가 독일에서 추방당해 프랑스로 망명했습니다. 그러나 프랑스에서도 추방당하자 벨기에의 브뤼셀로 옮겨 갔어요. 여기서 그는 '공산주의자 동맹'의 위임을 받아 그 유명한 『공산당 선언』을 완성했습니다. 이후 브뤼셀에서도 추방당한 그는 런던에서 남은 인생을 보냈답니다.

마르크스는 세 가지 이론적 원천을 바탕으로 자신의 사상을 확립했어요. 철학적으로는 헤겔의 변증법적 사상과 포이어바흐의 유물론을 종합해 변증법적 유물론을 주장했습니다. 경제학적으로는 애덤 스미스와 리카도의 고전 경제학을 바탕으로 노동 가치설과 잉여 가치설을 주장했어요. 정치학적으로는 생시몽, 푸리에와 같은 프랑스의 공상적 사회주의자들에게 영향을 받아 자본주의의 모순을 발견하고 무계급 사회를 주장했지요.

애덤 스미스(1723~1790)
고전 경제학의 창시자이며 1776년에 『국부론』을 출간해 유명해졌다. 리카도나 맬서스와 같은 경제학자들에게 큰 영향을 끼쳤다.

마르크스의 무덤
런던 하이게이트 공동묘지에 위치한 마르크스의 무덤이다. 그의 묘비에는 "철학자들은 다양한 방식으로 세상을 해석했다. 그러나 문제는 세상을 어떻게 변화시킬 것인가에 있다."라고 적혀 있다.

16세기 초부터 20세기 초까지 독일의 대학에는 사법권이 미치지 않았다. 학생이 저지른 경범죄에 대해 경찰은 일절 간섭하지 않았고 대신 대학 당국이 그 처리를 담당했던 것이다. 하지만 학생 감옥은 '근심이 없는 곳'이라고 여겨졌고, 감옥 안의 화장실은 '왕의 안락의자'라고 불렸다.

괴팅겐 대학교의 학생 감옥
영국 하노버 왕조의 왕인 윌리엄 4세는 1837년에 괴팅겐 대학교 설립 100주년을 기념해 대강당을 지었다. 이 대강당에는 학생 감옥도 함께 지어졌다. 감옥에는 학생들이 남겨 놓은 그림과 문구가 가득하다.

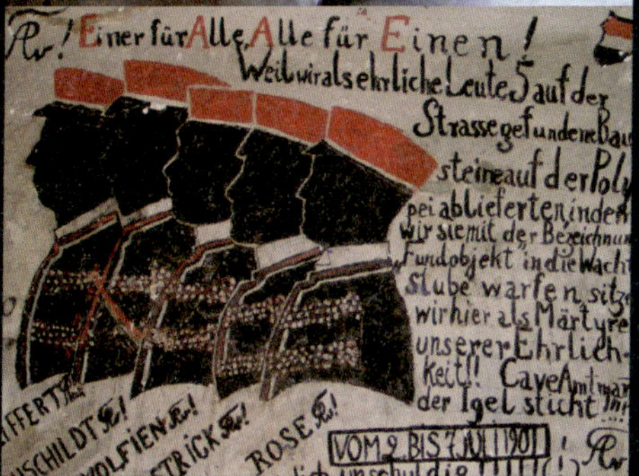

하이델베르크 대학교의 학생 감옥
1386년에 개교한 독일에서 가장 오래된 하이델베르크 대학교의 학생 감옥이다. 하이델베르크 대학교의 학생 감옥에는 뒤마의 소설 『삼총사』에 나오는 유명한 문구가 적혀 있다. "모두를 위한 하나! 하나를 위한 모두!"

자본주의 사회는 무너질 것인가?

마르크스가 활동하던 시기에 영국의 자본주의 사회에서는 많은 문제점이 드러나고 있었어요. 바로 저임금 노동과 부녀자 및 어린이의 노동 착취, 기계화에 따른 수많은 실업자들, 단순 노동이 초래한 인간성 상실 등이었지요. 이를 본 마르크스는 자본주의 사회가 무너져야 인간 해방이 가능하다고 믿었고, 이러한 그의 사상은 뒤에 혁명 이론으

〈동네 인쇄소〉
미국 화가인 찰스 프레더릭 울리히의 작품이다. 지저분한 작업복을 입은 남자아이가 물로 목을 축이고 있다. 당시에는 어린이의 노동을 당연한 것으로 생각했다.
테라 미술관 소장

로 발전했습니다. 마르크스는 엥겔스와 함께 마르크스주의라는 혁명적 사회주의 이론을 세웠어요. 마르크스주의자들은 인간을 물질적 존재로 보았습니다. 단세포인 아메바에서 인간이 되기까지의 발전은 물질적 과정일 뿐 결코 창조가 아니라고 주장했어요. 인간은 물질 가운데 가장 발달한 물질이라는 점에서 다른 동물과 차이가 있을 뿐이지요. 마르크스주의자들의 견해에 따르면 정신 또한 인간의 의식 속에 물질이 반영된 것에 지나지 않습니다.

이러한 관점에서 보면 인간과 동물의 차이가 이성이나 인격에 있는 것이 아니라 노동에 있습니다. 오스트랄로피테쿠스가 도구를 사용하면서 언어가 생겨났고, 언어를 사용하면서 비로소 이성이 발달했어요. 인간은 노동을 하면서 자연스럽게 서로 관계를 맺었고, 그 과정에서 사회가 생겨났어요. 이 사회를 유지하기 위해 인간은 규범과 법률, 종교를 만들었고 이러한 과정을 거치면서 비로소 인격이 형성된 것이지요.

마르크스는 끊임없이 사회의 모순과 부조리에 맞서라고 가르쳤습니다. 이러한 태도는 높이 살 만하지만 그의 주장에는 허점도 있답니다. 첫째, 마르크스는 물질이야말로 참된 존재라고 주장했어요. 그러나 물질이 정신처럼 어떤 목적을 향해 발전한다고 말할 수는 없겠지요?

마르크스와 엥겔스
마르크스는 자기 주장이 강하고 독선적인 사람이었다고 평가받는다. 엥겔스는 이런 마르크스의 유일한 친구였다. 경제적으로 넉넉했던 엥겔스는 평생 마르크스를 후원했다.

베를린 장벽
동·서 베를린 사이를 막기 위해 세웠던 벽이다. 냉전의 상징물로 여겨졌으나 1990년에 동독과 서독이 통합되면서 제거되었다. 독일 통일은 사회주의 국가였던 동독이 자유 민주주의 국가인 서독에 흡수 통일되는 방식이었다.

둘째, 마르크스는 "공산주의 사회가 이루어지면 모든 발전이 멈춘다."라고 주장했는데, 이는 '무한한 자기 전개'라는 변증법의 근본 사상과 모순되지요. 셋째, 마르크스는 자본주의 사회가 필연적으로 무너지고 공산주의 사회로 나아갈 것이라고 주장했습니다. 하지만 실제 역사는 마르크스의 예상과 다른 방향으로 흘러가고 있었어요. 소련이 무너지고 동유럽의 공산권 국가들이 몰락한 사실만 보더라도 그의 예상은 빗나간 것으로 보아야 하지 않을까요?

생각해 보세요

마르크스가 애처가였다는 사실을 알고 있나요?

마르크스는 아내 예니를 끔찍이 사랑했습니다. 그의 마음을 사로잡은 그녀는 어떤 인물이었을까요? 어릴 때부터 이웃에 살며 깊은 우정을 나누었던 마르크스와 예니는 일생 동안 동반자이자 동지, 친구 사이로 지내며 세계 역사상 가장 로맨틱한 관계를 유지했답니다. 베스트팔렌 남작의 큰딸인 예니는 미모와 교양과 재능을 모두 갖춘 소녀였어요. 어느 날, 예니의 집에서 마르크스의 고등학교 졸업 축하 모임이 열렸는데 이때 예니는 마르크스에게 "난 당신에게 특별한 사람이 되고 싶어요."라는 말을 건넸고 이후 둘의 사이는 더욱 가까워졌답니다. 마르크스가 베를린으로 떠나기 직전에 둘은 비밀리에 약혼을 했어요. 예니 집안의 반대를 염려했기 때문이지요. 이후 결혼하기까지 7년 동안 그들이 주고받은 편지는 세계 문학사에서 빼놓을 수 없는 명문(名文)으로 남아 있습니다. 이들은 결혼한 뒤에도 헤어져 있는 동안 많은 편지를 주고받았어요. 편지에는 반드시 사랑을 표현했지요. 그러나 두 사람의 결혼 생활은 그리 행복하지 않았습니다. 몹시 가난했고 병마는 끊일 새 없이 그의 가족을 괴롭혔지요. 그렇지만 마르크스는 친구인 엥겔스와 딸, 충직한 하인, 그리고 아내의 헌신적인 뒷바라지에 힘입어 이를 악물고 연구를 계속했습니다. 마르크스는 1881년에 아내가 먼저 세상을 떠나자 엄청난 충격을 받고 깊은 슬픔에서 헤어나지 못하다가 결국 1883년에 망명지인 런던에서 숨을 거두었답니다.

마르크스와 예니

2 의지나 무의식이 인간을 지배한다 | 비합리주의

유물론뿐만 아니라 비합리주의에서도 헤겔 철학에 대한 비판이 있었어요. 비합리주의적 입장에서는 세계와 인간을 지배하는 것은 정신이나 이성이 아니고 의지나 무의식이라고 주장합니다. 쇼펜하우어는 인간의 본질은 사유나 이성에 있는 것이 아니고 의지에 있다고 주장하면서 "인간이나 세계가 맹목적 의지의 충동을 받고 있다."라고 말했어요. 정신 분석학의 체계를 세운 프로이트는 의식 저 너머에 있는 무의식의 세계를 새롭게 발견했습니다. 그는 "우리가 통제할 수 없는 무의식이 우리의 행동과 정서를 규정한다."라고 자신 있게 말했어요. 그는 심리학 역사상 가장 영향력 있는 인물로 평가받고 있습니다. 프로이트는 인간의 성(性)을 다양한 측면에서 해석하기도 했답니다.

- 쇼펜하우어의 주장에 따르면 인간의 본질은 사유나 이성에 있는 것이 아니라 의지에 있다.
- 쇼펜하우어는 인생의 고통으로부터 벗어날 수 있는 방법으로 심미적 해탈과 윤리적 해탈을 제시했다.
- 프로이트는 마음속 깊은 곳에 숨어 있는 무의식이 우리의 행동과 정서를 규정한다고 주장했다.
- 프로이트의 주장에 따르면 자아가 불안한 인간은 승화, 억압, 투사, 전이, 퇴행, 합리화와 같은 방어 기제를 사용한다.

1 불행한 염세주의자 – 쇼펜하우어

사랑은 의지가 부리는 속임수다

쇼펜하우어가 동시대에 활동했던 헤겔을 미워했다는 것은 널리 알려진 사실입니다. 그는 다른 철학 교수들이 '철학의 숨은 황제'인 자신을 시기한다고 생각하고 항상 주위를 경계했어요. 이발사에게 면도를 시키지도 않았고, 불이 날까 봐 2층에서 자지도 않았으며, 잠잘 때는 권총에 탄환을 넣어 침대 옆에 두었다고 합니다.

쇼펜하우어는 부유한 상인인 아버지와 문필가인 어머니 사이에서 태어났어요. 그의 어머니 요한나는 괴테와도 알고 지내는 사이였답니다. 쇼펜하우어는 부모 덕분에 남부러울 것 없는 생활을 했어요. 어릴 때부터 아버지와 함께 프랑스와 영국을 여행하고 그곳에서 교육을 받기도 했으며, 어머니를 통해 괴테 등 문인들과도 알게 되었지요. 그런데 아버지가 사망한지 얼마 지나지 않아 어머니가 사교계에 진출하자 둘 사이는 틀어졌습니다. 쇼펜하우어는 어머니와의 껄끄러운 관계 때문인지 여자를 불행의 근원으로 생각하기도 했어요.

쇼펜하우어(1788~1860)
쇼펜하우어는 노년이 되어서야 유명하고 영향력 있는 철학자가 되었다. 그의 사상은 철학은 물론 과학, 예술 분야에도 큰 영향을 끼쳤다.

1819년에 주요 저서인 『의지와 표상으로서의 세계』를 출간했지만 전혀 사람들의 관심을 끌지 못했습니다. 그래도 쇼펜하우어는 "후세에 나의 기념비가 반드시 건립되리라."라고 말했지요. 뿐만 아니라 쇼펜하우어는 배짱 좋게 헤겔의 강의 시간대에 자신의 강의를 열어 놓았어요. 청강생들이 너무나 유행했던 헤겔의

〈아홉 번째 파도〉
러시아 화가인 이반 아이바조프스키의 작품이다. 죽음에 직면한 사람들이 살기 위한 의지를 가지고 난파선의 잔해에 매달려 있다.
국립 러시아 박물관 소장

강의로만 몰리는 바람에 쇼펜하우어는 한 학기 만에 대학 강의를 포기해야 했답니다.

쇼펜하우어는 아내나 자식, 친구, 직장, 조국도 없이 작은 개 한 마리와 함께 남은 인생을 고독하게 보냈어요. 그가 명성을 얻기 시작할 때는 죽음의 사신 또한 문턱을 넘고 있었지요. 그는 심장 마비로 예기치 않게 숨을 거두었고 그의 모든 재산은 유언에 따라 자선 단체에 기증되었습니다.

쇼펜하우어의 주장에 따르면 인간의 본질은 사유나 이성에 있는 것이 아니라 의지에 있습니다. 그는 좁은 뜻의 의지뿐만 아니라 모든 소망과 욕구, 동경, 희망, 사랑, 미움, 반항, 도피, 괴로움, 인식, 사고, 표상

등 우리의 삶 전체가 체험이고 의지라고 보았어요.

쇼펜하우어의 견해에 따르면 인간의 판단은 의식되지 않는 심층부에서 순간적인 착상(着想, 어떤 일의 실마리가 되는 생각이나 구상)이나 결단의 형식으로 나타납니다. 우리의 몸은 시간과 공간 속에 드러난 의지일 뿐이라는 것이지요. 예를 들어 걸어가려는 우리의 의지는 발로, 붙들려는 의지는 손으로, 소화하려는 의지는 위장으로, 생각하려는 의지는 뇌로 나타납니다. 의지란 마치 앞을 볼 수는 있으나 몸이 불편한 사람을 어깨에 짊어지고 가는 힘센 시각 장애인과 같아요. 쇼펜하우어는 인간의 행동에서 실질적인 힘은 의지고 이성은 단지 그 방향을 제시해 줄 뿐이라고 주장했습니다.

생물계에서 가장 강렬한 의지는 생식(生殖, 생물이 자기와 닮은 개체를 만들어 종족을 유지하는 현상) 본능입니다. 인간은 뇌보다 생식기에 더 강한 충동을 받지요. 사랑은 종족 보존이라는 유일한 목적을 달성하기 위한 속임수에 지나지 않습니다. 이성(異性)인 두 사람이 강렬하게 끌리는 이유는 종족 본능으로 나타나는 삶의 의지 때문이에요. 인간은 자기 자신에게 없는 것을 추구하며 종(種)을 보존하려고 애쓴답니다.

남자의 남성다움과 여자의 여성다움이 서로 조화를 이룰 때 자연의 목적이 원만하게 달성될 수 있다고 합니다. 그래서 우리는 포용력과 결단력 등의 남성미와 섬세함과 신중함 등의 여성미가 어우러질 때 남녀가 가장 잘 어울린다고 생각하지요. 그러나 이러한 생각은 우리 모두가 종의 목적을 달성하기 위한 무의식적 의지에 휘둘리고 있다는 증거랍니다.

〈베르툼누스와 포모나〉

프랑스 조각가인 장바티스트 르모인 2세의 작품이다. 남녀의 어울림이 잘 표현되어 있다. 로마 신화에 등장하는 베르툼누스는 정원을 가꾸는 일과 과일 재배를 담당하는 님프 포모나를 사랑하게 되었다. 어느 날, 노파로 변신한 베르툼누스는 포모나에게 접근해 베르툼누스가 진정으로 그녀를 사랑하고 있으니 무정하게 거절하지 말라고 설득했다. 말을 마친 베르툼누스가 본래의 아름다운 청년의 모습으로 돌아오자 마음이 움직인 포모나는 베르툼누스와 사랑에 빠지게 되었다.

루브르 박물관 소장

〈시시포스〉
이탈리아 화가인 티치아노의 작품이다. 그리스 신화에 등장하는 시시포스는 신들을 기만한 죄로 커다란 바위를 산꼭대기로 밀어 올리는 벌을 받았다. 바위는 정상 근처에 다다르면 다시 아래로 굴러 떨어졌다. 시시포스는 영원히 고통스럽게 바위를 밀어 올려야 했다.
프라도 미술관 소장

삶에 대한 의지가 있는 한 인생은 고통이다

인간의 의지는 무한하지만 그것을 충족시키는 데는 많은 제약이 따릅니다. 그리고 어떤 욕망이든 채우고 나면 곧바로 새로운 욕망이 일어나고, 어떤 고통이든 벗어났다 싶으면 곧바로 새로운 불행이 찾아들지요. 그러므로 인간이 삶에 대한 의지를 가지고 있는 한 인생은 고통이고 이 세계는 최악이라고 쇼펜하우어는 말했습니다.

그의 견해에 따르면 인생은 살아갈 가치가 전혀 없어요. 인생을 산다는 것은 수지(收支, 수입과 지출)가 맞지 않는 사업을 하는 것과 같지요. 끊임없이 넘어지지 않는 상태를 발걸음이라고 한다면 계속해서 죽지 않는 상태를 삶이라고 할 수 있습니다. 참으로 비극적이지 않나요? 더구나 삶은 죽음을 향해 달음질치고 있으니까요.

쇼펜하우어는 이러한 비극으로부터 벗어날 수 있는 방법으로 두 가지를 제시합니다. 바로 심미적 해탈과 윤리적 해탈이에요. 그런데 예술을 통한 심미적 해탈은 순간적일 뿐이어서 의지의 부정을 통한 윤리적 해탈만이 궁극적인 해결책이 될 수 있지요. 그래서 쇼펜하우어는 "더 이상 소망할 것이 없는 열반(涅槃, 온갖 고통과 번뇌에서 벗어나 마음의 평화를 누리는 것)의 경지에서 자기 자신으로서 죽어라. 세상 것들을 멀리하고 십자가를 져라."라고 주장했습니다.

2 의식 저 너머의 무의식을 발견하다 – 프로이트

동생의 죽음을 기뻐하다

프로이트는 2세 때부터 어머니의 알몸을 보고 강하게 마음이 끌렸다고 합니다. 여자 조카에게 성적인 관심을 가지기도 했고, 어머니의 사랑을 놓고 서로 다투던 바로 아래 남동생이 죽었을 때는 기쁨을 느꼈다고 고백하기도 했지요. 프로이트는 "나보다 아들에게 더 정신이 팔려 있다."라며 아내에게 비난을 퍼붓는 아버지 밑에서 자랐습니다. 그는 이러한 성장 과정을 거치며 일찍부터 정신 분석학적인 기질을 키우고 있었는지도 모르겠어요.

프로이트는 오스트리아의 모라비아에서 태어난 유대인입니다. 『꿈의 해석』을 출간한 뒤 많은 학자가 그의 주위로 몰려들었어요. 그러나 유대인이라는 이유로 제3제국(나치가 통치하던 시기의 독일을 이르는 말)에서 추방당해 영국으로 망명했어요. 런던에서 사망한 그는 평소 좋아하던 그리스의 항아리에 담겨 그곳에 묻혔답니다.

프로이트의 묘비
오스트리아에 살던 프로이트는 유대인 박해가 심해지자 영국으로 망명했고 그곳에서 숨을 거두었다. 그와 아내의 유골은 그리스의 항아리에 담겨 런던 골더스 그린 공동묘지에 매장되었다.

무의식은 실수, 꿈, 강박 행위로 나타난다

프로이트는 "마음속 깊은 곳에 숨어 있는 무의식이 우리의 행동과 정서를 규정한다."라고 잘라 말했습니다. 여기에서 무의식(無意識)이란 '의식에 영향을 끼치기는 하지만 꿈이나 정신 분석을 거치지 않고서는 의식화되지 않는 의식'을 말해요. 프로이트는 무의식이 어떻게 나타나는가를 다음과 같이 설명했습니다.

빙산의 일각
대서양과 북극해 사이에 위치한 배핀 만(灣)의 빙산이다. 의식과 무의식의 세계를 빙산에 비유하기도 한다. 빙산은 그 일부만 수면 밖에서 확인할 수 있는데, 수면 밖으로 보이는 크기는 전체의 10% 정도라고 한다.

첫째는 무의식이 실수로 나타나는 경우입니다. 어떤 사람이 편지를 써 놓고 서랍에 넣어 두었다가 어느 날 큰 결심을 하고 부쳤습니다. 그런데 며칠 뒤에 "주소를 쓰지 않았다."라는 딱지가 붙은 채 편지가 되돌아왔어요. 그래서 주소를 쓴 뒤에 다시 부쳤는데 또다시 돌아왔어요. 이번에는 우표를 붙이지 않아서였지요. 나중에 그는 자신이 그 편지를 보내고 싶어하지 않았다는 사실을 알게 되었습니다.

둘째는 무의식이 꿈으로 나타나는 경우입니다. 다음에 나오는 이야기는 한 여성이 잠자리를 같이했던 상대 남성에게 말해 준 꿈의 내용이에요. 그녀는 빨간 군모를 쓴 한 장교가 자신을 쫓아오자 계단을 올라 달아났습니다. 자기 방으로 뛰어들어 문을 잠그고 열쇠 구멍을 통해 밖을 내다보았더니 자신을 쫓아오던 남자가 벤치에 앉아 혼자 울고 있더랍니다. 프로이트는 이 꿈을 다음과 같이 해석했습니다. 빨간 군모는 남자의 생식 기관을 상징하고, 계단을 올라가는 일은 육체적 관계를 맺은 것을 의미하며, 남자가 흘린 눈물은 정액 또는 여자의 슬픔이 표현된 것이라고 했지요.

셋째는 무의식이 강박 행위로 나타나는 경우입니다. 어느 부유한 집안의 외동딸이 잠을 자기 위해 다음과 같은 행동을 했다고 해요. 19세인 그녀는 큰 시계는 정지시키고 다른 시계는 방 밖에 내놓으면서

〈악몽〉
영국에서 활동한 스위스 출신의 화가 헨리 푸젤리의 작품이다. 이 작품은 자가적 정신 분석의 표현이라고 해석되기도 한다. 프로이트의 서재에도 이 작품이 걸려 있었다고 한다.
괴테 박물관 소장

심지어 서랍에 있는 손목시계까지 내놓았습니다. 또 한 침대의 테두리가 쿠션에 닿지 않도록 하고 화분이 뒤집히지 않도록 책상 위에 조심스럽게 늘어놓았어요. 이 밖에 다른 것들을 두 시간 동안이나 확인하고 반복적으로 점검했습니다. 이상 증세가 틀림없지요. 프로이트는 그녀의 행동을 다음과 같이 분석했습니다. 먼저 반복적인 주기를 보이는 시계는 월경(月經)과 통하기 때문에 여성을 상징하고, 시계의 똑딱거리는 소리는 성적 흥분 상태를 나타낸다고 해요. 자신의 성적 욕망을 마주하고 싶지 않은 마음이 시계를 치우는 행동으로 나타난 것이라고 하지요. 그녀는 밤중에 화분이 떨어지거나 부서지지 않도록 조심스럽게 다루는데, 화분 역시 여성을 상징한다고 합니다. 아울러 침대의 테두리는 남성을 상징하고, 쿠션은 여성의 생식 기관을 나타낸다고 해요. 실제로 그녀는 자신의 부모가 부부 관계를 하지 못하도록 떼어 놓고 싶어했고, 무섭다는 핑계로 자신의 방과 부모의 방 사이에 있는 문을 열어 놓고 잔 적이 많았다고 합니다.

시간에 대한 강박
영국의 수학자이자 소설가인 캐럴의 소설 『이상한 나라의 앨리스』에는 독특한 캐릭터들이 등장한다. 계속 회중시계를 꺼내 보며 발을 동동거리는 흰토끼는 시간에 대한 강박을 가진 것으로 보인다.

프로이트는 정신 분석학에서 리비도(libido, 사람이 내재적으로 갖고 있는 성적 충동)와 무의식이라는 개념을 중요하게 다루었습니다. 그는 리비도와 무의식이 인간의 행동에 영향을 끼친다고 보고 특히 유아기의 성(性) 체험과 밀접한 관련이 있다고 보았어요.

새롭고도 충격적인 프로이트의 정신 분석학 용어

프로이트가 사용한 언어는 매우 새롭고 충격적이어서 혹시 사이비 마술사의 주문에 걸려든 것이 아닌가 싶을 정도입니다. 프로이트의 주장에 따르면 자아가 불안한 인간은 승화, 억압, 투사, 전이, 퇴행, 합리화와 같은 방어 기제를 사용합니다. 먼저 승화(昇華)란 무의식적인 성적 에너지가 예술적 활동이나 지적 탐구, 종교적 활동 등 사회적으로 가치 있는 분야로 바뀌는 현상을 뜻해요. 억압(抑壓)이란 죄악감이나 불안, 자책 등을 일부러 내쫓는 심리적 현상을 뜻합니다. 보통 사람들은 불쾌하거나 위험한 생각을 쉽게 잊게 되는데, 바로 억압이라는 자아의 방어 기제 덕분이지요. 다음으로 투사(投射)란 자신의 감정이나 욕망, 행동 등을 자기 밖으로 내쫓아 다른 것의 탓으로 돌리는 작용을 가리킵니다. "제 얼굴 못난 줄 모르고 거울만 나무란다."라는 속담이 투사를 잘 나타낸다고 할 수 있어요. 전이(轉移)란 한 가지를 학습했을 때 다른 학습에도 그 영향이 끼치는 일을 말하고, 퇴행(退行)이란 옛날의 사고나 대상, 행동으로 되돌아가는 것을 의미합니다. 마지막으로 합리화(合理化)란 어떤 행동이나 태도를 정당화하기 위해 합리적이고 의식적인 설명을 사용하는 정신 과정을 가리킨답니다.

〈거울 앞의 소녀〉
네덜란드 화가인 파울루스 모렐스의 작품이다. 화가들에게 거울은 인간의 내면 의식을 표현하는 데 좋은 소재였다.
암스테르담 국립 미술관 소장

프로이트는 여러 가지 이상 증세를 설명했는데, 그 가운데 가장 대표적인 것이 히스테리라고 할 수 있습니다. 히스테리는 한 마

베르타 파펜하임(1859~1936)
히스테리를 겪던 환자다. 브로이어와 프로이트는 그녀를 『히스테리에 관한 연구』라는 공동 저서에 히스테리 완치 사례로 발표했다. 책에는 '안나 오'라는 이름으로 소개되었으나 나중에 실명이 밝혀졌다.

디로 '질병으로의 도피'라고 표현할 수 있어요. 즉 정신적인 문제가 신체적인 증세로 바뀐 것이 히스테리입니다. 브로이어 박사는 히스테리를 치료하는 데 최면술을 사용했어요. 6주 동안 물을 마시지 못하던 어떤 환자는 최면 상태에서 마음에 들지 않는 가정 교사에 관한 이야기를 했습니다. 그는 가정 교사가 자신의 방에서 개에게 컵으로 물을 마시게 하던 장면을 모두 털어놓으며 이제까지 참아 왔던 분노를 뿜어냈지요. 그 후로 그는 물을 몇 잔이든 계속 마실 수 있게 되었답니다.

억압되었던 기억을 의식 세계로 이끌어 그 심리적 찌꺼기를 씻어 내는 과정에는 카타르시스가 있습니다. 카타르시스(catharsis)란 정화 또는 배설을 의미하는 말이에요. 아리스토텔레스는 "비극을 보고 눈물을 흘리는 순간에 우리는 마음속의 울적함과 공포 등 감정의 찌꺼기를 배설하게 되어 심리적 쾌감을 느낀다."라고 말했습니다. 실컷 울고 나면 마음이 후련해지는 경우를 말하지요. 그러나 프로이트는 카타르시스만으로는 충분하지 못하다고 보았어요. 그는 머릿속에 떠오르는 상(像)을 잇따라 말하도록 하는 자유 연상법을 주장했지요.

프로이트가 살아 있을 때는 기괴하게 여겨졌던 정신 분석학 용어가 이제는 학술 용어는 물론 일상용어로까지 받아들여지고 있답니다.

생각해 보세요

프로이트가 말한 '오이디푸스 콤플렉스'에 대해 알고 싶어요.

오이디푸스 콤플렉스란 남성이 어머니에 대해 성적 애착을 품고 아버지를 경쟁의 상대로 여기는 심리를 일컫는 말입니다. 그리스 신화에 나오는 오이디푸스는 테베의 왕인 라이오스와 왕비인 이오카스테의 아들로 태어났어요. 라이오스는 "자기 아버지를 죽이고 어머니와 결혼한다."라는 무시무시한 신탁을 받은 오이디푸스를 죽이라고 명령합니다. 그러나 양치기의 도움으로 목숨을 건진 오이디푸스는 코린토스의 왕자가 되지요. 나중에 자신에 대한 신탁을 듣게 된 그는 운명을 피하기 위해 먼 곳으로 길을 떠납니다. 그런데 길을 가던 중에 한 노인을 죽이고 말았어요. 몇 년 후 테베에는 지나가는 사람에게 수수께끼를 내고 풀지 못하면 잡아먹는 스핑크스라는 괴물이 나타났습니다. 오이디푸스는 스핑크스가 낸 수수께끼를 풀었고 스핑크스는 골짜기로 몸을 던져 자살했어요. 테베 사람들은 오이디푸스를 왕으로 모셨고 그는 마침 과부로 살고 있던 이오카스테를 아내로 삼았어요. 그 후 테베에는 전염병이 돌아 수많은 사람이 죽어 나갔습니다. 이에 오이디푸스는 신전을 찾아가 신탁을 구했고 전염병의 원인이 왕가의 불륜 때문이라는 사실을 알게 되었어요. 오이디푸스가 길에서 죽인 노인이 그의 친아버지인 라이오스였고, 지금의 아내는 그의 친어머니였던 것입니다. 오이디푸스는 너무도 괴로운 나머지 자신의 두 눈을 뽑아 버렸고, 그의 어머니이자 아내인 이오카스테는 스스로 목숨을 끊었답니다.

〈신에게 아이들을 맡기는 눈 먼 오이디푸스〉

3 이것이냐 저것이냐의 선택 | 실존주의

헤겔은 변증법을 통해 대립을 해소하려고 했지만 그것은 관념의 세계에서나 가능할 뿐입니다. 현실에서는 항상 둘 가운데 하나를 선택해야 하는 냉혹한 결단만이 요구되지요. 보편적 이론에 따르면 '이것도 저것도'가 가능하지만, 개별적인 삶에서는 오직 '이것이냐 저것이냐'를 선택할 수밖에 없답니다. 서구인들은 세계 대전의 쓰라림을 두 차례나 맛보았습니다. 삶의 기쁨을 노래하며 앞으로 나아갈 수 있다고 믿었던 사람들은 전쟁의 참혹함 속에서 현실의 모순과 부조리라는 깊은 수렁을 보았던 것이지요. 이렇듯 황폐한 시대적 상황 속에 등장한 실존주의는 인간의 주체적 존재성을 강조하는 철학 사조입니다. 키르케고르와 니체, 야스퍼스, 하이데거, 사르트르 등이 대표적인 실존주의자로 알려져 있답니다.

• 키르케고르는 “진리란 내가 그것을 위해 살고 그것을 위해 죽을 수 있는, 바로 그런 것이다.”라고 말했다.
• 니체를 ‘망치를 든 철학자’라고 부르는 이유는 그가 기존의 가치를 무너뜨리고 새로운 가치를 세우려 했기 때문이다.
• 야스퍼스가 추구한 철학의 체계는 세계와 실존, 그리고 신이라는 세 부분으로 구성되어 있다.
• 하이데거는 존재자란 일상적 의미에서 그저 존재하는 것이고, 존재란 존재자의 근거가 되는 것이라고 주장했다.
• 사르트르는 창조되지도 않고 존재 이유도 없는 무의미한 존재는 구토를 일으킬 뿐이라고 말했다.

1 진리를 위해 살고 진리를 위해 죽고 – 키르케고르

키르케고르는 덴마크의 코펜하겐에서 부유한 상인의 일곱째 자녀로 태어났습니다. 당시 교회에서는 재혼을 금지했지만 그의 아버지는 아내가 세상을 떠나자 하녀와 재혼했답니다. 키르케고르는 이 두 사람 사이에서 막내로 태어났어요. 그의 어머니와 다섯 누이는 몇 년 사이에 죽고 말았습니다. 키르케고르는 24세 때 자기보다 열 살이나 아래인 레기네 올센을 보고 첫눈에 반했어요. 결국 그녀의 마음을 얻어 결혼 승낙까지 받았지요. 하지만 그는 결혼에 대해 깊이 생각한 후 그녀에게 매몰차게 대했고 두 사람의 관계는 끝이 났습니다.

키르케고르(1813~1855)
태어날 때부터 허약한 체질이었지만 비범한 재능을 보였다. 현대 실존주의의 선구자라고 평가받는다. 1995년에 그리스도교 한국 루터회가 뽑은 '세계를 빛낸 10인의 루터교 신도' 가운데 한 사람이다.

아버지가 세상을 뜬 후 그는 물려받은 재산을 불려 나가기는커녕 제대로 보존하려고도 하지 않았어요. 저녁에 시내 중심가를 산책하거나 극장과 오락장을 찾아다니며 세월을 헛되이 보냈지요. 키르케고르는 익명으로 『죽음에 이르는 병』, 『이것이냐 저것이냐』 등의 책을 썼습니다. 그는 아무런 직업도 없이 떠돌다가 길에서 정신을 잃고 쓰러져 42세에 세상을 떠나고 말았어요.

『죽음에 이르는 병』의 본질은 살 수도 없고 죽을 수도 없는 인간의 운명에서 유래합니다. 키르케고르의 주장에 따르면 인간은 영원한 세월을 불 속에 빠져 죽지도 못한 채 발버둥을 치는 벌레와 같이 비참한 존재입니다. 자살도 소용없지요. 인간의 불안과 절망은 오직 하나님을 통해서만 극복될 수 있습니다. 이와 관련해 키르케고르는 인간이 발전해 가는 단계를 셋으로 보았어요. 첫째는 미적(美的) 실존의 단계입니다. 스스로 실존의 의의를 분명하게 의식하지 못하는 단계지요. 미적 실존 단계에서의 모토는 그저 "인생은 즐겨야 한다."입니다. 둘째는 윤리적 실존의 단계입니다. 인간이 자기 실존의 의의를 자각하고 윤리적인 사명에 충실하려는 단계지요. 셋째는 종교적 실존의 단계입니다. 여기서 인간은 비로소 '신 앞에 홀로 선 단독자'가 됩니다. 단독자(單獨者)란 거룩한 종교적 결단을 향해 나아가는 인간을 가리켜요. '개별성'과는 다른 개념이지요. 단독자는 윤리적 실존의 단계에서 가졌던 보편적 가치나 통념마저 배제한 채 오직 자기 자신만으로 신 앞에 서는 실존입니다. 키르케고르는 진정한 의미의 진리는 종교적 실존의 단계에서 비로소 나타난다고 보았어요. 그는 "진리란 내가 그것을 위해 살고 그것을 위해 죽을 수 있는, 바로 그런 것이다."라고 말했습니다. 중립적인 객관성보다 스스로 결단을 내리는 주관성을 중요하게 생각한 것이에요. 키르케고르는 이론을 세우려고 하기보다는 삶 자체에 대해 고민하려고 했습니다.

기도
한 남자가 홀로 무릎을 꿇고 신에게 기도하고 있는 모습을 묘사한 작품이다. 키르케고르는 보편적인 가치보다 신앙이 더욱 의미 있다고 여겼다.

2 망치를 든 철학자 – 니체

헌책방에서 철학을 만나다

독일의 철학자인 니체는 목사의 아들로 태어났습니다. 5세 때 아버지를 여의고 여자들만 있는 외갓집에서 자란 탓인지 여성적이고 섬세한 성격을 갖게 되었답니다. 어렸을 때는 성경 구절을 기가 막히게 외워 '꼬마 목사'라고 불렸다고 해요. 그러나 고등학생 때부터 반항적인 기질을 보이기 시작하더니 대학생 때는 술과 담배, 여자에 깊이 빠지기도 했지요. 결국 니체는 본(Bonn) 대학교의 신학과를 뛰쳐나왔습니다. 그는 헌책방에서 산 쇼펜하우어의 『의지와 표상으로서의 세계』를 꼬박 2주일에 걸쳐 읽고 나서 철학에 깊이 빠지게 되었어요.

니체(1844~1900)
키르케고르와 함께 실존주의의 선구자로 꼽히는 철학자다. 쇼펜하우어의 사상을 계승했고, 급진적인 이론을 주장해 포스트모더니즘에 영향을 끼쳤다.

니체는 24세 때 스위스에 있는 바젤 대학교의 고전어 교수로 초빙되었습니다. 1870년에는 전쟁에 위생병으로 참전했다가 이질(痢疾, 곱이 섞인 변이 나오고 뒤가 잦은 증상을 보이는 전염병)에 걸려 곧 제대하게 되었어요. 니체는 1889년에 길에서 갑자기 쓰러졌고 정신 이상 증세를 보이다가 끝내 1900년에 세상을 떠났습니다.

그의 대표적인 저서로는 『비극의 탄생』, 『인간적인, 너무나 인간적인』, 『즐거운 학문』, 『차라투스트라는 이렇게 말했다』, 『선악의 피안』, 『이 사람을 보라』 등이 있습니다. 특히 1883년에 출간된 『차라투스트라는 이렇게 말했다』는 서양 사람들이 성경 다음으로 많이 읽는 고전이라고 알려져 있답니다.

바젤 대학교

니체는 24세 때 바젤 대학교에서 고전어를 강의했다. 젊은 나이에 강의를 맡게 된 것은 이례적인 일이었다. 니체의 뛰어난 재능을 알아본 리츨 교수의 추천이 있었다고 한다.

니체와 친구들

왼쪽부터 차례로 루 살로메, 파울 레, 니체다. 셋은 삼각관계였다. 니체는 훗날 이 사진을 두고 "사랑이라는 감정이 개입될 때 두 사람의 관계가 즉각 권력 관계로 바뀐다는 사실을 노골적으로 보여주는 장면이라고 해도 좋다"라고 말했다.

〈폐하에 대한 예우〉
미국 화가인 윌리엄 홀브룩 비어드의 작품이다. 그는 여러 작품에서 동물들을 통해 인간의 모습을 풍자했다. 권력자인 여우가 사나운 표정을 하고서 토끼를 내려다보고 있다.
인디애나폴리스 미술관 소장

운명을 받아들이고 사랑하라

흔히 니체를 '망치를 든 철학자'라고 부릅니다. 그가 모든 기존의 가치를 허물어뜨리고 그 자리에 새로운 가치를 세우려고 했기 때문이에요. 이러한 니체에게 삶이란 과연 무엇이었을까요? 첫째, 니체에게 삶이란 권력 의지입니다. 권력 의지(權力意志)란 남을 정복해 스스로 강해지려는 의지입니다. 남보다 우수해져 남을 지배하려는 의지를 말하지요. 니체는 권력 의지가 존재의 본질이자 삶의 근본 충동이라고 보고 이웃 사랑이나 복지 등을 비웃었습니다. 둘째, 니체는 삶 속에서 일어나는 모든 것에는 죄가 없다고 보았습니다. 현실은 늘 정당하다는 것이에요. 자연은 순수하므로 생존 자체에는 아무런 흠도 없습니다. 이러한 관점에서는 선하기 때문에 승리하는 것이 아니라 승리했기 때문에 선한 것이 되지요. 셋째, 니체는 삶에 나타난 모든 것을 받아들여야 할 뿐만 아니라 그것들을 사랑해야 한다고 주장했습니다. 그는 '운명에 대한 사랑', 즉 운명애(運命愛)야 말로 인간의 위대함을 보여 주는 것이라고 생각했어요. 니체가 "이것이 삶이었던가? 자, 그렇다면 다시 한 번!"이라고 외치는 대목에서는 삶에 대한 강력한 긍정을 엿볼 수 있습니다.

죽은 신을 대신할 이상적인 인간, 초인

니체는 "신은 죽었다. 이제 우리가 바라는 것은 초인이다."라고 말했습니다. 그가 말한 초인(超人)은 어떤 존재일까요? 첫째, 초인은 '대지(大地)의 의의'로서 이 땅에 충실한 사람입니다. 그는 하늘나라를 노래하는 자들을 믿지 않아요. 둘째, 초인은 신의 죽음을 확신하는 사람입니다. 그는 하늘나라란 환영(幻影)에 지나지 않는 것이라고 믿어요. 그래서 이 땅을 위해 그리고 삶 자체를 위해 스스로를 바치지요. 셋째, 초인이란 영겁 회귀(永劫回歸)마저 깨달을 수 있는 사람입니다. 그는 영원한 시간은 원형(圓形)을 이루고 있다는 것과 그 원형 안에서 모든 것은 이미 여러 차례 되풀이되었다는 것을 깨달을 수 있어야 해요.

보르자(1475~1507)
르네상스 시대 이탈리아의 전제 군주다. 니체는 "초인은 도덕적인 성인군자가 아니다. 보르자 같은 사람이야말로 초인이다."라고 말했다. 마키아벨리 또한 『군주론』에서 그를 이상적인 군주로 묘사했다.

유대주의
유대주의 운동가인 벤구리온과 유대주의 단체의 청소년 단원들을 찍은 사진이다. 유대주의란 팔레스타인 지역에 유대인 국가를 건설하는 것을 목적으로 하는 민족주의 운동이다. 시오니즘(Zionism)이라고도 한다. 1948년에 이스라엘이 독립하면서 실현되었다고 본다.

니체는 유럽의 상황을 허무주의 상황이라고 진단하면서 새로운 가치 체계를 굳건히 세우려고 했습니다. 이러한 작업에 앞서 그는 전통적인 가치와 도덕을 파괴하지 않으면 안 되었어요. 니체는 노예 도덕(奴隷道德, 지각이 없는 군중의 도덕)을 반대하고 민주화 운동을 비웃었습니다. 사회주의와 여성 해방 운동도 반대했지요. 그리고 무엇보다 그리스도교에 반대했습니다.

니체의 사상을 정치적으로 해석하는 경우도 있습니다. 이때는 생존경쟁이나 건전한 야만성, 마키아벨리즘, 금발의 야수(니체가 갈망한 초인)와 같은 개념이 자주 등장하지요. **유대주의**를 반대하는 자들과 나치의 지지자들이 니체의 사상을 악용하기도 했습니다. 니체의 여동생이 그가 남긴 원고를 멋대로 왜곡했기 때문에 이러한 일이 일어난 게 아닐까 싶습니다.

3 실존이란 무엇인가 – 야스퍼스

독일의 철학자 야스퍼스는 법률가인 아버지와 신교도인 어머니 사이에서 태어났습니다. 야스퍼스는 고등학생 때까지 반항적인 태도를 보이며 고독하게 시간을 보냈어요. 이후 의사 시험에 합격했지만 철학으로 방향을 틀어 교수가 되었습니다. 그러나 히틀러가 권력을 잡자 아내가 유대인이라는 이유로 교수직에서 쫓겨나고 말았어요. 전쟁이 끝난 뒤에야 스위스에 있는 바젤 대학교의 강단에 서게 되었답니다.

야스퍼스가 추구한 철학의 체계는 세계와 실존, 그리고 신이라는 세 부분으로 구성되어 있습니다. 그의 저서인 『철학』 역시 세계 정립과 실존 해명, 그리고 형이상학을 다룬 세 권으로 이루어져 있지요. 야스퍼스의 견해에 따르면 세계는 물질과 생명, 마음, 정신으로 나누어지고, 각각은 물리학과 생물학, 심리학, 정신과학의 대상이 됩니다.

야스퍼스(1883~1969)
야스퍼스는 한때 부인이 유대인이라는 이유로 교수직에서 추방당하는 등 수난을 겪기도 했다. 그러나 제2차 세계 대전 이후 왕성하게 활동하면서 독일 철학계에 막대한 영향을 주었다.

실존 해명이란 실존이 자기 자신을 스스로 밝혀 참된 자기 존재를 파악하는 일입니다. 그렇다면 실존이란 무엇일까요? 실존이란 첫째, 가능적 존재이며 자유로운 존재입니다. 둘째, 실존은 상호 간의 교제를 통해 자각됩니다. 셋째, 실존은 역사성을 지닙니다. 과거를 짊어지고 미래를 내다보면서 현실에 충실하기 때문이지요.
실존은 살아가는 동안 한계에 부닥칩니다. 이를테면 우리는 왜 내가 이 땅에서 특정한 부모에게서 태어났는지 그 까닭을 알지 못합니다. 야스퍼스는 이것을 일반적인 한계 상황이라 불렀어요. 그 밖에 죽음과

〈성 마태와 천사〉
이탈리아 화가인 레니의 작품이다. 천사의 날개에서 깃털을 뽑아 글을 써 내려가는 마태의 모습이 묘사되어 있다. 「마태복음」은 천사가 마태의 귀에 속삭이는 소리를 받아 적은 것이라고 한다.
바티칸 미술관 소장

고뇌, 싸움, 죄를 특수한 한계 상황이라고 했지요. 우리는 한계 상황에서 실존의 유한성을 깊이 깨닫게 됩니다. 이를 통해 실존은 초월자에게로 나아갑니다. 초월자는 실존 앞에 먼저 암호로 나타납니다. 암호에는 세 가지가 있지요. 첫째는 초월자의 직접적인 언어인데 이것은 실존이 순간적으로 들을 수 있을 뿐입니다. 둘째는 신화나 계시, 예술처럼 실존 간에 전달이 가능한 언어고, 셋째는 철학적으로만 전달할 수 있는 사변적 언어랍니다.

4 존재 망각의 역사에 파장을 일으키다 – 하이데거

언젠가 빈(Wien)의 한 철학자가 하이데거에 대한 강연을 했습니다. 그런데 강연을 하는 내내 맨 앞줄에 앉아 있던 한 농부가 다 알아듣겠다는 표정으로 그를 쳐다보았어요. 그래서 그 철학자는 자신의 강연이 매우 훌륭했다고 생각했지요. 그런데 나중에 알고 보니 그 농부가 바로 하이데거였다고 합니다.

하이데거는 "현대의 모든 철학이 직접적 또는 간접적으로 이 책의 영향을 받았다."라는 평가를 받는 **『존재와 시간』**이라는 책의 저자입니다. 키르케고르의 영향을 받은 하이데거는 후설의 현상학적 방법을 발전시켜 기초 존재론이라는 실존 철학을 만들기도 했지요.

『존재와 시간』은 너무나도 훌륭한 책입니다. 이 작품 하나로 당대의 철학적 문제들은 모두 껍데기가 되었고 모든 형이상학은 새롭게 해석되었어요. 그러나 한편으로 이 책에서 사용한 언어가 매우 독특했기 때문에 독자들에게 저자는 매우 낯선 존재로 여겨졌습니다. 독일인들은 『존재와 시간』이 워낙 어려워서 "이 책은 과연 언제쯤 독일어로 번역될까?"라는 농담을 서로 주고받기도 했다고 해요.

『존재와 시간』
존재를 시간의 관점에서 해설한 책으로, 하이데거가 37세 때 완성했다. 하이데거는 『존재와 시간』을 통해 존재의 의미를 밝히고자 했다.

하이데거의 주장에 따르면 지금까지 유럽의 형이상학에서는 '존재'와 '존재자'를 혼동했습니다. 하이데거는 존재자란 일상적 의미에서 그저 존재하는 것이고, 존재란 존재자의 근거가 되는 것이라고 주장했어요. 지금까지의 형이상학에서는 일상적 의미인 존재자만을 문제로 삼았을 뿐이고 근원적 의미인 존재 그 자체는 아예 문제로 삼지도 않았다

〈망자를 위한 기도〉
영국 화가인 브리틴 리비에르의 작품이다. 주인으로 보이는 기사의 곁에서 그의 죽음을 애도하고 있는 반려동물이 그려져 있다.
뉴사우스웨일스 주립 미술관 소장

는 것이지요. 하이데거의 견해에 따르면 형이상학의 역사는 '존재 망각의 역사'였습니다.

모든 존재 가운데 존재에 대해 물을 수 있고 존재에 대해 이해할 수 있는 존재는 인간 존재, 즉 현존재(現存在)뿐입니다. 그러므로 우리가 존재를 밝혀내기 위해서는 현존재에 대한 분석이 먼저 이루어져야 해요. 그렇다면 현존재란 무엇일까요?

첫째, 현존재는 세계 안의 존재입니다. 인간은 자기의 의지와 무관하게 이 세계 안에 던져진 채 세상일에 파묻혀 살아가는 존재지요. 둘째, 현존재는 조르게, 즉 관심을 가진 존재입니다. 인간은 끊임없이 자기를 실현해 나가기 때문에 자신에게 관심을 갖고 자신을 염려하지 않을 수 없어요. 셋째, 현존재란 죽음으로 향하는 존재입니다. 죽음은 시시각각으로 인간에게 다가오고, 인간은 결국 순간을 살다 가는 존재라는 사실을 깨닫게 됩니다. 그러나 인간만이 절대적 한계인 죽음을 바로 볼 수 있어요. 죽음은 인간만이 직면하는 뜻깊고 긴박한 문제지요. 인간은 언젠가 다가올 죽음을 앞서 취함으로써 삶을 책임감 있게 이끌어 갈 수 있어요. 죽음에 대한 선구적(先驅的) 결의를 통해 일상인(현존재와 구별되는 인간으로, 평범하게 삶을 꾸려 가는 사람)이 현존재로 바뀌고, 이 현존재만이 본래적인 자기로 되돌아가 삶을 주체적이고 능동적으로 꾸려 갈 수 있습니다.

『존재와 시간』을 통해 단번에 유명해진 하이데거는 후설의 후임으로 프라이부르크 대학교의 교수가 되었어요. 그는 나치가 정권을 잡은 1933년에 이 대학교의 총장이 되었습니다. 여러 가지 정황으로 보아 하이데거가 나치에 협력했던 것은 사실인 것 같아요. 하지만 나치에 저항한 흔적도 눈에 띕니다. 이를테면 그는 반(反)유대주의 현수막을 내걸거나 유대인이 쓴 책을 도서관에서 없애려는 행위를 금지했지요. 나치의 압력에도 불구하고 그는 이러한 태도를 유지했기 때문에 나치와의 갈등이 커지기 시작했습니다. 결국 그는 불과 10개월 만인 1934년 2월에 총장직에서 스스로 물러났어요. 그러나 나치 시대에 대학교의 총장직을 맡았던 일은 그의 권위와 명예에 지울 수 없는 티로 남게 되었습니다. 프랑스군이 독일을 점령했을 때 **프라이부르크 대학교**에서 강제로 해직되었는가 하면 죽는 순간까지도 나치에 동조했다는 의혹에 시달렸지요. 노년에 하이데거는 한적한 산속의 비탈진 언덕 위에 조그마한 오두막을 짓고 끝없이 펼쳐진 산과 말없이 흐르는 구름을 바라보며 여생을 보냈다고 합니다.

프라이부르크 대학교
하이데거는 후설의 후임으로 지명받아 프라이부르크 대학교로 오게 된다. 이때 하이데거가 교수 자격을 받기 위해 제출한 것이 바로 『존재와 시간』이었다.

5 무의미한 것은 구토를 일으킨다 – 사르트르

프랑스의 파리에서 태어난 사르트르는 2세 때 아버지를 여의었습니다. 그는 아버지가 없었던 것이 오히려 축복이었다고 말한 적이 있어요. 사르트르는 키가 작고 사팔눈이었으나 익살스럽고 재미있어서 사람들을 곧잘 웃겼습니다. 뿐만 아니라 상대방의 이야기를 귀담아듣고 그 의도를 잘 파악했기 때문에 누구에게나 호감을 주었다고 해요.

파리에 있는 고등사범학교에서 공부하는 동안 사르트르는 강의를 잘 듣지 않았다고 합니다. 재수 끝에 교사 자격시험에 합격한 사르트르는 작가이자 여성 해방 운동가인 보부아르를 만났어요. 이들은 일생 동안 결혼하지 않은 상태에서 삶의 반려자가 되었습니다.

보부아르는 사르트르 못지않게 유명한 실존주의 사상가예요. 그녀는 사르트르와 같은 시기에 교사 자격시험에 합격했습니다. 사르트르가 수석이었고 보부아르가 차석이었지요. 그녀는 몇 년 동안 교사로 지내다가 작가가 되었습니다. 보부아르의 작품으로는 여러 각도에서 여성 문제를 다룬 『제2의 성』이 널리 알려져 있어요. 보부아르는 사르트르가 「현대」를 창간하는 일에 협력했고 실존주의 문학 운동도 함께 펼쳤답니다.

사르트르는 레지스탕스(제2차 세계 대전 중 프랑스에서 일어났던 지하 저항 운동)에 직접 참여하기도 했어요. 사유 재산 제도를 반대한 그는 호텔에서 잠자고 카페에서 일했으며 식당에서 식사를 했답니다. 사르트르는 1964년에 노벨 문학상 수상을 거절해 세상을 놀라게 하기도 했어요. 노벨상 수상자를 서구 유럽 작가들 위주로 선정한다고 보고 공정성을 잃었다고 생각했기 때문이지요.

시몬 드 보부아르 인도교

파리에 위치한 다리로, 보부아르의 이름을 따 '시몬 드 보부아르 인도교'라고 불린다. 파리에 있는 다리 가운데 여성의 이름이 붙은 유일한 다리다. 센 강을 가로지르며 베르시 공원과 프랑스 국립 도서관을 연결한다. 여성적인 곡선이 특징인 이 다리는 2006년에 건축가인 디트마르 파이히팅거가 설계했다.

사르트르는 3세 때 오른쪽 눈의 시력을 잃었는데 1975년에는 왼쪽 눈마저 시력이 떨어져 독서는 물론이고 집필도 못하게 되었답니다. 그는 5년 동안 폐 공기증(肺空氣症, 폐 안의 공기 공간의 크기가 정상보다 커지는 병)을 앓다가 1980년 4월 15일에 75세의 나이로 생을 마감했습니다.

사르트르와 보부아르의 무덤
프랑스 파리의 몽파르나스 묘지에 있는 사르트르와 보부아르의 무덤이다. 평생의 연인이었던 두 사람은 같은 장소에 나란히 묻혀 있다.

사르트르의 주장에 따르면 존재는 필연이 아니라 우연입니다. 존재는 어떤 원인의 결과로 존재하거나 어떤 목적을 향해 존재하지 않아요. 그저 있을 뿐이지요. 사르트르는 존재의 우연성을 마주할 때 구토(嘔吐)를 느낀다고 말했습니다. 창조되지도 않고 존재 이유도 없는 무의미한 그것은 구토를 일으킬 뿐이라고 했지요.

인간은 우연히 이 세상에 던져졌습니다. 어떤 사명이나 의의를 갖지 못한 채 태어났기 때문에 그만큼 자유롭다고 할 수 있어요. 자유로운 인간은 스스로 자신의 미래를 선택해 나가야 합니다. 그래서 사르트르는 인간을 "자유가 선고된 존재요, 선택이 강요된 존재다."라고 표현했답니다.

생각해 보세요

키르케고르의 빗나간 사랑

키르케고르는 24세 때 자기보다 열 살이나 아래인 레기네 올센을 보고 첫눈에 반했습니다. 원래 그녀는 키르케고르의 친구인 슐레겔을 좋아하고 있었어요. 그러나 키르케고르는 수단과 방법을 가리지 않고 그녀의 마음을 얻어 내는 데 성공했지요. 3년 뒤에는 결혼 승낙까지 얻어 냈답니다. 그러나 얼마 후 키르케고르는 그녀와의 결혼에 대해 깊이 생각하기 시작했습니다. 그는 "나 같은 사람은 그녀와 결혼해서는 안 된다."라는 결론을 내렸어요. 그가 파혼한 이유에 대해 두 가지 이야기가 전해집니다. 때가 묻지 않은 어린 소녀에 대한 설명할 수 없는 죄의식에 시달렸기 때문이라는 설과 키르케고르가 어릴 때 나무에서 떨어져 성불구(생식 기능을 제대로 갖추지 못한 상태)가 되었기 때문이라는 설이 있지요. 결국 그는 그녀에게 매몰차게 대했고 두 사람의 관계는 끝이 났습니다. 그 후 키르케고르는 언제 어디에서 그녀를 만났는지, 그녀가 무엇을 하고 있었는지를 상세하게 기록해 나갔습니다. 그러던 어느 날, 그는 그녀가 슐레겔과 결혼했다는 사실을 알게 되었어요. 이때 그는 몸을 부르르 떨며 올센의 배신을 비난하는 글을 일기장에 쓰기도 했답니다. 그렇지만 키르케고르는 여전히 그녀를 사랑했고 희망을 버리지 않았어요. 죽을 때까지 그는 그녀를 결코 잊지 못했다고 합니다.

키르케고르의 영원한 사랑
〈레기네 올센〉

4 과학적 토양 위에 싹트다 | 20세기의 철학

1900년 이후의 20세기 철학에서는 이전과 다른 급격한 변화가 있었어요. 이 시기에는 르네상스 시대의 변화에 버금갈 정도로 다양한 변화가 있었지만 몇 가지 분명한 흐름이 있습니다. 첫째, 철학은 더 이상 전체 학문에 영향을 끼칠 수 없게 되었어요. 둘째, 20세기의 철학은 과학적 토대 위에서 성장했습니다. 셋째, 철학자들은 기술 발달이 가져온 딜레마에 빠졌습니다. 기술의 발달로 삶은 편리해졌지만 더불어 인류는 새로운 위기에 내몰리게 되었거든요. 이 가운데 어느 쪽을 선택할 것인가가 철학의 화두로 떠올랐지요. 넷째, 사이버네틱스(cybernetics)와 같은 새로운 학문이 등장하면서 결과를 예측하기 어려운 철학적 문제들이 나타나고 있습니다.

• "객관과 본질로 향하라!"라는 구호 안에 현상학의 특징이 잘 담겨 있다.
• 딜타이는 해석학이란 삶을 해석하는 방법이라고 보고 생(生)의 철학이라는 철학의 유파를 만들었다.
• 프랑크푸르트 학파는 프랑크푸르트 대학교의 사회 연구소에 참여한 사상가들이 중심이 되어 형성되었다.
• 마르쿠제의 사상은 1960년대 후반에 일어난 학생 운동의 사상적 기반이 되었다.

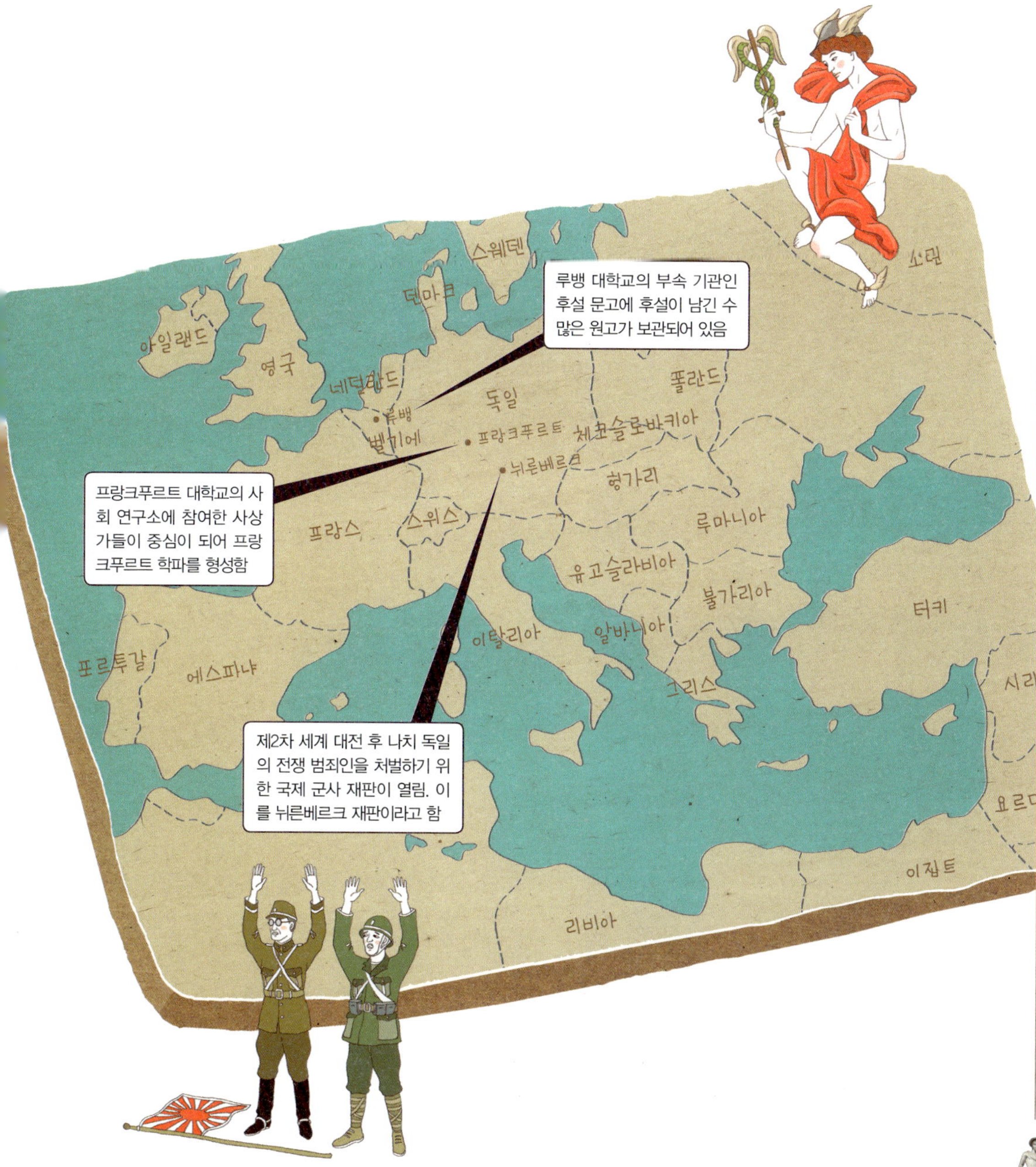

1 사상 그 자체로 돌아가라 – 현상학

현상학의 창시자인 독일의 철학자 **후설**은 『논리학 연구』를 통해 단숨에 유명해졌습니다. 전성기의 그는 주체할 수 없을 만큼 뿜어져 나오는 생각을 미친 듯이 빠르게 써 내려갔어요. 이렇게 쓴 글이 신문지 반장만 한 종이로 4만 장이나 되었다고 합니다. 제1차 세계 대전 때 포탄이 쏟아지는데도 제자들을 교실에서 나가지 못하게 하고 계속 강의했다는 일화를 통해 우리는 학문에 대한 후설의 정열을 조금이나마 짐작할 수 있습니다.

후설(1859~1938)
현대 철학의 주요 사상 가운데 하나인 현상학의 체계를 만든 철학자다. 심리학주의와 역사주의에 대한 비평을 통해 기존의 실증주의와 결별했다.

후설은 독일에 있는 프라이부르크 대학교에서 교수로 지내다가 69세에 유명한 철학자인 하이데거에게 교수직을 물려주고 은퇴했어요. 그는 은퇴한 뒤에도 연구와 저술 활동을 왕성하게 했습니다. 그러나 1933년에 나치가 정권을 잡으면서 모든 공적 활동이 금지되고 말았지요. 유대인 탄압을 일삼은 나치는 학문에 대한 순수한 열정마저 용납하지 않았답니다. 철학자들에게도 보이지 않는 족쇄를 채운 것이지요. 한 벨기에 신부가 지키지 않았다면 후설이 쓴 엄청난 양의 원고마저 이 세상에서 완전히 사라질 뻔했답니다.

이후 미국의 캘리포니아 대학교에서 후설에게 강의를 맡아 달라고 요청했지만 그는 프라이부르크를 떠나지 않고 오직 연구에 몰두했어요. 후설은 70세 때 파리의 소르본 대학교에서 네 차례 강연을 했고 오스트리

아의 빈(Wien)과 체코의 프라하에서도 강연을 했습니다. 그는 79세 때 집에서 숨을 거두었어요. 후설의 부인과 제자들은 그가 남긴 수많은 원고를 벨기에의 루뱅 대학교로 옮겼고 나중에 후설 문고에서 그의 유고를 출간했습니다.

후설은 "사상(事象) 그 자체로 돌아가라!"를 모토로 내걸었습니다. 이 세상에 존재하는 사물이나 일어나는 일에 충실해야 한다는 것이에요. "객관과 본질로 향하라!"라는 구호 안에 현상학의 특징이 잘 담겨 있습니다. 현상학이란 사상의 본질이 드러나게 하는 하나의 방법일 뿐입니다.

19세기 벨기에 루뱅의 선경
루뱅은 벨기에 브라반트 주에 있는 도시다. 후설의 원고는 루뱅 대학교에 있는 후설 문고에서 『후설 전집』이라는 책명으로 계속 출판되고 있다.

후설은 '엄밀한 학으로서의 철학'을 이념으로 삼았어요. 여기서 엄밀하다는 의미는 추리 과정의 필연성뿐만 아니라 그 추리의 처음이 엄밀하게 참이어야 함을 뜻합니다. 처음이 참이라는 것은 그것이 참이기 위해 다른 어떤 것에도 의존하지 않는다는 것, 즉 자명(自明)하다는 것을 말하지요. 자기 자신에게서 끄집어낸 명제를 기초로 해서 자기 자신을 형성하고 아울러 스스로 책임을 지는 철학이 참된 철학인 것입니다. 그렇다면 진리는 어떻게 찾을 수 있을까요? 바로 직관(直觀, 판단이나 추론 등을 거치지 않고 대상을 직접적으로 인식하는 일)을 통해서입니다. 오직 의식의 직관을 통해서만 어떤 존재나 주장에 대해 정당성을 부여할 수 있지요. "사상 그 자체로 돌아가라!"라는 현상학의 모토에는 직관으로 돌아가라는 주장이 담겨 있는 것이랍니다. 이제 후설이 "나야말로 참된 실증주의자다."라고 말한 참뜻을 알 수 있겠지요?

브렌타노(1838~1917)
브렌타노의 강의는 청강생을 매료시키는 것으로 유명했는데, 교수가 아닌 강사의 자격으로 임했던 빈(Wien) 대학교에서의 강의도 마찬가지로 매우 평이 좋았다고 한다. 제자인 후설도 청강생 가운데 하나였다.

후설은 자신의 이념을 지키며 사상 그 자체에 충실했습니다. 세밀한 관찰력과 날카로운 분석력, 그리고 스스로의 입장을 끊임없이 수정해 나간 성실성은 아무도 넘어서지 못할 그의 장점이랍니다.

후설에게 결정적인 영향을 끼친 사람은 **브렌타노**입니다. 후설은 그를 '철학에서의 단 한 사람의 스승'이라고 불렀답니다. 독일의 철학자인 브렌타노는 "철학 역시 자연 과학처럼 경험적 방법으로 연구해야 한다."라고 주장했어요. 그는 외부의 대상이 우리의 의식과는 독립되어 있다고 보았던 것입니다.

2 이해하기 위해 해석한다 – 해석학

해석학이라는 명칭은 **헤르메스**의 이름에서 유래했습니다. 헤르메스는 그리스 신화에서 제우스를 비롯한 신들의 의사를 전달하는 사자(使者)로 등장합니다. 그는 이승과 저승의 경계에 서 있는 신으로서 죽은 영혼을 저세상으로 안내하는 역할을 맡기도 해요. 그래서 '영혼의 인도자'라는 뜻인 사이코포모스라고 불리기도 하지요. 헤르메스는 일반적으로 청년의 모습으로 묘사되는데, 날개가 달린 모자와 신발을 착용하고 뱀 같은 막대기를 지니고 나닙니다. 수많은 예술 작품으로 표현되어 우리에게 친숙한 모습이지요. 로마 신화에서는 그를 머큐리라고 한답니다.

독일의 철학자이자 신학자인 슐라이어마허는 해석학을 "성경과 같은 고전을 가장 올바르게 이해하기 위한 해석법"이라고 정의했습니다. 슐라이어마허는 "저자가 자기 스스로를 이해한 것보다 훨씬 더 잘 이해해야 한다."라고 주장하면서 '이해' 자체에 주목했어요. 이해란 자율적 과정이고 그것에는 보편적 법칙이 있다고 보았지요. 한편 그 무렵에는 종교를 멸시하는

헤르메스(Hermes)
헤르메스의 어원인 헤르마(Herma)는 경계석 · 경계점 등을 뜻한다. 그는 영혼이 길을 찾도록 돕는 일을 주관했다. 숨은 의미를 해석하는 학문이라는 뜻인 해석학이라는 용어도 이런 뜻에서 비롯된 것이다.

슐라이어마허(1768~1834)
근대 프로테스탄트 신학의 원조다. 그는 주관주의적 · 체험주의적 신학을 주장했다. 베를린 대학교 설립에 참여했으며 베를린 대학교 신학 교수를 역임하기도 했다.

분위기가 형성되어 있었습니다. **슐라이어마허**는 이러한 풍조를 비판하며 종교의 독자적 입장을 명백히 했어요. 그는 '근대 신학의 아버지'라는 평가를 받는답니다.

독일의 철학자인 딜타이는 삶의 역사적 · 사회적 측면에 주목했습니다. 그는 "철학이나 사상뿐만 아니라 인류 역사에 나타난 모든 문화가 삶의 표현이다."라고 주장했어요. 따라서 오직 약동(躍動, 생기 있고 활발하게 움직임)하는 삶의 해석을 통해서만 문화에 대한 참다운 이해가 가능하다고 보았지요. 딜타이의 견해에 따르면 삶을 해석하는 방법이 바로 '해석학'입니다. 그는 생(生)의 철학이라는 철학의 유파를 만들었는데, 그에게 해석학이란 생의 철학의 방법론인 셈이지요.

딜타이는 설명 심리학을 처음으로 사용하기도 했습니다. 설명 심리학에서는 정신 현상에 대해 관찰하고 실험하려 하기보다 그 인과 관계를 밝히려고 합니다. 딜타이는 "자연에 대해서는 설명을 하고 정신 현상에 대해서는 이해를 한다."라고 말했어요. 정신과학은 이해하는 방법을 통해 연구되어야 한다는 뜻이지요.

독일의 철학자인 빈델반트는 모든 과학을 '법칙을 세우는 과학'과 '개성을 기술(記述)하는 과학'으로 나눈 후 전자는 보편적 법칙을 발견하려는 자연 과학을, 후자는 일회적인 것의 특수성을 표현하려는 인문 과학을 가리킨다고 말했습니다. 그는 "칸트를 이해하는 것은 칸트를 초월하는 것이다."라는 유명한 말을 남겼답니다.

3 위대한 거부 – 프랑크푸르트 학파의 비판 이론

호르크하이머, 비판이 마비된 자본주의 사회를 진단하다

비판 이론가들은 "비판이 마비된 사회, 반대가 없는 사회는 파시즘의 지배가 파 놓은 현대 문명의 함정이다."라고 주장합니다. 프랑크푸르트 학파의 이 같은 체제에 대한 도전, 이른바 '위대한 거부'는 인간 회복을 위한 선언이자 권위주의에 대한 저항이라고 할 수 있습니다.

프랑크푸르트 학파는 **프랑크푸르트 대학교**의 사회 연구소에 참여한 사상가들이 중심이 되어 형성되었어요. 사회 연구소는 1923년에 창설되어 나치 정권이 수립된 다음해인 1934년에 스위스와 프랑스를 거쳐 미국 뉴욕으로 옮겨 갔습니다. 그곳에 위치한 컬럼비아 대학교

파시즘
이탈리아의 무솔리니가 주장한 국수주의적, 권위주의적, 반공산주의적인 정치 이념이다. 오늘날에는 모든 반동적(反動的) 독재 정치 운동을 일컫는다. 파시즘이라는 명칭은 이탈리아어인 '파쇼'에서 유래했다. 파쇼란 원래 '묶음'이라는 뜻이었으나 뒤에 '결속', '단결'이라는 뜻으로 바뀌었다.

프랑크푸르트 대학교
철학부 건물을 신축하던 1959년의 사진이다. 오늘날에는 프랑크푸르트 출신의 세계적인 시인이자 극작가인 괴테를 기리는 의미에서 괴테 대학교라는 교명을 사용하고 있다.

의 부설 기관으로 있다가 전쟁이 끝난 뒤 다시 프랑크푸르트로 옮겨 왔지요.

프랑크푸르트 학파의 실질적인 창시자는 독일의 철학자인 호르크하이머라고 볼 수 있습니다. 그는 현대 자본주의 사회를 다음과 같이 분석했어요. 첫째, 자본주의 사회에서는 학문과 종교, 예술, 법률, 관습, 여론, 오락, 스포츠와 같은 문화적 소산이 상품화됩니다. 상품화된 문화는 대중매체를 통해 전달되는데, 이 과정에서 이데올로기가 형성되지요. 이로 인해 사람들은 기존 질서에 순응하게 되고 자본주의를 비판할 수 없게 된답니다. 둘째, 자본주의 사회에서는 기계화가 진행되어 인간이 한층 더 무력해집니다. 인간이 더 이상 개성과 인격, 사색과 명예로 평가되지 않지요. 거대한 생산 구조가 인간을 장악하고 개인은 안락한 생활을 위해 자본주의 질서에 순응해요. 그리고 고도의 생산성을 유지하기 위해 국가의 관리가 필요해지면서 '국가 자본주의'도 생겨나게 됩니다.

호르크하이머 동판
프랑크푸르트 대학교 사회 연구소의 소장이었던 호르크하이머는 나치의 박해를 받아 망명했다가 전쟁이 끝난 뒤 돌아왔다.

마르쿠제, 학생 운동의 바이블을 쓰다

포드 공장의 노동자
포드는 1913년에 벨트 컨베이어로 생산 라인을 구축했다. 이로써 노동 생산성이 획기적으로 증대되었으나 인간 소외 등의 문제점이 발생하기도 했다.

마르쿠제는 베를린 대학교에 다니던 중에 독일 사회 민주당에 입당했어요. 하지만 독일 혁명이 실패로 돌아가자 탈당한 뒤 하이데거의 지도를 받으며 마르크스와 프로이트를 연구했답니다. 이후 프랑크푸르트 학파의 사상가로 활동했으나 나치가 정권을 잡자 스위스의 제네바로 망명했다가 미국으로 이주했어요.

마르쿠제는 『1차원적 인간』에서 고도로 발달된 산업 사회에서 나타나는 인간 소외를 다루었습니다. 그의 견해에 따르면 자본주의 사회에서는 노동을 통해 상품뿐만 아니라 상품으로서의 노동자도 생산됩

5월 혁명 포스터
5월 혁명은 1968년에 프랑스의 학생과 노동자들이 결탁해 벌인 대규모 시위를 일컫는다. 그들은 시위를 통해 인간 소외 문제와 사회적 모순을 해결할 것을 요구했다.

니다. 노동자들은 살아남기 위해 스스로의 인간됨을 팔아넘겨야 하므로 하나의 상품이 된다는 것이지요. 마르쿠제는 노동자가 상품을 많이 만들면 만들수록 더 값싼 것들을 만들게 되고 급기야 자기의 노동 산물인 상품을 잃고 '낯선 사람을 위한 낯선 것'을 만들게 된다고 말했어요. 그는 이러한 현재 사회를 전면적으로 부정하며 인간의 해방을 주장했습니다.

마르쿠제는 마르크스가 노동자를 '새로운 사회를 창조하는 주역'이라고 기대한 것은 잘못이라고 주장했어요. 또한 노동자들은 현대 소비 사회에서 물질적인 수요(需要, 어떤 재화나 용역을 일정한 가격으로 사려고 하는 욕구)를 만끽하고 있기 때문에 혁명을 일으킬 생각이 전혀 없다고 보았습니다. 소외된 꼭두각시에 불과한 노동자들에게 창조자의 역할을 기대한다는 것은 처음부터 잘못이라는 것이에요.

대신에 그는 비판적 지식을 갖춘 학생에게 주목했습니다. 학생들이 혁명을 주도할 수는 없겠지만 인간 해방을 위한 잠재력을 생산하고 전파하는 역할을 해낼 수 있다고 보았지요. 마르쿠제의 사상은 1960년대 후반에 일어난 학생 운동의 사상적 기반이 되었어요. 그가 쓴 『에로스와 문명』은 학생 운동의 바이블(bible, 어떤 분야에서 지침이 될 만큼 권위가 있는 책)로 여겨지고 있답니다. 하지만 그의 유토피아 사상은 추상적이라는 비판을 받기도 했어요. 신(新)좌파의 반(反)체제 운동가들은 그를 마르크스, 마오쩌둥과 더불어 '3M'이라 부르며 섬기기도 했습니다.

하버마스, 전쟁이 끝난 후 비판 이론을 계승하다

하버마스는 비판 이론의 전후(戰後) 계승자로 평가받고 있습니다. 독일뿐만 아니라 세계적으로 막대한 영향력을 끼치고 있으며 1996년 봄에는 한국에도 다녀간 적이 있답니다.

"16세쯤 되었을 때 라디오 앞에 앉아 뉘른베르크 재판정에서 벌어진 토론을 들었다. 나는 당시에 있었던 비인간적인 사실, 즉 집단적 정신 착란에 대한 이야기를 똑똑히 들었다."

제2차 세계 대전 후에 행해진 전쟁 범죄인에 대한 재판 내용을 라디오 방송으로 듣고 하버마스가 한 말이에요. 뉘른베르크 재판은 나치 독일의 전쟁 범죄인을 처벌하기 위해 미국과 영국, 프랑스, 소련 등 4개국이 벌인 국제 군사 재판입니다. 1945년 11월 20일부터 1946년 10

재판받는 독일의 전쟁 범죄인
히틀러의 주치의 가운데 하나인 카를 브란트가 재판에서 심문을 받고 있다. 그는 유대인 및 정신 장애인을 대상으로 안락사 실험을 실시했다.

괴링(1893~1946)
독일의 정치가이자 군인이다. 뉘른베르크 국제 군사 재판에서 사형을 선고받자 처형 직전에 독약을 먹고 스스로 목숨을 끊었다.
독일 연방 기록물 보관소 소장

월 1일까지 이어진 이 재판에 기소된 피고의 수는 괴링 외 21명이었어요. 이 가운데 12명의 피고에게 교수형이 내려지고, 3명에게는 종신 금고, 4명에게는 10년에서 20년까지 유기형이 선고되었습니다. 3명의 피고에게는 무죄 판결이 내려졌고요. 그러나 이 방송을 듣기 전인 어린 시절에 하버마스는 히틀러 유겐트(Hitler Jugend, 히틀러가 청소년들에게 나치의 신조를 가르치고 훈련하기 위해 만든 조직)에 가입했었답니다.

하버마스는 파시즘이 몰락하는 것을 보고 좌파 사상에 깊은 관심을 갖기 시작했어요. 한때는 독일 학생 운동의 이론적 지도자로 추앙받기도 했지요. 나중에 과격파 학생들이 그의 연구소를 침입한 사실은 참으로 비극적인 아이러니랍니다.

비판 이론가들의 고발정신과 비판 정신은 매우 소중한 유산이 아닐 수 없습니다. 특히 섹스, 스포츠, 스크린 등 이른바 3S에 중독되어 1차원적 자기만족을 즐기며 지배층의 비리를 눈감아 버리는 이 시대의 일부 기득권 계층과 중산층에게 이들의 외침은 언제나 뜨끔한 경종으로 메아리칠 것입니다.

생각해 보세요

1차원적 인간에 대해 알고 싶어요.

마르쿠제는 『1차원적 인간』에서 1차원적 인간이 지금의 자본주의 사회를 생겨나게 했고 또 지속시켜 나가고 있다고 분석했습니다. 그렇다면 과연 1차원적 인간이란 누구를 가리킬까요? 바로 '비판 정신을 잃어버리고 평면적인 사고를 하는 사람'을 말합니다. 보통 사람들은 '어떤 옷을 입을까?', '오늘은 누구를 만날까?' 등의 생각을 하고 '어느 대학에 진학할까?', '어떤 사람과 결혼할까?' 등 크고 작은 일을 끊임없이 선택합니다. 이때 대부분의 사람들은 자신이 자유롭고 주체적인 인간으로서 선택한다고 여기며 그 선택이 자신을 행복하게 해줄 것이라고 믿지요. 그러나 마르쿠제는 "이러한 선택이 진정으로 자유로운 상태에서 나온 것인가?"라는 질문을 던집니다. 산업 사회에서는 필요하지 않은 것들을 대량으로 생산해 내고 그것들을 구매하도록 강요합니다. 소비자들은 무비판적으로 그것들을 소비하지요. 노동자들 역시 노동이 필요하지 않은 곳에서 일하려고 하며 부자유스러운 상태에서도 스스로는 매우 자유롭다고 착각합니다. 이처럼 구성원 모두가 자신이 속한 사회와 인간에 대해 전혀 모순을 느끼지 못한 채 현재의 상태를 무비판적으로 받아들이는 태도가 바로 '1차원성'이랍니다.

인형을 실로 조종해 공연하는 마리오네트

5 대륙과 다른 새로움 | 영미 철학

지금까지는 주로 유럽 대륙의 철학을 중심으로 살펴보았지만 이제부터는 섬나라인 영국과 새로운 땅인 미국의 철학에 대해 알아보도록 할게요. 영국은 유럽 대륙과 여러 면에서 차이가 납니다. 영국인들은 경험과 구체적인 사실을 중요시했어요. 이러한 기질이 근세의 경험론으로 발전했다는 사실을 앞에서 살펴보았지요. 현대에 들어와서는 분석 철학과 실증주의의 모습으로 나타났답니다. 유럽에 비해 미국의 역사는 매우 짧기 때문에 철학적 전통도 깊지 않아요. 미국 철학이 발전하던 초창기에는 영국의 경험론의 틀을 벗어나지 못했지요. 그러나 남북 전쟁 이후에 미국의 독자적인 문화가 형성되었고 이 무렵에 실용주의가 발생했답니다.

• 퍼스는 실험을 통해 실증되는 명제만이 의미가 있다고 주장했다.
• 듀이는 진리란 객관적으로 존재하는 것이 아니라 인간 생활에 유용한 도구로 쓰이는 것이 곧 진리가 된다고 보았다.
• 러셀은 논리적 사고 과정을 기호화하려고 시도했다.
• 비트겐슈타인의 주장에 따르면 명제에는 경험적 명제와 논리적 명제가 있다.

1 쓸모 있는 것이 진리다 – 실용주의

퍼스와 제임스, 실용주의란 무엇인가?

유럽에서 신대륙으로 건너온 이주민들은 원주민인 아메리칸 인디언과 싸워야 했을 뿐만 아니라 맹수를 당해 내면서 황무지를 개척해야 했습니다. 따라서 그들에게는 삶의 터전을 개척하기 위한 실천적 원리가 필요했지요. 이러한 배경 아래 발전한 생활 철학이 오늘날 미국인의 생활 양식과 사고방식을 대표한다고 볼 수 있는 실용주의입니다. 실용주의는 행동과 실천을 중요시하는 철학이에요. 퍼스가 처음으로 주장한 뒤 제임스와 듀이 등이 이론적으로 심화시킨 미국의 독자적인 사상입니다.

〈붙잡히는 제미마 분과 캘러웨이 소녀들〉
스위스 화가인 칼 보드머의 작품이다. 미국 독립 전쟁이 벌어지던 1776년에 인디언들이 미국 서부 개척자인 대니얼 분의 딸 제미마와 소녀들을 납치하는 사건이 벌어졌는데, 이 사건을 그림으로 그린 것이다.
신시내티 박물관 센터 소장

퍼스는 실험을 통해 실증되는 명제만이 의미가 있다고 주장했어요. 우리가 실천적으로 검증할 수 있는 개념만이 옳은 것이기 때문에 행동의 결과로 나타낼 수 없으면 무의미하다는 것이에요. 이러한 실험 과학적 관점이 실용주의의 출발점이 되었답니다.

퍼스는 어릴 때 아버지에게 수학과 철학을 배웠습니다. 화학도 공부해 12세 때에는 『화학사』를 쓰기도 했어요. 대학에 들어가서는 칸트의 『순수 이성 비판』을 매일 두 시간씩 3년 동안 공부해 내용을 모두 외울 정도였다고 합니다. 그러나 직장을 얻지 못해 노년 시절에 경제적으로 많은 어려움을 겪었어요. 암에 걸려 글을 쓸 때는 고통을 가라앉히기 위해 조금씩 아편을 피우기도 했답니다. 퍼스는 75세까지 근근이 살다가 세상을 떠났어요.

퍼스(1839~1914)
실용주의라는 말을 처음으로 만든 철학자다. 퍼스는 기호 실재론이라는 독특한 형이상학을 주장했다. 하버드 대학교의 교수였던 아버지 덕분에 어려서부터 다양한 분야의 학문을 접했다고 한다.

하버드 대학교의 교수였던 제임스는 실용주의란 "일차적으로 눈에 띄는 사물이나 원리, 범주 또는 필연성 등을 무시하고 궁극적으로 나타나는 사물이나 결과 및 실상에 주목하려는 입장"이라고 정의했습니다. 따라서 고대의 형이상학이나 중세의 스콜라 철학에서와 같이 사물의 본질을 파고들려고 하지 않았어요. 제임스는 한 표상(表象, 지각을 통해 나타나는 외부 대상의 상)에 얼마 만큼의 현금 가치가 있는지를 중요하게 생각했습니다. 미국인들이 이윤이나 성과 등과 같은 표현을 자주 사용하는 모습을 떠올려 볼 때 제임스는 직접적 · 현재적 · 실천적인 것에 집중하는 미국인의 기질을 그대로 드러낸 인물이라고 볼 수 있지요.

듀이의 묘
미국의 벌링턴에서 태어난 듀이는 버몬트 대학교를 졸업했다. 듀이는 아내와 함께 버몬트 대학교의 캠퍼스에 묻혔다.

듀이, 지식은 도구다

듀이는 미국의 실용주의를 완성했다고 평가받는 사람입니다. 그는 "나는 생각한다. 고로 존재한다."라는 데카르트의 명제를 "나는 행동한다. 고로 존재한다."라고 바꾸어야 한다고 주장했어요. '나'는 사고의 소유자에서 행동의 소유자로 바뀌어야 한다는 것이지요. 그는 인간은 행동을 통해서만 자신의 존재를 확인할 수 있다고 생각했기 때문입니다.

듀이는 진리란 탐구를 통해 보증된 신념이나 지식에 불과하다고 주장했어요. 그의 견해에 따르면 '진리'라는 명사보다 '진정으로'라는 부사가 더 중요한 의미를 갖는답니다. 왜냐하면 진리란 절대적이고 고정된 것이라기보다 상대적이고 변할 수 있는 것이기 때문이에요.

듀이와 관련해 유명해진 말이 이른바 도구주의(道具主義)입니다. 인간의 생각이나 지식, 이론 등은 보다 나은 민주 사회를 건설하기 위한 도구에 지나지 않는다는 것이 도구주의의 핵심이지요. 인간은 도구를 사용할 수 있었기 때문에 다른 동물에 비해 환경에 잘 적응해 왔습니다. 그런데 도구란 그 자체로는 아무런 가치가 없고 다만 그것의 기능에 가치가 있을 뿐이에요. 이를테면 칼은 물건을 잘 자를 수 있다는 점에서 가치가 있고, 망원경은 멀리 있는 것을 볼 수 있다는 점에서 가치가 있지요. 이와 마찬가지로 지식의 가치는 우리의 행동을 지도해 환경에 보다 잘 적응할 수 있도록 하는 데 있습니다. 만일 이러한 가치를 실현하지 못한다면 그 지식은 수정되어야 하겠지요. 결국 듀이의 견해에 따르면 진리란 객관적으로 존재하는 것이 아니에요. 인간 생활에 유용한 도구로 쓰이는 것이 곧 진리가 되는 것이랍니다.

듀이는 어려서부터 내성적이었고 책벌레라고 불릴 만큼 문학 작품을 좋아했어요. 책을 사기 위해 신문을 배달하거나 친척의 농장에서 아르바이트하기도 했답니다. 그는 초등학교 교사로 근무하다가 미시간 대학교의 철학과 주임 교수가 되었어요.

근로정신이 몸에 밴 듀이는 80세가 넘어서도 손수 과일나무를 가꾸고 닭을 기르면서 직접 달걀 배달까지 했다고 합니다. 한 번은 뉴욕에서 대기업을 경영하는 사람들이 듀이의 농장 근처에서 세미나를 열고 듀이를 강사로 초청했어요. 그런데 강연장에 등장한 듀이가 과수원에서 일하던 이와 같은 사람이라는 사실을 알아채고 깜짝 놀랐다고 합니다. 부인이 먼저 세상을 떠난 뒤 오랫동안 혼자 지내던 듀이는 86세 때 재혼했고 93세 때 세상을 떠났습니다.

미시간 대학교

미시간 주에서 가장 오래된 대학교인 미시간 대학교의 학생회관이다. 듀이는 미시간 대학교의 철학 강사가 되었다가 미네소타 대학교의 철학 교수가 되었다. 이후 미시간 대학교의 철학 교수로 전임했다.

2 과학적 방법을 통해 철학을 연구하다 – 분석 철학

엄밀하게 확실하게

분석 철학자들은 현대 실증 과학의 경험적 방법만이 확실하다고 믿습니다. 그들은 경험에 따르지 않는 형이상학을 물리치고 철학의 모든 문제를 과학적 방법에 따라 확실하게 해결해 나가려고 했어요. 이를 위해서는 언어와 기호의 분석이 중요하다고 주장했습니다.

케임브리지 트리니티 칼리지
무어, 러셀, 비트겐슈타인은 영국 케임브리지 학파를 대표하는 인물이다. 이들은 모두 케임브리지 트리니티 칼리지에서 공부했다.

분석 철학의 기원은 두 가지에서 출발해요. 첫째는 영국 케임브리지 학파의 신실재론이고 또 하나는 빈(Wien) 학파의 논리적 실증주의입니다. 먼저 신실재론(新實在論)이란 20세기 초에 영국과 미국에서 일어난 새로운 철학 이론이에요. 신실재론자들은 "관념론이나 실용주의는 주관적인 견해에 지나지 않는다. 철학의 엄밀한 과학화를 이루어야 한다."라고 주장했어요. 다만 의미나 가치와 같은 관념적 대상도 실재적 대상과 마찬가지로 그 자체로 존재하는 것이라고 보았지요. 다음으로 논리적 실증주의는 개념과 명제의 의의를 논리적으로 분석하고 그것의 참된 의미를 명백히 하려는 철학 사조입니다.

이 두 철학 사조는 서로 연관되어 발전했어요. 이러한 발전을 더욱 촉진시킨 것이 기호 논리학입니다. 기호 논리

학은 수학과 물리학의 급격한 발전에 자극을 받아 확립되었어요. 수학처럼 엄밀한 형식적 방법을 통해 전개되는 새로운 논리학이지요. 일반 논리학에서는 언어를 사용하지만 기호 논리학에서는 기호를 사용하는 것이 특색이랍니다.

빈(Wien) 대학교
빈 학파의 창시자인 슐리크가 철학 교수로 있던 대학교다. 빈 학파는 논리적 실증주의를 내세운 철학자 · 과학자 그룹이다. 1920년대부터 1930년대에 걸쳐 활동했다.

무어와 러셀, 언어를 분석하다

영국의 철학자 무어는 케임브리지 대학교의 교수였습니다. 그는 인간의 주관적 의식으로부터 독립된 객관적 세계가 실제로 존재한다고 보았어요. 우리는 그것을 감각을 통해 충분히 알 수 있다고 주장했지요. 이러한 입장에서 무어는 "형이상학자들이 일상 언어를 애매하고 헛된 의미로 잘못 사용하고 있다."라고 지적했습니다. 그는 일상 언어를 분석해야만 철학적 언어를 음미할 수 있으므로 형이상학을 물리치고

소련의 중거리 탄도 미사일
모스크바의 붉은 광장에 모습을 드러낸 소련의 중거리 탄도 미사일이다. 쿠바 위기는 냉전 시대에 발생했다. 냉전 시대에는 자본주의 진영과 공산주의 진영에서 군사 무기를 개발하고 비축하며 서로 대립했다.

상식을 옹호해야 한다고 주장했어요. 언어를 분석하는 일이 철학자의 첫째 임무라고 생각했다는 점에서 그는 분석 철학의 선구자에 해당합니다.

고독한 소년이었던 러셀은 13세쯤부터 성욕을 느끼기 시작했다고 고백했습니다. 이후 몇 차례나 자살을 시도했지만 수학을 더 알고 싶어서 죽지 못했다고 해요. 그는 아인슈타인과 함께 핵무기 반대 캠페인을 벌이고 쿠바 위기 때는 미국의 케네디 대통령과 소련의 흐루쇼프에게 편지를 쓰기도 했답니다. 쿠바 위기란 1962년 10월 22일부터 11월 2일까지 11일 동안 미국과 소련이 대립한 국제적 위기를 말해요. 소련은 쿠바에 중거리 핵미사일을 배치하려고 했고 미국은 이를 저지하려고 했어요. 당시 미국은 핵미사일을 즉각 철거하고 미사일 기지를 파괴할 것을 요구했습니다. 소련은 미국이 쿠바를 침공하지 않는다면 미사일을 철거하겠다는 뜻을 전달했고 이를 미국이 받아들이면서 쿠바 위기는 끝나게 되었답니다.

러셀은 상속받은 많은 재산을 가난한 동포들과 정치 기구를 후원하는 데 아낌없이 썼어요. 그래서 한때는 버스 승차권마저 살 수 없을 정도로 어려움을 겪었지요. 하지만 나이가 들어서는 왕이 내리는 영국 최고의 훈장과 노벨 문학상을 받는 영예를 누렸답니다.

러셀의 **『수학 원리』**는 기호 논리학의 발달사에 길이 남을 금자탑이라고 할 만한 저작입니다. 러셀은 논리적 사고 과정을 기호화하려고 시도했어요. 그의 논리적 원자론에 따르면 서로 독립된 원자적 사실들이 결합해 세계를 구성하고 이러한 세계의 구조에 대응하는 것이 바로 명제입니다. 러셀의 이론에 따르면 원자적 사실들을 진술한 것이 원자 명제고 이 원자 명제가 '또는', '이면', '그리고' 따위의 논리어를 통해 결합된 것이 분자 명제입니다. 따라서 러셀은 세계를 기술하는 모든 명제는 논리적 분석을 통해 원자 명제로 나눌 수 있고 그 진위는 원자 명제의 진위에 따라 결정된다고 보았어요. 러셀의 논리적 원자론은 "어떤 사상이나 세계를 쪼개 나가면 그 이상 쪼갤 수 없는 독립적 단위에 도달한다. 거꾸로 말하자면 원자 단위가 결합해 만들어진 복합체가 바로 사상과 세계다."라는 견해를 현대 논리학에 따라 정식화한 것입니다. 분석적 사고를 명쾌히 표현한 러셀의 사상은 논리적 실증주의가 형성되는 데 큰 영향을 끼쳤답니다.

『수학 원리』
러셀이 화이트헤드와 함께 쓴 책이다. 수학의 전 체계를 공리론적으로 재구성해 근세 기하학에 큰 영향을 끼쳤다.

비트겐슈타인, 말할 수 없는 것에 대해서는 침묵하라!

오스트리아 출신의 영국 철학자인 비트겐슈타인은 철강업 재벌의 5남 3녀 가운데 막내로 태어났습니다. 소년 시절에 최신형 재봉틀을 만드는가 하면 한동안 지휘자가 되려고 했을 정도로 음악적인 재능도 있었다고 해요. 그는 베를린 공과 대학교를 거쳐 영국의 맨체스터 대학교 공과 대학에 들어가서 항공 공학을 공부했습니다. 이 과정에서 비트겐슈타인은 자연스럽게 수학에 관심을 갖게 되었고 우연히 러셀의 『수학 원리』를 접한 후 논리학과 철학을 배우게 되었어요. 그는 무어와 러셀에게 배우기도 했답니다. 러셀은 제자인 비트겐슈타인과의

비트겐슈타인 가문의 저택
오스트리아 빈에 위치한 저택 안에 있는 음악 살롱이다. 재벌가의 저택답게 호화스러운 모습이다. 유겐트 양식의 캐비닛과 조각품 등으로 장식되어 있다.

베를린 샤를로텐부르크 기술 전문 대학

비트겐슈타인은 1906년에 베를린 샤를로텐부르크 기술 전문 대학에 입학했다. 이 대학은 오늘날 베를린 공과 대학교의 전신(前身)이다.

만남을 '내 생애 가장 자극적인 지적(知的) 사건 가운데 하나'라고 말한 적이 있으며 그를 '천재의 완벽한 전형'이라고 불렀어요. 이후 비트겐슈타인은 케임브리지 대학교의 교수가 되었습니다. 그는 강의하는 동안 깊이 사색에 잠기곤 해서 학생들을 오랫동안 기다리게 했다고 해요. 또한 평생을 가난하게 홀로 지내며 거의 매일 같은 빵과 치즈만 먹었다고 합니다. 인생의 황혼기에 접어들어 온갖 질병에 시달리던 그는 "나는 아주 멋진 삶을 살았다고 전해주시오."라는 마지막 말을 남기고 세상을 떠났습니다.

이론적 실증주의의 입장을 취한 비트겐슈타인은 『논리 철학 논고』를 통해 빈(Wien) 학파에 큰 영향을 끼쳤어요. 그의 주장에 따르면 명제에는 경험적 명제와 논리적 명제가 있습니다. 경험적 명제는 경험을 통해 진위가 결정되고, 논리적 명제는 그 논리적 형식에 따라 진위가 가려집니다. 항상 참인 것을 동어 반복 명제라고 부르고, 항상 거짓

비트겐슈타인의 오리-토끼
보는 관점에 따라 오리로도, 토끼로도 보일 수 있는 그림이다. 비트겐슈타인은 토끼로 보이던 그림이 오리로 보이기 시작하거나 오리로 보이던 그림이 토끼로 보이기 시작할 때를 '국면의 변화'라고 불렀다.

인 것을 모순 명제라고 하지요. 그런데 동어 반복 명제를 통해서는 세계의 구조에 대해 아무것도 진술할 수 없어요. 동어 반복 명제는 이치에 맞지 않는 것은 아니지만 아무런 가치도 없는 것이기 때문이지요. 한편, 경험적 명제도 아니고 논리적 명제도 아닌 형이상학적 명제는 이치에 맞지 않는 명제에 해당합니다.

비트겐슈타인의 주장을 따라가다 보면 의미 있는 명제는 오직 자연 과학의 명제뿐이라는 결론이 나옵니다. 철학의 목적이 형이상학적 이론을 세우는 데 있는 것이 아니라 사상을 논리적으로 명료화하고 그 언어를 비판하는 데 있다고 보았기 때문이지요. 따라서 비트겐슈타인은 "철학자는 말로 나타낼 수 있는 것, 즉 자연 과학의 명제를 제외하고는 아무것도 말하지 않는다."라고 말했어요. 나아가 "말할 수 없는 것에 대해서는 침묵해야 한다!"라고 일러주는 것이 철학자의 사명이라고 여겼답니다.

생각해 보세요

러셀은 수학자일까요, 철학자일까요?

둘 다 맞습니다. 러셀은 20세기를 대표하는 가장 뛰어난 수학자이자 철학자랍니다. 나아가 러셀은 문학가이기도 했지요. 그런데 노벨 문학상까지 수상한 그가 한 시민 단체의 여성 지도자한테 고소당한 적이 있었답니다. 미국 뉴욕 주의 대법원에서는 러셀의 작품에 대해 "음탕하고 호색적일 뿐만 아니라 퇴폐적이고 선정적이며, 편협하고 허위에 가득 차 어떤 도덕의 흔적도 찾아볼 수 없다."라고 판결했어요. 이 일이 있은 지 10년 뒤에 러셀은 '자유사상과 인간 이성의 대변자'라는 찬사를 들으며 노벨 문학상을 받았지요. 러셀의 할아버지는 두 번이나 총리를 지낸 유명한 정치가였습니다. 할머니의 손에서 자란 러셀은 엄격한 교육을 받으며 성장했어요. 학교에 가지 않고 줄곧 가정 교사 밑에서 공부했기 때문에 친구가 아무도 없었답니다. 그는 할아버지의 서재에 몰래 들어가 책을 읽곤 했지요. 수학자이자 철학자, 그리고 문학가로서의 그의 명성은 1970년에 숨을 거둘 때까지 계속되었습니다. 그렇지만 "우리는 드넓은 대양에서 텅 빈 밤하늘에 대고 절규한다. 때때로 어떤 목소리가 어둠 속에서 화답한다. 그러나 그것은 물에 빠져 죽은 혼령의 목소리다. 다음 순간, 다시 침묵이 엄습해 온다."라는 구절에서 알 수 있듯이 러셀에게는 항상 고독이 앙금처럼 남아 있었나 봅니다.

러셀의 할아버지인 존 러셀의 초상화

참고 문헌

강성률, 『2500년간의 고독과 자유』, 형설출판사, 2005

『철학의 세계』, 형설출판사, 2006

『청소년을 위한 서양철학사』, 평단문화사, 2008

『한 권으로 읽는 서양철학사 산책』, 평단문화사, 2009

『철학스캔들』, 평단문화사, 2010

『청소년이 꼭 읽어야 할 서양고전』, 아주좋은날, 2013

『이야기 서양철학사』, 살림출판사, 2014

강영계, 『철학의 이해』, 박영사, 1994

강영계 편저, 『철학의 흐름』, 제일출판사, 1987

김경묵 · 우종익, 『이야기 세계사 1』, 청아출판사, 2006

김두헌, 『서양윤리학사』, 박영사, 1988

김용정, 『칸트철학연구』, 유림사, 1983

안광복, 『청소년을 위한 철학자 이야기』, 신원문화사, 2001

안병욱, 『사색인의 향연』, 삼육출판사, 1984

영남철학회, 『위대한 철학자들』, 이문출판사, 1984

이강무, 『청소년을 위한 세계사(서양편)』, 두리미디어, 2002

정진일, 『위대한 철인들』, 양영각, 1988

철학교재편찬회, 『철학』, 형성출판사, 1991

하영석 외, 『칸트 철학과 현대 사상』, 형설출판사, 1984

한단석, 『서양철학사』, 박영사, 1981

허용선, 『불가사의 세계 문화 유산의 비밀』, 예림당, 2004

B. 러셀, 최민홍 역, 『서양철학사』, 집문당, 1980

F. Copleston, 『A History of Philosophy』, The Newmann Press Westminster, 1960

H. J. 슈퇴릭히, 임석진 역, 『세계철학사』, 분도출판사, 1989

I. F. 스톤, 편상범 역, 『소크라테스의 비밀』, 자작아카데미, 1996

J. 히르쉬베르거, 강성위 역, 『세계철학사』, 이문출판사, 1987

P. 존슨, 윤철희 역, 『지식인의 두 얼굴』, 을유문화사, 2005

U. S. S. R 과학아카데미 연구소, 이을호 역, 『세계철학사』, 중원문화, 2008

W. 바이셰델, 이기상 · 이말숙 역, 『철학의 뒤안길』, 서광사, 1990